선교 지향적인 교회의 제자 양육

헌신 commitment

발행	2019년 10월 8일
지은이	김진홍
발행인	윤상문
디자인	표소영, 박진경
발행처	킹덤북스
등록	제2009-29호(2009년 10월 19일)
주소	경기도 용인시 기흥구 동백동 622-2
문의	전화 031-275-0196 팩스 031-275-0296

ISBN 979-11-5886-163-6 (03230)

Copyright ⓒ 2019 김진홍
이 책은 저작권법에 따라 보호받는 저작물이므로 무단전재와 복제를 금지하며,
이 책의 내용의 전부 또는 일부를 이용하려면 반드시 저작권자와 킹덤북스의
서면 동의를 받아야 합니다.

※ 잘못된 책은 구입하신 곳에서 교환하여 드립니다.
※ 책 가격은 표지 뒷면에 있습니다.

킹덤북스 Kingdom Books   킹덤북스(Kingdom Books)는 문서사역을 통해 하나님의 나라를 확장하고, 한국 교회와 세계 교회를 섬기고자 설립된 출판사입니다.

선교 지향적인 교회의
제자 양육

헌신

김진홍 저
유경동 감수

킹덤북스

머리말

지난 2007년에 한국교회는 '1907년 평양 대부흥 운동' 100주년을 기념하는 행사를 성대하게 가졌습니다. 한국교회가 선교 100년을 뒤돌아볼 때 가장 의미 있는 사건을 '1907년 평양 대부흥 운동'으로 본 것입니다. 한국선교 200년이 될 때 우리 후손들은 어떤 사건을 가장 의미 있는 사건으로 기억하고, 기념할까요? 저는 2007년 7월 25일 아프가니스탄에서 탈레반에 의하여 죽임을 당한 배형규 목사와 심성민 형제의 순교 사건이라고 생각합니다. 후손들은 "우리의 선조들 가운데 성도, 이름도 모르는 이방 땅의 모슬렘들의 영혼을 위하여 순교한 분들이 계셨다."라고 자랑스럽게 여기리라 확신합니다.

이집트에서 선교사로 사역하다가 고국 교회로 부름을 받았을 때,

저는 하나님께 진지하게 질문했습니다. 그리고 지금도 조용한 시간에 주님께 묻곤 합니다. "주님, 왜 이집트에서 선교 사역을 잘하는 저를 부르셨습니까? 주님은 저를 통하여 무엇을 이루길 원하십니까?" 그때마다 주님께서 하시는 말씀은 "교회를 선교 지향적인 교회로 만들어라. 선교를 몸으로 체험하여 선교 야성을 가진 네가 교회를 선교를 지향하는 교회로 만들지 않으면 누가 그 일을 하겠느냐?"였습니다. 여기서 '선교 지향적인 교회'란 선교사를 몇 명 파송했다는 것을 의미하는 것이 아닙니다. 그것은 결과일 뿐이고, 나중 문제입니다. 선교 지향적인 교회란 전 교인들을 예수 그리스도께 헌신된 자로 만드는 것을 말합니다. 즉 선교를 본업으로 삼고, 직업을 부업으로 삼는 그리스도인, 영혼 구원을 삶의 목적으로 삼고, 직업을 수단으로 삼는 그리스도인으로 세우는 것을 말합니다.

선교 지향적인 교회를 만들려고 큰 노력을 했습니다. 선교세미나 개최, 비전트립 실시, 해외 선교위원회 구성, 선교사 관리규정 제정, 해외 선교헌금 제도화, 선교사와 남·여선교회 결연, 선교학교 개설 등은 선교 지향적인 교회를 만들려는 15년 동안의 몸부림이었습니다. 그런데도 2%의 아쉬움이 있었습니다. 어쩌면 그것은 선교 지향적인 교회의 핵심에 관한 문제일지도 모릅니다. 그것은 교우들을 하나님의 말씀으로 양육하고 도전하여 선교사로 세워가는 일입니다. 그것이 '선교 지향적인 교회를 위한 제자 양육'이라는 부제가 달린 이 책을 쓰게 된 동기입니다.

이 책은 3부로 구성되어 있습니다. 1부는 구원에 관한 이야기, 2부는 신앙생활에 관한 이야기, 3부는 선교에 관한 이야기입니다. 이것은 주님으로부터 부름을 받은, 제대로 된 그리스도인의 삶의 이야기이기도 합니다. 이 책을 사용할 때, 다음 사항을 고려하십시오.

1. 찬송, 시작 기도, 삶의 나눔, 성경 말씀(교재) 나눔, 중보 기도 제목 나눔, 마침 기도로 진행하십시오.
2. 제자 양육 36주 중에 국내 성지순례(양화진 외국인 선교사 묘역, 증도 문준경 전도사 순교지 등)와 국외 비전트립을 각각 1회씩 다녀오도록 하십시오.
3. 거룩한 습관을 형성하기 위한 '매일 성경읽기표'에 따른 성경을 연 1회 이상 통독하도록 하십시오.

이 책을 위하여 함께 문제를 제기하고, 토론하고, 글을 다듬어 간 동역자들인 원동광 목사, 최찬희 목사, 선영진 목사께 감사를 드리고, 무엇보다도 문장 하나하나에 신경을 쓰며 감수를 해준 감리교신학대학교의 유경동 박사께 진심으로 감사를 드립니다. 그리고 매의 눈으로 이 책을 교정해 주시고 역작으로 만들어 주신 킹덤북스(Kingdom Books) 대표 윤상문 목사님께 감사를 드립니다. 저의 유일한 관심은 한국교회가 교회의 본질인 선교를 회복하는 것입니다. 그 거룩한 일을 위하여 이 책이 쓰임 받기를 기도드립니다.

2019년 8월 1일
수표교교회에서 김진홍 목사 드림

감수의 말

　김진홍 목사님의 '선교지향적인 교회의 제자 양육'을 위한 서적 『헌신』을 감수하게 되어 하나님께 감사드립니다. 김진홍 목사님과의 만남은 부족한 저에게 큰 영적 울림과 도전으로 다가왔습니다. 그것은 교회의 사명에 관한 것이었습니다. 교회가 존재하는 가장 큰 목적은 선교에 있으며, 주님의 그 거룩한 위임에 응답하기 위하여 성도는 구원에 대한 확신이 전제되어야 한다는 것입니다.

　김진홍 목사님은 3부로 구성된 본 서적 1부에서 거듭남과 그리스도의 완전에 관한 '구원관'을 강조하며, 2부에서는 구원받은 성도들에게 지침이 되는 '영성 생활', 그리고 3부에서는 선교를 통한 생명력 있는 '교회관'을 제시하고 있습니다. 각 내용을 통하여 우리는 자신과 가정, 그리고 교회가 나아가야 할 영적 부흥을 기대할 수 있습니다.

"사도행전은 교회의 행전이요, 사도행전 2장의 성령 강림 사건은 참된 교회의 시작을 알리는 서곡입니다"라는 김진홍 목사님과의 대화가 기억이 납니다. 그렇습니다. 우리를 구원하기 위하여 오신 예수님은 우리에게 성령을 주시고, 그리고 끝까지 함께 하시겠다고 약속하셨습니다. 그러기에 우리는 (속)사도행전을 계속 써내려 가는 것입니다.

"죽기 전에 죽으면 죽을 때 죽지 않을 것입니다." 이는 부활을 바라며 이 땅에서 철저하게 자신을 드려 헌신한 분의 간증입니다. 우리의 헌신은 진정으로 살기위하여 하는 것이며, 이는 영적으로 다시 거듭나기 위한 부활을 믿는 참된 성도의 마땅한 고백입니다.

바라기는 김진홍 목사님의 이 서적 『헌신』을 통하여 우리의 육과 혼과 영이 온전히 하나님께 드려져서, 이 세상의 민족과 이 세계를 우리의 제단으로 삼고, 그 위에 주님이 기뻐하실 만한 영적 제사를 지속적으로 드리는 성도님들이 되시기를 간절히 소망합니다.

감리교신학대학교 유경동 교수

Contents

머리말 4
감수의말 7

1부 구원에 관한 이야기

CHAPTER 01	잠자는 자여, 일어나라!	13
CHAPTER 02	하나님 나라에 이르는 길	24
CHAPTER 03	원죄	35
CHAPTER 04	믿음으로 얻는 구원	46
CHAPTER 05	의로 여기심	57
CHAPTER 06	세 종류의 사람	67
CHAPTER 07	거듭남	78
CHAPTER 08	거듭난 신자가 짓는 죄	88
CHAPTER 09	율법	98
CHAPTER 10	성화	110
CHAPTER 11	그리스도인의 완전	120
CHAPTER 12	영화	131

2부 신앙생활에 관한 이야기

CHAPTER 13	중보 기도	145
CHAPTER 14	아버지 하나님	157
CHAPTER 15	하나님이 찾으시는 예배자	168
CHAPTER 16	그리스도인의 사고	179
CHAPTER 17	영적전쟁	190
CHAPTER 18	내려놓음	202
CHAPTER 19	하나님과의 친밀함	213
CHAPTER 20	하나님의 말씀을 묵상하는 삶	225

CHAPTER 21	성경적 재정 원칙	236
CHAPTER 22	기도 응답의 원칙	248
CHAPTER 23	속회(소그룹)	258
CHAPTER 24	교회를 섬기는 법	269

3부

선교에 관한 이야기

CHAPTER 25	선교 지향적인 교회	281
CHAPTER 26	선교를 실천하는 교회	291
CHAPTER 27	부르심(소명)	302
CHAPTER 28	선교의 새바람을 일으키는 교회	312
CHAPTER 29	선교를 위해 고난을 감수하는 교회	322
CHAPTER 30	교회의 선교 동원화	333
CHAPTER 31	비전트립(단기 선교)	343
CHAPTER 32	실버 선교	355
CHAPTER 33	대문 밖에 서성거리는 이주민(이주민 선교)	364
CHAPTER 34	이웃이 된 모슬렘	375
CHAPTER 35	미리 다가온 통일(탈북민 선교)	389
CHAPTER 36	선교사가 되려는 이들에게	399

미주   411

1부

구원에 관한 이야기

CHAPTER 01

잠자는 자여, 일어나라!

1. 주제 글

사탄은 성도로 하여금 영적인 잠을 자게 만듭니다. 성도라는 이름을 가졌으나 신앙생활은 형식적으로 하고 영적으로 깊은 잠을 자는 경우가 많습니다. 자신의 영적인 상태를 살펴보십시오. 만약 영적인 잠을 자고 있다면, 죄의 깊은 잠에서 깨어서 일어나길 바랍니다.

2. 들어가는 말

가끔 기도원에 갔다가 밤늦은 시간에 귀가할 때가 있습니다. 그러다 보면 새벽 2시경에 강북구청 사거리를 지나게 됩니다. 그때 지하철 수유역 주변은 불야성입니다. 밤 문화가 창궐합니다. 밤 문화는 생산적이기보다는 파괴적입니다. 밤 문화는 건전하기보다는 퇴폐적입니다. 밤 문화는 이성적이기보다는 비이성적입니다. 그래서 밤 문화는 개인과 가정, 그리고 사회를 무너뜨립니다.

소돔과 고모라 성의 멸망도 밤 문화 때문이었습니다.

"롯을 부르고 그에게 이르되 오늘 밤에 네게 온 사람들이 어디 있느냐 이끌어내라 우리가 그들을 상관하리라(창세기 19장 5절)."

이스라엘 지파가 베냐민 지파를 몰살시킨 동족살해도 밤 문화 때문이었습니다.

"모두 앞으로 나아가더니 베냐민에 속한 기브아에 가까이 이르러 해가 진지라(사사기 19장 14절)."

"그들이 마음을 즐겁게 할 때에 그 성읍의 불량배들이 그 집을 에워싸고 문을 두들기며 집 주인 노인에게 말하여 이르되 네 집에 들어온 사람을 끌어내라 우리가 그와 관계하리라 하니(사사기 19장 22절)."

성경은 밤 문화가 그 민족과 나라에 얼마나 영적으로 나쁜 영향이 있는지 보여줍니다.

톨스토이의 고백록에 나오는 이야기[1]입니다.
"동양의 옛 우화에 들판에서 맹수에게 습격을 당한 나그네에 관한 이야기가 있습니다. 나그네는 맹수를 피해서 물이 없는 마른 우물 속으로 들어갔다가, 그 우물 바닥에서 그를 삼키려고 입을 벌리고 있는 용을 보았습니다. 이 억세게 운 없는 사람은 맹수에게 찢겨 죽을까 봐 우물 위로 기어서 올라올 수도 없고, 용에게 잡혀서 먹힐까 봐 우물 바닥으로 내려갈 수도 없어서, 우물 중간의 틈새에서 자라난 나무의 가지를 붙잡고서 거기에 매달려 있었습니다. 나뭇가지를 붙잡고 있던 그의 손에서는 점점 힘이 빠져나가서, 얼마 안 있어서 그는 우물 위와 아래에서 자기를 기다리고 있는 맹수나 용에게 꼼짝없이 죽게 될 것을 직감했지만, 그래도 여전히 있는 힘을 다해 매달려 있었습니다. 그런데 그때 검은 쥐와 흰 쥐가 나타나서, 그가 매달려 있던 나뭇가지를 갉아 먹기 시작했습니다. 이제 곧 나뭇가지가 뚝 하고 부러질 것이고, 그는 용의 쩍 벌린 입속으로 떨어지게 될 것이었습니다. 나그네는 자기가 죽게 될 수밖에 없다는 것을 알았지만, 그런 와중에서도 나뭇가지에 매달려서 주위를 둘러보다가 그 가지에 달린 잎사귀들에 꿀이 몇 방울 있는 것을 발견하고서는 혀를 내밀어 그 꿀을 핥아먹었습니다."

대문호 톨스토이는 고백록에서 회심하기 전 자신의 모습이 이 우화와 같았다고 고백했습니다. 진리로부터 눈을 돌리게 했던 두 방울의 꿀이 이제는 그에게 달콤한 것이 되지 못한다고 고백했습니다.[2]

3. 성경 말씀 나누기

Q. 에베소서 5장 14절을 찾아 적어 보십시오.

_____

_____

'잠자는 자여 깨어서 죽은 자들 가운데서 일어나라.'라는 말은 초대교회에서 불리던 찬송가의 한 구절입니다. 그 찬송가의 리듬은 어떤 것이었을지 상상해보십시오. 이 구절이 초대 교회의 찬송가였다면, 초대 교회 성도들은 얼마나 영적으로 깨어있기를 갈망했는지 알 수 있습니다.

Q. '잠자는 자'란 어떤 사람을 말하는 것일까요?

_____
_____
_____

1) '잠자는 자여!'

잠에 깊이 빠지면 볼 수도 없고, 들을 수도 없고, 느낄 수도 없습니다. 마찬가지로 영적으로 잠자는 사람은 "좋은 것과 나쁜 것을 분별할 세련된 지각"(히브리서 5장 14절)이 없습니다. 눈이 있어도 보지 못하고 귀가 있어도 듣지 못합니다(마가복음 8장 18절). 그는 하나님을 보지도 못하였고, 하나님의 음성을 들은 적도 없습니다. 그래서 이들에게는 예수 그리스도의 이름이 아무런 유익이 되지 못합니다.

찰스 웨슬리는 1742년 옥스퍼드에서 행한 설교 '잠자는 자여 일어나라'에서 잠자는 자의 상태를 다음과 같이 설명했습니다.

"모든 질병에 걸려있으면서도, 그는 자신이 완전히 건강하다고 공상하고 있습니다. 비참한 족쇄로 결박되어 있는데도 그는 자유롭다고 꿈꾸고 있습니다. '완전무장한 힘센 사람'(누가복음 11장 21절)과 같은 악마가 그의 영혼을 완전히 소유하고 있는데도 그는 '평안하다 평안하다'(예레미야 6장 14절)라고 말하고 있습니다. 지옥이 그를 밑에서부터 만나려고 움직여 오고 있으며, 한번 떨어지면 다시 돌아올 수 없는 깊은 연못이 그를 삼키려고 입을 벌리고 있음에도 불구하고, 그는 여전히 계속 잠자고 있으며 휴식을 취하고 있습니다. 불이 그를 태우고 있어도 신경 쓰지 않는 것입니다."[5]

그리스도인이 영적으로 잠들게 되는 이유가 무엇입니까? 두 가지 차원으로 나눠 생각해보려 하는데, 그것은 바깥으로부터 오는 영향과 안으로부터 오는 영향입니다.

① 바깥으로부터 오는 영향
즉 사회 분위기(사회 풍조, 시대정신 등)가 우리를 하나님의 말씀과 멀어지게 하고, 교회와 멀어지게 하고, 영적으로 잠들게 합니다.

Q. 마태복음 24장 37~39절을 찾아 적어 보십시오.

_____

_____

_____

_____

예수께서 노아 때의 시대 풍조를 비교하면서 말씀하신 것입니다. 홍수가 나서 다 멸망하기까지 사람들은 먹고 마시고 장가들고 시집가고 있더라는 것입니다. 물론 이 말씀은 먹지도 말고, 마시지도 말고, 장가가지 말고, 시집가지 말라는 말씀이 아닙니다. 이 말씀은 영적인 잠에 취해 지금이 어떤 판국인지 모른 채, 생활에 함몰되어 살지 말라는 것입니다. 마치 이 세상이 전부인 것처럼 살아가는 시대 풍조를 질

타하는 것입니다.

Q. 당신은 어떤 분위기 속에서 살고 있습니까? 그리고 그것이 미치는 영향은 무엇입니까?

_____
_____
_____
_____

당신은 어떤 분위기 속에서 살아가고 있습니까? 당신을 둘러싸고 있는 시대의 분위기가 당신에게 영적인 자극을 주고, 도전을 주는지, 아니면 당신을 하나님의 말씀과 멀어지게 하고, 주님을 사랑하는 마음을 식게 하고, 영적으로 잠들게 하는지 생각해보십시오. 안타깝게도 우리는 영적으로 깨어있기에 너무 힘든 시대를 살아가고 있습니다. 가는 곳마다 돈 이야기뿐입니다. 대중 매체에는 음란물이 넘쳐납니다. 골목마다 우리의 영혼을 낚아채려는 마수가 뻗쳐있습니다. 이것이 현실이라면 이 시대를 살아가고 있는 우리는 영적인 잠에서 깨어나기 위하여 각별한 노력이 필요합니다. "인자가 올 때에 세상에서 믿음을 보겠느냐?(누가복음 18장 8절)"는 주님의 탄식을 귀담아들을 수 있어야 합니다.

② 안으로부터 오는 영향

안으로부터 오는 영향은 자기 자신의 영적 민감성이 무디어진다는 것입니다. '내가 지금 썩어가고 있는지, 죽어가고 있는지' 전혀 알 수가 없는 상태에 빠지는 것입니다. 영적 민감성이 무뎌진 사람은 '내가 지금 하는 일이 사는 일인지, 죽는 일인지' 분별하지 못합니다.

당뇨병에 걸린 사람에게 합병증이 생겨서 신경조직이 마비되었다는 이야기를 들었습니다. 신경이 마비되어 무감각해지면 발가락이 썩는 줄도 모릅니다. 통증이 없으니 말입니다. 결국, 그 사람은 발을 잘라내었다고 합니다. 당뇨병은 큰 병이 아닌 줄 알았는데 그렇지 않았습니다.

당뇨병이 무서운 것처럼 영적 민감성이 둔하여 아무런 고통을 못 느끼고, 불안도 못 느끼고, 아픔도 못 느끼면, 이런 불행한 사태를 맞을 수도 있습니다. 영적 민감성이 무뎌진 사람은 예배를 드리지 않아도 불안하지 않습니다. 기도하지 않아도 괜찮습니다. 영의 양식인 하나님의 말씀을 먹지 않아도 공허하지 않습니다. 목사의 설교 말씀이 마음에 와닿지 않습니다. 하나님께서 사업, 자녀, 건강 등의 수단으로 나에게 보내시는 신호(sign)가 감지되지 않습니다. 이런 상태에 이르렀다면 심각한 것입니다. 깨어 일어나야 합니다.

2) '깨어 일어나라!'

Q. 성경을 찾아 적어 보십시오.
① 마태복음 24장 42~43절

② 마태복음 25장 13절

_____
_____

③ 마태복음 26장 40~41절

_____
_____
_____
_____

'깨어라'라는 말씀은 현재 명령형입니다. 이것은 미래의 어느 시점에서 깨어나라는 것이 아니고 지금 당장 깨어나야 한다는 것입니다.

찰스 웨슬리는 '잠자는 자여 일어나라'라는 제목의 설교에서 이렇게 호소합니다.

"깨어나십시오, 깨어나십시오, '여호와의 손에서 그 분노의 잔을 마시기를'(이사야 51장 17절) 두려워하거든 이 순간 깨어나십시오. 구원을 베푸시는 능력의 주님을, 당신의 의가 되시는 주님을 붙잡기 위하여 분발하여 일어나십시오. '티끌을 털어 버리십시오.'(이사야 52장 2절) 하나님의 위협하시는 지진이 당신을 진동케 하십시오. 일어나서 저 부들부들 떨던 간수와 함께 '내가 어떻게 하여야 구원을 얻겠습니까?'(사도행전 16장 30절) 하고 부르짖어야 합니다. 성령의 역사에 따라 하나님의 선물인 믿음을 가지고 구주 되신 예수님을 믿기까지 결코 쉬면 안 됩니다."[4]

찰스 웨슬리는 좀 더 구체적으로 우리 각자에게 질문합니다.

"당신의 영혼은 어떤 상태입니까? 내가 아직 이야기하고 있는 동안에라도 만일 하나님께서 당신에게 요구하신다면 당신은 죽음과 심판을 만날 준비가 돼 있습니까? 당신은 '눈이 정결하므로 악을 차마 보지 못하시는'(하박국 1장 13절) 하나님의 현존 앞에 설 수 있습니까? 당신은 '빛 가운데서 성도에게 주어질 상속의 분깃을 받기에 합당한 자'(골로새서 1장 12절)입니까? 당신은 '선한 싸움을 다 싸우고……. 믿음을 지켰습니까?'(디모데 후서 4장 7절) 당신은 없어서는 안 될 한 가지를 확보했습니까? 당신은 하나님의 형상, 곧 의와 참 성결을 회복했습니까? 당신은 옛 사람을 벗어버리고 새 사람을 입었습니까? 당신은 그리스도의 옷을 입었습니까?"[5]

3) 깨어 있어야 하는 이유

그러면 우리가 깨어 있어야 할 이유가 무엇입니까?

우선 언제 주님이 오실지 모르기 때문입니다(마태복음 24장 42절). 주님의 오심을 도둑이 오는 것으로 비유합니다. 물건을 훔치러 오는 도둑은 소리 소문도 없이 옵니다. 도둑처럼 소리 소문도 없이 다시 오실 주님을 맞으려면 영적으로 깨어 있을 수밖에 없습니다.

또한 시험에 들지 않기 위함입니다.

> "너희가 나와 함께 한 시간도 이렇게 깨어있을 수 없더냐 시험에 들지 않게 깨어 기도하라(마태복음 26장 40~41절)."

> "근신하라 깨어라 너희 대적 마귀가 우는 사자같이 두루 다니며 삼킬 자를 찾나니(베드로전서 5장 8절)."

마귀는 우리를 시험에 빠뜨리려고 우는 사자같이 노리고 있습니다. '호시탐탐'이라는 말이 있는데, "호랑이가 먹이를 노리고, 기회를 잡는다."라는 말입니다. 이렇게 노리고 있는 사탄의 밥이 되지 않으려면 깨어 있어야 합니다. 영적인 깊은 잠을 자고 있지 않습니까? 영적으로 깨어 있다는 증거는 무엇입니까? 예수님의 말씀, 부활, 성령 강림의 온기가 아직 가시지 않았던 초대 교회 성도들이 그렇게 영적으로 깨어있기를 갈망했다면, 우리는 좀 더 각별해야 하지 않겠습니까?

4. 삶의 적용

항상 영적으로 깨어 있기 위하여 어떤 계획을 세우고 있습니까? 사람은 서면 앉고 싶고, 앉으면 눕고 싶습니다. 사람은 가만히 놓아두면 자연스럽게, 자동으로 영적인 잠에 빠집니다. 그래서 생활 속에 의도적으로 깨어나야 합니다. 더 강하게 이야기하면, 강제적으로 깨어남의 시간을 끼워 넣어야 합니다. 어떤 사람에게는 그것이 매일 말씀 묵상의 시간이 될 것이고, 어떤 사람에게는 새벽 기도가 될 것입니다. 또 누군가에게는 릴레이 중보 기도 시간이 될 것입니다. 무료해서 말씀 묵상을 하는 것이 아닙니다. 잠이 안 와서 새벽 기도를 하는 것이 아닙니다. 한가하여 릴레이 중보 기도를 하는 것이 아닙니다. 그렇게 하지 않으면 영적으로 잠들 것 같아 의도적으로, 강제적으로 삶의 일정에 끼워 넣는 것입니다.

Q. 영적으로 깨어 있기 위해서 어떻게 해야 할지 써보십시오.

_____
_____

CHAPTER 02

하나님 나라에 이르는 길

1. 주제 글

믿음 생활의 목적은 하나님 나라를 누리는 것입니다. 하나님 나라는 하나님의 통치를 받는 것을 말합니다. 즉 하나님을 왕으로 모시고, 그의 말씀을 법으로 삼고 사는 것을 말합니다. 이런 삶은 세상 풍조를 따르는 삶과는 확연히 다릅니다. 세상 풍조는 물질 중심의 가치관을 가집니다. 그러나 하나님 나라는 하나님 중심의 가치관을 가집니다. 이번과는 우리의 삶의 목적이 되는 하나님 나라에 관한 내용입니다.

2. 들어가는 말

존 웨슬리는 1742년 6월 6일 엡워스 아버지의 묘에서 행한 설교, '하나님 나라로 가는 길'에서 하나님 나라를 다음과 같이 설명했습니다.

"'하나님 나라'라고 불리는 것은, 그것이 영혼을 하나님께서 지배하신다는 사실 속에서 맺어진 직접적인 열매이기 때문입니다. 하나님께서 그 전능하신 능력을 나타내셔서 우리의 마음속에 그의 자리를 정하자마자, 우리의 마음은 즉시 그 '의와 평화와 성령에 의한 기쁨'(로마서 14장 17절)으로 충만해집니다. 천국(혹은 하늘나라)이라고 불리는 것은 그것이 (어느 정도) 영혼 안에 열려있는 하늘이기 때문입니다. 왜냐하면 이것을 경험하는 자는 누구나 천사와 사람 앞에서 변하지 않는 성경의 근본적인 뜻에 따라 다음과 같이 단언할 수 있기 때문입니다. '영원한 생명이 주어졌고, 영광이 땅 위에서 시작되었다.'[6]

3. 성경 말씀 나누기

무엇 때문에 신앙생활을 할까요? 신앙생활의 목적은 하나님 나라를 얻는 것이고, 하나님 나라를 누리는 것이고, 하나님 나라에 들어가는 것입니다. 신앙생활을 하는 이유는 하나님 나라 때문입니다. 예수께서 이 세상에 계실 때 많은 말씀으로 교훈을 주셨는데, 그 핵심은 하나님 나라입니다.

Q. 성경을 찾아 적어 보십시오.

① 마가복음 4장 11절

② 마가복음 4장 26절

③ 마가복음 4장 30절

_____
_____

Q. 하나님 나라는 무엇이라고 생각합니까?

_____
_____
_____

1) 하나님 나라는 하나님의 통치

'하나님 나라'란 하나님의 통치를 받는 것을 말합니다. 다시 말해, '하나님의 다스림'이 이뤄지는 곳입니다. 하나님을 자신의 왕으로 모시고, 그분의 말씀을 법으로 삼는 상태를 말합니다. 쉬운 예로, 로마 제국은 로마 황제를 왕으로 모시고, 로마법을 지키고 사는 나라입니다. 만일 로마 시민이라고 하면서 로마 황제를 반역하고, 로마법을 거부한다면, 살아남기 어려울 것입니다.

내 마음이 하나님의 지배를 받으면, 그곳이 바로 하나님 나라가 됩니다. 가정과 교회와 사회가 하나님의 지배를 받으면, 그곳이 하나님 나라가 됩니다. 또 시간상으로 이생에서 하나님의 지배를 받고 살면 이생에서 하나님 나라를 누리고 사는 것이고, 내생에서 하나님의 지배를 받게 되면 천국에서 영원히 살아가는 것입니다.

2) 하나님 나라의 가치관

Q. 로마서 14장 17절을 찾아 적어 보십시오.

_____

_____

하나님 나라는 먹는 것과 마시는 것이 아닙니다. '먹는 것과 마시는 것'이란 물질 중심의 가치관을 말합니다. 누가복음 저자의 표현으로 "여러 해 쓸 물건을 많이 쌓아두었으니 평안히 쉬고, 먹고, 마시고, 즐거워하자."(누가복음 12장 19절)에 삶의 목표를 두는 것입니다. '평안히 쉬고, 먹고, 마시고, 즐거워하자'라는 성경의 표현은 어쩌면 그렇게 쉽고 정확하게 사람들의 마음을 묘사했는지 모르겠습니다. 이것은 '어떻게 바르게 사느냐?' 보다는 '어떻게 잘 사느냐(부유하게)?'에 몰두하는 풍조를 말합니다. 세상이 창조된 이래 이제까지 그래왔지만, 앞으로도 더 심각하게 물질 중심의 가치관이 이 세계를 지배하게 될 것입니다.

우리 세대에 '어떻게 하면 바르게 사느냐?'를 이야기한다는 것은 어리석어 보이기까지 합니다. 이것은 이미 성경에 예언되어 있습니다.

"그가 모든 자, 곧 작은 자나 큰 자나 부자나 가난한 자나 자유인이나 종들에게 그 오른손에나 이마에 표를 받게 하고, 누구든지 이 표를 가진 자 외에는 매매를 못하게 하니 이 표는 곧 짐승의 이름이나 그 이름의 수라(요한계시록 13장 16~17절)."

모든 자, 곧 작은 자나 큰 자나, 부자나 가난한 자나, 자유인이나 종들이 '매매'에 몰두합니다. 즉 세상 끝날이 가까이 다가오면, 모든 사람이 물질생활에만 온통 목을 맨다는 것입니다. 그러나 '어떻게 잘 사느냐?'(물질주의)라는 가치관과 '어떻게 바르게 사느냐?'(신본주의)라는 가치관은 죽는 순간 그 평가가 확연히 달라지고, 그 가야 할 길이 확연히 갈리게 됩니다.

3) 하나님 나라의 표징

성경은 하나님 나라를 '오직 성령 안에 있는 의와 평강과 희락이라(로마서 14장 17절)'고 말씀합니다.

첫째, '의'란 하나님과의 관계에서 하나님으로부터 의인이라고 인정을 받는 것입니다. 하나님께 지은 죄를 용서받는 것입니다. 거룩하셔서 차마 악을 보지 못하시는 하나님 앞에서 '의롭다'라고 평가받는 것입니다.

다윗은 '어떤 사람이 복이 있을까?'를 생각하면서, 시편 32편 1절에 이렇게 고백합니다. "허물의 사함을 받고, 자신의 죄가 가려진 자는 복이 있도다." 다윗은 '허물의 사함을 받고 자신의 죄가 가려진 자'가 복이 있다고 했습니다. 하나님으로부터 의롭다고 인정받는 것이 얼마나 좋은지 '복'이란 말을 썼습니다. 영적 감각이 무딘 사람은 죄를 짓고도 그냥 넘어가지만, 영적인 민감성을 가진 다윗은 그렇지 않았습니다. 죄가 얼마나 무겁게 그의 영혼을 누르는지 그는 이렇게 고백했습니다.

"내가 입을 열지 아니할 때에 종일 신음하므로 내 뼈가 쇠하였도다. 주의 손이 주야로 나를 누르시오니 내 진액이 빠져서 여름 가뭄에 마름같이 되었나이다(시편 32편 3~4절)."

죄 때문에 종일 신음하게 되고, 뼈가 쇠하고, 진액이 말랐는데, 그 죄를 용서받았다는 것입니다. 그 기쁨이 어떠했겠습니까? 바로 그 해방감이 하나님이 다스리는 삶의 표징입니다.

둘째, '평강'이란 이웃과의 관계에서 화평을 누리는 것을 말합니다. 예전에 돈 잘 버는 남편, 공부 잘하는 자녀들을 둔, 모자람이 없어 보이는 가정을 방문한 적이 있습니다. 거실에 들어서면서 덕담으로 "자매님은 이렇게 부족함 없이 사니까 좋으시겠네요?"라고 했습니다. 그런데 자매는 한숨을 쉬며 이렇게 대답했습니다. "목사님 갖춰놓으면 뭐해요? 마음이 평안하지 못한 것을……." 그 가정은 가족끼리 관계가 좋지 않았습니다. 이웃과 평강을 누리는 것이 하나님의 나라를 소유한 자의 표징입니다.

셋째, '희락'이란 자기 자신과의 관계에서 기쁨을 누리는 것을 말합니다. 영어로 기쁨(joy)이라는 말인데, 즐거움(pleasure)과는 다른 것입니다. 기쁨(joy)은 환경과 관계없는 것이고, 즐거움(pleasure)은 환경에 절대적으로 영향을 받습니다. 환경과 관계없이, 마음속에 샘솟는 기쁨을 누리는 것은 하나님 나라를 소유한 자의 특징입니다.

찬송가 304장은 프레드릭 레만(F. Lehman) 목사가 작사한 찬송입니다.[7] 레만 목사는 가난한 교회의 목회자였습니다. 목사임에도 불구하고 생계를 위해 주간에 치즈 공장에서 일해야 했습니다. 그 일로 레만 목사는 목회자로서의 자기 정체성에 대해 많은 고민을 했습니다. 어느 날 그는 아내가 싸준 점심 도시락에서 메모지를 발견했습니다. 그 메모지에는 "바다가 먹물이고 하늘이 두루마리인들 어찌 하나님의 사랑을 다 적으랴."라는 11세기 랍비 요셉 마르쿠스의 시 한 구절이 적혀 있었습니다. 이 구절을 본 레만 목사는 크게 감동을 하여 그 자리에서 글을 적어 내려갔습니다.

"그 크신 하나님의 사랑 말로 다 형용 못하네. 저 높고 높은 별을 넘어 이 낮고 낮은 땅 위에. 죄 범한 영혼 구하려 그 아들 보내사 화목제물 삼으시고 죄 용서하셨네. 하늘을 두루마리 삼고 바다를 먹물 삼아도 한없는 하나님의 사랑 다 기록할 수 없겠네. 하나님의 크신 사랑 그 어찌 다 쓸까, 저 하늘 높이 쌓아도 채우지 못하리. 하나님 크신 사랑은 측량 다 못하네. 영원히 변치 않는 사랑 성도여 찬양하세."

레만 목사의 고백에서 우리는 하나님 나라를 봅니다.

4) 하나님 나라를 어떻게 얻는가?

Q. 하나님 나라를 어떻게 얻을 수 있을까요?

먼저 회개함으로 얻습니다.

"이르시되 때가 찼고 하나님의 나라가 가까이 왔으니 회개하고 복음을 믿으라 하시더라(마가복음 1장 15절)."

회개란 방향 전환인데, 몇 가지 단계가 있습니다. 누가복음 15장에 나오는 탕자의 비유를 보십시오. 둘째 아들이 아버지의 재산을 상속해달라고 합니다. 하도 강청하니까 아버지가 재산을 떼어줍니다. 그러자 둘째는 다음 날 재산을 정리하여 먼 나라로 떠났습니다. 자유롭게 한번 살아보겠노라고 말입니다. 머지않아 그 많던 재산을 다 허비하고 말았습니다. 설상가상으로 그 나라에 흉년이 들었습니다. 먹고 살길이 막막했습니다. 그래서 하는 수 없이 돼지치기가 되었습니다. 너무 배가 고파 돼지가 먹는 쥐엄 열매로 배를 채워보려고 했지만, 그것조차 넉넉히 주는 사람이 없었습니다.

'탕자의 비유'에서 회개의 단계를 알아보겠습니다.

① '내가 죄인이라'는 사실을 아는 지적 단계
문득 제정신이 들어 자기가 처참하고 비극적인 현실, 지옥을 향해 걸음을 옮기는 모습을 보게 되는 단계입니다. 탕자는 깊은 잠에서 깨어나 죄의식을 갖게 되었습니다. 머리털보다 더 많은 자신의 죄를 보게 되었습니다. 자신의 비참한 처지를 깨닫게 된 탕자는 아버지께 돌아가기로 결심합니다.

"내가 일어나 아버지께 가서 이르기를, 아버지 내가 하늘과 아버지께 죄를 지었사오니 지금부터는 아버지의 아들이라 일컬음을 감당하지 못하겠나이다. 나를 품꾼의 하나로 보소서 하리라(누가복음 15장 18~19절)."

'나는 하늘과 아버지 앞에 죄인입니다.' 바로 이것이 지적 회심입니다.

② 두렵고 슬퍼하는 정적 단계

자신의 죄인 된 처지를 슬퍼하고 자책감으로 괴로워하는 단계입니다. 이제까지 살아온 것이 그렇게 바보스러울 수가 없습니다. 부끄러움에 고개를 들지 못합니다. 하나님의 진노를 생각하면 두려움이 엄습합니다. 옛날에는 호언장담했는데, 지옥 불에 대한 두려움이 생깁니다.

탕자의 정적인 단계를 누가복음 15장 17절에서 볼 수 있습니다.

"이에 스스로 돌이켜 이르되 내 아버지에게는 양식이 풍족한 품꾼이 얼마나 많은가 나는 여기서 주려 죽는구나."

'나는 여기서 주려 죽는구나.' 바로 이것이 정적인 회심입니다.

③ 돌이키는 의지적 단계

하나님께 돌아와 그 사랑을 믿고 그 품에 안기는 단계입니다. 탕자는 아버지의 용서를 확신하고 그 품에 안깁니다. 죄가 아무리 크고 많다 할지라도 있는 그대로 안고 아버지의 품으로 달려듭니다. 탕자의 의지적인 단계를 보십시오.

"이에 일어나서 아버지께로 돌아가니라(누가복음 15장 20절)."

바로 이것이 의지적인 회심입니다. 회개란 자기 자신의 죄인 됨을 깨닫고, 그 처지를 슬퍼하고, 아버지의 사랑을 믿고 돌아오는 것을 말합니다.

어떻게 하나님께 돌아온다고 모든 죄가 일시에 해결될 수 있을까요? 물론 해결됩니다. 그것은 우리와 하나님의 관계가 아들과 아버지의 관계이기 때문입니다. 인간관계를 두 가지 유형으로 크게 나눌 수 있습니다, 하나는 '이해관계'이고, 다른 하나는 조건 없는 '사랑의 관계'입니다. 이해관계를 이렇게 설명할 수 있을 것입니다. 두 사람 사이에 부채가 있습니다. 두 사람은 이해관계로 맺어진 것입니다. 만일 채무자가 빚을 청산하지 않는다면 두 사람의 관계는 결렬될 것입니다. 빚을 갚지 않고, "우리, 사이좋게 지내세."라고 부탁한다면, 이렇게 대답할 것입니다. "무슨 말이야? 이자는 그만두고 원금이라도 갚으면서 그런 말을 해야지." 두 사람의 관계가 회복되려면 빚을 청산해야 합니다.

그러나 조건 없는 사랑의 관계는 다릅니다. 아버지와 아들 사이에 부채가 있습니다. 아들이 "아버지, 죄송합니다. 아버지, 잘못했습니다. 그만 사업이 어려워져서 아버지께 빌린 돈을 다 잃고 말았습니다."라고 말하면 아버지는 어떻게 반응할까요? 아마 이렇게 말씀하실 것입니다. "그래, 고맙다. 네 사정을 아버지한테 말해줘서 고맙다. 내가 뒤를 봐 줄 테니 다시 한 번 시작해 보거라" 아버지는 돈을 잃고도, 돈을 갚지 않은 자식에게 고맙다고 말하는 것입니다. 그것은 사랑의 관계이기 때문입니다. 이것이 바로 우리가 하늘 아버지께 돌아오면 모든 죄가 일시에 해결되는 이치입니다. 구원은 바로 이때 일어납니다. 하나님 나라는 바로 이때 우리 마음속 안에서 시작됩니다.

4. 삶의 적용

하나님 나라는 먹는 것과 마시는 것이 아니고, 오직 성령 안에 있는 의와 평강과 희락이라고 했습니다.

Q. 성령 안에서 의와 평강과 희락을 누리고 있습니까?

CHAPTER 03

원죄

1. 주제 글

사도 바울은 로마서 7장에서 다음과 같이 고백합니다.

"여기에서 나는 법칙 하나를 발견하였습니다. 곧 나는 선을 행하려고 하는데, 그러한 나에게 악이 붙어 있다는 것입니다. 나는 속사람으로는 하나님의 법을 즐거워하나, 내 지체에는 다른 법이 있어서 내 마음의 법과 맞서서 싸우며, 내 지체에 있는 죄의 법에 나를 포로로 만드는 것을 봅니다. 아, 나는 비참한 사람입니다. 누가 이 죽음의 몸에서 나를 건져 주겠습니까? 우리 주 예수 그리스도를 통하여 나를 건져 주신 하나님께 감사를 드립니다. 그러니 나 자신은, 마음으로는 하나님의 법을 섬기고, 육신으로는 죄의 법을 섬기고 있습니다(로마서 7장 21~25절, 새번역)."

그리스도인으로서 거룩하게 살고자 하나 죄에 넘어지고 절망하게 되는 것은 인간 내면에 깊숙이 자리 잡은 죄성 때문입니다. 모든 그리스도인들은 사도 바울과 같이 죄성으로 인한 갈등을 경험합니다.

Q. 사도 바울과 같은 내적 갈등을 경험한 적이 있습니까?

_____
_____
_____
_____

2. 들어가는 말

아이를 키우다 보면 사람이 악하다는 것을 알게 됩니다. 착한 일은 하라고 아무리 가르쳐도 잘하지 못하고, 나쁜 짓은 하지 말라고 당부해도 하기 때문입니다. 예를 들어, 아이들이 바깥에 놀러 나갈 때, 부모는 "싸움하지 말고, 친구들과 사이좋게 놀다가 돌아오라."라고 말하지, "마음에 안 드는 아이는 따돌리고 놀라."고 말하지 않습니다. 그런데 아이들이 노는 것을 관찰해보면 친구끼리 쉽게 다투고, '다시는 같이 놀지 않을 거야!'라며 화를 내는 것을 보게 됩니다.

아이들만 그렇습니까? 어른들도 마찬가지입니다. 어른들의 대화를 가만히 들어보면, 남을 칭찬하는 이야기는 10분을 넘기기 어렵습니다. 그러나 남을 비판하고, 남의 단점을 이야기하고, 남의 실수를 말할 때는 한 시간이 모자라고 하루가 모자랍니다. 이런 경향은 우리 모두에게 있습니다.

기독교 인간 이해의 출발점은 인간의 죄성에 있습니다. 성선설과 성악설은 많은 철학자들이 고민했던 주제입니다. 그중 성선설은 '사람은 원래 선하다'라고 보는 사상입니다. '인간은 선하기 때문에 좋은 환경에서 좋은 교육으로 인간성을 계발하면 선한 사람이 되고, 그런 선한 사람들이 이루는 사회, 국가, 세계는 자연적으로 선하게 된다.'라는 인간에 대한 낙관적인 견해입니다. 정말 인간은 선할까요?

반대 의견도 만만치 않습니다. 예를 들어, 공산주의가 실패한 원인이 무엇이라고 생각하십니까? 여러 가지 이유가 있겠지만, 그중 하나는 공산주의자들의 인간 이해에 있다고 봅니다. 공산주의자들은 인간은 선하다고 생각했습니다. 그들은 인간의 삶이 불행해지는 원인을 경제적 여건 탓으로 돌렸습니다. 부의 독점으로 빈부격차가 생기고, 자연히 돈이 없는 사람은 돈이 많은 사람에게 종속되고, 그래서 불행해졌다는 것입니다. 따라서 부의 균등분배만 이뤄지면- 공산사회가 이뤄지면- 사람들의 삶은 행복해질 것이고, 그 사회는 낙원이 될 것이라고 믿었습니다. 그들은 무산자 혁명(프롤레타리아트 혁명)을 일으켜 공산주의 사회를 건설했습니다. 즉 경제적 여건을 바꿨습니다. 그렇다면 수십 년이 지난 뒤에 그들의 믿음처럼 지상낙원이 되었습니까? 그렇지 않습니다. 공산주의 국가에는 새로운 지배 계층이 생겼고, 그 사회의 부를 독점하기 시작했습니다. 사람이 선하다면 누가 보든 말든, 나에게 이익이 되든 말든, 열심히 땀 흘려 일해야 합니다. 그러나 집단농장에서 일하는 노동자들은 한없이 게으르고 요령을 피웠습니다. 결국, 공산혁명은 70년 만에 몰락하고 말았습니다. 거덜이 나고 말았습니다. 사람은 선하다고 생각했는데 그것이 아니었습니다.

3. 성경 말씀 나누기

Q. 로마서 5장 12절을 찾아 적어 보십시오.

_____
_____
_____

Q. 위 말씀을 묵상한 후 드는 생각과 느낌을 적어 보십시오.

_____
_____
_____
_____

1) '이와 같이 모든 사람이 죄를 지었으므로'

우리는 이것을 '원죄'라고 말합니다. 원죄란 무엇입니까? 원죄의 교리에 대하여 많은 논박과 질문이 쏟아져 나옵니다. "아담이 나와 무슨 상관이 있느냐?" "단군이 죄를 지어서 그 대가를 내가 받는다면 이해가 가지만, 나는 '아' 씨도 아닌데 왜 내가 아담 씨의 죄의 대가를 받아야 하느냐?" "전지하신 하나님은 아담이 선악과를 따 먹을 줄 분명히 아셨을 텐데 왜 선악과를 만들어놓고 그것을 따먹었다고 죄인으로 몰아가는가? 아담이 죄인이라면, 하나님은 죄를 짓도록 한 교사범이다." 이렇게 빈정대고 논박합니다.

이런 질문들은 원죄에 대한 잘못된 이해 때문입니다. 원죄란 인간에게 '죄로 기울어지는 경향성'이 있다는 말입니다. 즉 모든 사람에게는 선보다 악으로, 의보다 불의로, 진실보다는 거짓으로 기울어지는 경향이 있습니다. '원죄'라는 단어 자체는 성경에 없습니다. 다만 신학자들이 그런 경향성을 '원죄'라고 신학적으로 정리한 것입니다.

원죄를 공항에 있는 짐차(cart)에 비유해봅시다. 공항에서 짐차를 사용하다 보면, 어떤 것은 바퀴가 잘못 고정되었는지, 아니면 한쪽 바퀴가 잘 구르지 않는지 앞으로 똑바로 가려고 해도 자꾸만 옆으로 비스듬히 갑니다. 엉덩이에 힘을 주고, 허리에 힘을 주어 한쪽 손은 밀고 한쪽 손은 당겨도 그래도 옆으로만 갑니다. 그런 경험을 한 적이 있을 것입니다. 그것처럼 사람도 '앞으로 가야지! 바로 살아야지!' 하지만, 자꾸만 옆으로, 악으로 기울어집니다. 이렇듯 하나님 없는 인간은 아무리 노력을 해도 죄로 향하게 됩니다.

존 웨슬리는 그의 설교, '원죄'에서 원죄를 이렇게 설명했습니다. "하나님은 '사람의 죄악이 이 세상에 관영함'을 보셨습니다. 이것은 어느 특정한 이 사람이나 저 사람이 악하다는 말이 아닙니다. 소수의 사람이 악하다는 말도 아니며, 그렇다고 대부분의 사람들이 악하다는 말도 아닙니다. 일반적으로 사람은 악하다는 것이며, 모든 인간들은 보편적으로 악하다는 것입니다. 이것은 인간성을 소유하고 있는 전 인류를 포함해서 하신 말씀입니다."[8]

Q. 창세기 6장 5절을 찾아 적어 보십시오.

성경에서 지적하는 원죄의 대표적인 형태 3가지를 살펴봅시다. 이

것을 지적하는 것은, '우리에게도 원죄는 있는가?' '나에게도 원죄의 흔적이 있는가?'를 확인하기 위해서입니다.

Q. 요한1서 2장 16절을 찾아 적어 보십시오.

---

① 안목의 정욕

안목의 정욕의 대표적인 것은 성욕입니다. 이런 이야기를 들은 적이 있습니다. 기도원에서 여러 달 암 투병을 했던 사람이 시내버스를 타고 집으로 향하고 있었습니다. 점심 식사를 마친 여회사원들의 바쁜 걸음이 차창 밖으로 스쳐 지나갑니다. 그 순간 가슴이 뛰고, 시선이 향하더라는 것입니다. 암 투병을 하는 환우의 고백이었습니다. 이것이 인간이라는 말입니다. 체면 때문에, 도덕성 때문에, 책임감 때문에 성적 욕망을 억누르고 있을 뿐 내면에서 꿈틀거리는 욕망을 부인할 수 없습니다. 이 성욕으로부터 음욕이니, 음행이니, 더러운 것이니, 간음이니 하는 죄의 항목들이 나옵니다.

② 육신의 정욕

육신의 정욕의 대표적인 것은 재물욕입니다. 에릭 프롬은 인간에게는 무한대로 퍼져가는 소유욕, 즉 더 많이 가지려는 욕망과 남의 것까지도 빼앗아 내 것으로 만들려는 본능적 욕구가 있음[9]을 그의 책 『소유냐 존재냐』에서 말하고 있습니다. 그런데 20세기의 문명은 이런 인간의 소유욕에다가 3가지 약속을 하면서 불을 지르고 있습니다. 무한대의 생산을 약속하는 것이고, 무한대의 소비를 권장하는 것이고, 소비를 통한 무한대의 행복을 선동하고 있습니다.

거짓말입니다. 어떻게 소비를 통하여 무한대의 행복을 얻을 수 있겠습니까? 우리 자신을 돌아봅시다. 돈을 벌어서 재물욕을 만족시킨 적이 있습니까? '이만하면 됐다. 이제는 만족한다. 이제는 다른 삶을 살자.'라고 하면서 행복해 하는 사람을 보았습니까? 본능적인 인간이 재물욕을 만족시켜서 '이만큼 벌었으면 됐다.'라고 손을 툭툭 털고 행복해 하는 사람을 본 적이 없습니다. 능력의 한계에 부딪혀서 포기할 수는 있을지 모르지만 만족해서 그만두지 않습니다. 재물욕은 끝이 없습니다. 이것이 인간입니다. 이 재물욕으로부터 사기, 도둑질, 도박, 탐욕, 부정, 무자비라는 죄의 항목들이 나옵니다.

③ 이생의 자랑

이생의 자랑이란 '칭찬받고 싶은 욕망'을 말합니다. 그 대표적인 것이 명예욕입니다. 얼마나 칭찬에 목말라하는지, 얼마나 칭찬에 굶주려 하는지……. 세상의 인심, 세상의 평가는 조석변개 하는 줄 알면서도 그 칭찬에 목말라합니다. 이 명예욕으로부터 시기, 질투, 비방, 비난, 교만, 자랑, 수군수군하는 것 등의 죄의 항목이 나옵니다. 간단한 설명이지만 우리 속에도 그런 욕망이 꿈틀거리고 있음을 고백하지 않을 수 없습니다. '나는 죄인이 아니다'라고 항변할 수 없습니다.

2) '사망이 모든 사람에게 이르렀느니라.'

죄의 결과로 '죽음'이 왔습니다. "죄의 삯은 사망이요(로마서 6장 23

절)"라는 말씀이 있습니다. 죽음이란 '분리되는 것'을 말합니다. 심리학자들은 출산할 때 아기가 우는 것은 어머니 자궁 속에서 분리되는 원초적인 분리감 때문이라고 설명합니다. 왜 사람은 죽음을 두려워합니까? 그것은 이제껏 사랑과 의존의 깊은 관계를 맺었던 사람들과의 분리감을 느끼기 때문입니다. 죽음이란 '분리되는 것'을 말하는데, 죄로 말미암아 3가지 죽음이 왔습니다.

① 육체의 죽음

"한번 죽는 것은 사람에게 정해진 것이요, 그 후에는 심판이 있으리니(히브리서 9장 27절)."

여기서 '한번 죽는 것은' 육체적 죽음을 말합니다. 육체적으로 죽는다는 것은 '육체와 영혼이 분리되는 것'을 말합니다. 그래서 사람이 죽으면 '혼이 떠났다.'라고 합니다. 육체와 영혼이 분리되는 순간부터 육체는 썩기 시작합니다. 지독한 악취를 풍깁니다. 이 육체적 죽음으로부터의 구원은 무엇입니까? 그것은 주님께서 재림하실 때, 이 썩을 육체를 대신하여 신령한 몸을 입는 것입니다. 이것을 구원이라고 합니다.

"육의 몸으로 심고, 신령한 몸으로 다시 살아나나니 육의 몸이 있은 즉 또 영의 몸도 있느니라(고린도전서 15장 44절)."

② 영적인 죽음

"진실로 진실로 너희에게 이르노니 죽은 자들이 하나님의 아들의 음성을 들을 때가 오나니 곧 이 때라 듣는 자는 살아나리라(요한복음 5장 25절)."

여기서 '죽은 자들'이란 영적인 죽음을 맞은 사람들을 말합니다. 호흡은 하고 있고, 말은 하고 있지만, 그리고 밥도 먹고 있지만, '죽었다'는 것입니다. 영적인 죽음을 죽는다는 것은 '하나님과 분리된 상태'를 말합니다. 하나님은 나의 아버지가 아니고, 나는 하나님의 아들이 아닙니다. 하나님의 품을 떠났습니다. 하나님의 사랑을 느낄 수 없습니다. 영적인 죽음의 결과로 인격에서 악취가 풍겨 나오는데, 탐욕, 저주, 미움, 원수, 비방, 시기, 질투, 음행 등입니다. 육체적 썩음보다 더 지독한 인격의 악취를 풍깁니다. 이 영적인 죽음으로부터의 구원은 예수 그리스도의 보혈의 공로로 죄를 씻음 받고, 하나님과의 관계를 회복하는 것입니다. 이것을 구원이라고 합니다.

③ 영원한 죽음

"바다가 그 가운데에서 죽은 자들을 내주고, 또 사망과 음부도 그 가운데에서 죽은 자들을 내주매 각 사람이 자기의 행위대로 심판을 받고 사망과 음부도 불못에 던져지니 이것은 둘째 사망 곧 불못이라. 누구든지 생명책에 기록되지 못한 자는 불못에 던져지더라(요한계시록 20장 13~15절)."

영원한 죽음을 죽는다는 것은 천국으로부터 분리되어 영원히 지옥에 떨어지는 것을 말합니다. 영원한 죽음의 결과는 유황 불못에 들어가는 것입니다.

chapter 03 원죄   43

"또 그들을 미혹하는 마귀가 불과 유황 못에 던져지니 거기는 그 짐승과 거짓 선지자도 있어 세세토록 밤낮 괴로움을 받으리라(요한계시록 20장 10절)."

세세토록! 지옥의 특징은 죽지 않는 데에 있습니다. 고통스러워 죽어버리면 좋겠는데 죽지 않습니다. 이것이 지옥의 고민입니다. 이 영원한 죽음으로부터의 구원은 어린양 되신 예수 그리스도와 새 하늘과 새 땅(천국)에서 영원히 사는 것을 말합니다.

모든 사람은 죄를 지었습니다. 그 죄 때문에 모든 사람이 죽게 되었습니다. 육체적으로 죽고, 영적으로 죽고, 영원히 죽게 된 것입니다. 육체적 죽음에서 우리를 구원하시는 분은 예수 그리스도이십니다. 영적인 죽음에서 우리를 구원하시는 분도 예수 그리스도이십니다. 영원한 죽음에서 우리를 구원하시는 분 역시 예수 그리스도이십니다. 이런 예수 그리스도를 어떻게 안 믿을 수 있고, 어떻게 찬양하지 않을 수 있으며, 어떻게 사랑하지 않을 수 있겠습니까?

Q. 육체의 죽음, 영적인 죽음, 영원한 죽음에 대한 느낌과 생각을 적어 보십시오.

4. 삶의 적용

초청의 기도를 함께 드립시다.

"사랑의 하나님, 우리 속에 이생의 자랑, 안목의 정욕, 육신의 정욕이 꿈틀거리는 원죄가 있음을 인정합니다. 그 원죄로 말미암아 우리가 육신의 죽음, 영적인 죽음, 영원한 죽음을 경험하고 있습니다. 예수 그리스도를 나의 주님과 구원자로 받아들입니다. 나의 죄를 용서하시고 내 삶의 주인이 되옵소서. 영원한 생명을 주신 주님을 찬양합니다. 주님은 영원히 섬길 영광의 왕이십니다. 예수 그리스도의 이름으로 기도드립니다. 아멘"

CHAPTER 04

믿음으로 얻는 구원

1. 주제 글

　아주 오래전부터 인간은 신을 알기 위해 노력해왔습니다. 그러나 인간이 신을 찾고자 시도했던 방법들은 불완전했습니다. 신이 누구인지, 그리고 신이 어디에 있는지 몰랐기 때문입니다. 그것은 마치 시각장애인이 보물을 찾고자 하는 것과 같습니다. 과연 어떻게 해야 인간이 신을 알 수 있을까요? 인간의 편에서는 길이 없습니다. 그러나 만약 하나님께서 인간에게 찾아오신다면, 인간은 하나님을 알 수 있습니다. 이것을 계시라고 합니다.

　기독교는 사람이 하나님을 아는 것뿐 아니라, 구원받는 것도 인간의 노력이나 의지가 아닌, 오직 하나님의 은혜로 이루어진 것임을 선포합니다.

2. 들어가는 말

우리는 믿음으로 구원을 얻습니다. 신학자 폴 틸리히는 믿음에 대해 다음과 같이 이야기했습니다. "존재의 용기는 용납될 수 없는데도 용납된 자로서의 자기 자신을 용납하는 용기라고도 말할 수 있다[10](One could say that the courage to be is the courage to accept oneself as accepted in spite of being unacceptable[11])." 하나님께서 우리를 받아주셨는데 그것을 믿음으로 받아들이는 것이 구원받는 믿음이라는 것입니다. 하나님은 못나고, 얼룩지고, 흠결이 많고, 부족하고, 실수를 잘하는 우리를 조건과 관계없이 받아주셨습니다.

그런데 사람 중에는 하나님이 자신을 받아주셨다는 사실을 믿지 못하는 경우가 있습니다. 스스로 생각해도 자신은 하나님께 용납되기에 매우 부족하다고 느끼기 때문입니다. 그들은 "내가 나를 가장 잘 아는 데, 하나님이 나 같은 사람을 받아줄 리가 없다."라고 말합니다. 그런데 폴 틸리히는 믿음이란 하나님이 나를 받아주셨다는 사실을 받아들이는 것이라고 말합니다.

3. 성경 말씀 나누기

Q. 로마서 6장 23절을 찾아 적어 보십시오.

Q. 로마서 6장 23절을 묵상하고 그 느낌이나 생각을 적어 보십시오.

성경은 죄의 결과가 죽음이라고 말씀합니다. 그렇다면 죽지 않기 위해서는 죄에서 벗어나야 합니다. 이것은 사람에게 가장 중요한 문제입니다. 죽일 테면 죽여 보라고 어깃장을 놓을 수 없습니다. 그런데 죄는 세월이 지난다고 자연히 없어지지 않습니다. 그렇다면 이 죽음을 가져오는, 현재뿐만 아니라 미래까지, 아니 영원히 죽음의 족쇄를 채우는 죄의 문제를 어떻게 해결할 수 있을까요?

1) 죄를 해결하는 인간의 방법

사람들은 죄를 해결하려고 많은 시도를 했습니다.

인간의 힘으로 죄의 문제를 해결해보려는 시도를 공로 사상이라고 합니다. 공로 사상은 다음과 같이 세 가지로 표현됩니다.

① 다른 사람보다는 낫다는 상대적인 공로

"그래도 나는 저 사람보다는 낫다. 저 사람은 이런저런 죄를 짓고 살지만 나는 그렇지는 않아. 세상살이하면서 하나도 죄를 짓지 않았다고 말할 수는 없겠지만, 이 정도면 평균 이상으로 산 것이 아닌가? 살아가면서 기회 있을 때마다 선한 일도 했는데 천국이 있다면 나 같은 사람이 갈 수 있는 곳이 아니겠어?" 이런 생각들이 바로 상대적인 의를 내세우는 것입니다. 실제로는 확인할 수 없는데도, 스스로 남보다 낫다고 생각하며 위안으로 삼는 사람들이 많습니다.

그런데 구원은 상대평가로 얻는 것이 아닙니다. 천국은 상대적인 공로로 갈 수 없습니다. 천국은 100명 중 50등 안에 들어서 가는 곳이 아닙니다. 모든 사람이 예수 그리스도를 믿으면 다 천국 갈 수도 있고, 모두가 예수를 믿지 않고 죄를 지으면 전부 지옥 갈 수도 있습니다.

② 죄의 값을 내가 갚는다는 배상의 공로

"이제까지 내가 죄를 40이나 졌는데 여생 동안 열심히 덕을 쌓아 공로가 60이 되면, 죄는 상쇄되고 그 남은 20의 공로로 천국 가겠지." 지은 죄보다 쌓은 덕이 많으면 좋은 곳으로 간다는 사상이 배상적인 공로 사상입니다. 이 사상은 불교에도 있고, 이집트의 고대 신화에도 있을 정도로 만연한 사상입니다. 지금도 전 세계의 많은 사람이 그렇게 생각하고 있습니다.

죄의 값을 내가 치른다는 생각은 그럴듯해 보이지만, 구원과는 상관이 없습니다. 예를 들어, 예수님의 제자 중 베드로와 가룟 유다가 죄를 지었습니다. 베드로는 닭 울기 전에 세 번씩이나 예수님을 부인했습니다. 가룟 유다는 은 30에 예수님을 팔았습니다. 죄의 경중을 따져 본다면 비슷합니다. 그런데 그들은 죄를 지은 이후의 대처가 달랐습니다. 그리고 그것은 완전히 다른 인생의 결말을 가져왔습니다.

가룟 유다는 자기가 지은 죄의 값을 자기가 받겠다고 나섭니다. 그래서 은 30을 성전 바닥에 내동댕이치고, 나무에 달려 자살을 합니다 (마 27:5). 자기 죄를 자기가 책임지겠다는 태도는 매우 인간적으로 보입니다. 죄를 회피하지도 않고 자신이 책임지는 것처럼 보이기 때문입니다. 그러나 가룟 유다가 자신에게 가장 가혹한 징벌을 했다고 그것이 자신의 죄를 없애주지 못합니다. 배상하는 공로도 구원과는 상관이 없습니다. 가룟 유다는 죗값을 스스로 갚겠다는 생각 때문에 망했습니다.

그러나 베드로는 달랐습니다. 그는 닭 울음소리를 듣자마자, 바깥 어두운 데로 나가 통곡하며 회개했습니다. "나는 이 정도밖에 안 되는 놈입니다. 주님이 미리 경고의 말씀을 해주셨건만 주님을 부인하고 말았습니다. 주님 용서해주십시오." 베드로는 자신이 죄를 해결하려고 하지 않았고, 예수님의 은혜를 구했습니다. 주님 앞에서 용서를 구했습니다. 결국, 베드로는 용서받았을 뿐 아니라, 초대 교회의 기둥으로써 존귀하게 쓰임 받았습니다.

③ 고통으로 죄를 지우겠다는 고행의 공로

불교에서는 고행과 참선을 중요하게 생각합니다. 오래 전에 성철스님의 이야기는 매스컴을 떠들썩하게 했습니다. 그는 대단한 고행을 수행했습니다. 결혼 직후 처자식을 버리고 출가했습니다. 부모가 찾아와도 수행에 방해가 된다고 만나지 않았습니다. 기거하는 곳에 철조망을 쳐놓고 십 년 동안 사람들이 들어오지도 못하게 막고, 십육 년 동안 솔잎가루와 쌀가루만 먹고 살았습니다. 그리고 의심되는 이야기지만, 팔 년 동안 장좌불와(눕지 않고 앉아서 자는 것) 했다고 합니다. 성철스님은 이런 식으로 고행을 하며 수양을 쌓았습니다.

그런데 성철스님이 돌아가시기 전에 마지막으로 남긴 열반송이 있습니다. 어느 책에 풀어서 소개해 놓은 것이 있는데, 다음은 그 중의 일부입니다. "나는 한평생 무수한 사람을 속였으니 그 죄업이 하늘에 가득 차 수미산보다 더하다. 산채로 지옥에 떨어져 그 한이 만 갈래니 한 덩이 불덩이 푸른 산에 걸려있다." 이것을 요약하면, 자신이 한평생 많은 사람을 속였다는 것입니다. 그 죄업은 하늘에 가득 차 수미산보다 더할 만큼 크고, 그 결과 자신은 산채로 지옥에 떨어지겠다는 것입니다. 성철스님은 평생을 고행하면서 죄업을 지워보려고 발버둥 쳤지만, 결국 죄를 지울 수 없었다는 것을 깨닫고 죽게 되었습니다.

그렇다면 왜 죄의 문제를 인간적인 노력으로 해결할 수 없을까요? 그것은 인간이 결코 하나님의 절대적인 의를 충족시킬 수 없기 때문입니다. 어두운 방에서 얼굴을 쳐다보면, 얼굴을 씻었는지 안 씻었는지 모릅니다. 그냥 깨끗한 줄 압니다. 희미한 형광등 불빛 아래서 얼굴을 쳐다보면 어두울 때보다는 낫습니다. 그러나 그때도 얼굴이 깨끗한지, 주근깨가 있는지 잘 모릅니다. 그런데 밝은 태양 빛에서 얼굴을 쳐다보면 다 드러납니다. 마찬가지입니다. 하나님께 가까이 가면 갈수록, 그 밝은 광채 앞에 다가서면 설수록, 악을 차마 보지 못하시는 그 정결한 눈 앞에 드러나면 날수록, 하나님의 그 절대적인 의로움 앞에 도저히 자기의 선행을, 의로움을 비교할 수 없음을 깨닫게 됩니다.

사도 바울을 보십시오. 사도 바울의 신앙 노정 중에서 비교적 초기에 쓴 편지는 고린도전서이고, 중기에 쓴 편지는 에베소서이고, 말기에 쓴 편지는 디모데전서입니다. 그 세 편지에서 바울이 자기 자신을 표현한 것이 있습니다. 초기에는 "나는 사도 중에 가장 작은 자라(고린도전서 15장 9절)"고 했고, 중기에는 "모든 성도 중에 지극히 작은 자보다 더 작은 나에게(에베소서 3장 8절)"라고 했으며, 말기에는 "죄인 중에 내가 괴수니라(디모데전서 1장 15절)."고 했습니다. 믿음이 깊어지면 깊어질수록, 하나님께 가까이 가면 갈수록, 자신을 비교하는 대상이 달라집니다. 처음에는 사도와 비교했는데, 그다음에는 성도와 비교하고, 나중에는 아예 죄인과 비교합니다. 주님을 위해 평생을 헌신하고,

마지막에는 주님을 위해 자신의 몸까지 순교의 제물로 드린 바울의 고백이 이럴진대, 우리 같은 보통 사람들이 하나님의 의를 논할 입장이 되겠습니까?

2) 죄를 해결하는 하나님의 방법

만일 나면서부터 죽을 때까지 하나님의 기준에 합할 정도로 의롭게 살았다면, 예수 그리스도 없이도 구원받을 수 있습니까? 만약 그렇다면, 구원받을 수 있을 것입니다. 그러나 그런 사람은 없습니다. 사람들이 보기에는 의인일지 모르나, 하나님 앞에서 의인은 없습니다. 모든 사람이 죄인이기 때문에, 그들의 죄를 해결하시기 위해 예수 그리스도께서 오신 것입니다. 여기에 죄의 문제를 원천적으로 해결하는 길이 있습니다. "너희는 그 은혜에 의하여 믿음으로 말미암아 구원을 받았으니 이것은 너희에게 난 것이 아니요 하나님의 선물이라(에베소서 2장 8절)."

① 구원은 하나님이 베푸신 은혜입니다(하나님의 은혜는 구원의 원천).

'너희는 그 은혜에 의하여,' '하나님의 선물이라' 은혜란 거저 받는 것, 쉬운 말로 공짜로 받는 것입니다. 하나님께서 우리를 위하여 독생자 예수 그리스도를 보내시어, 십자가에 죽게 하심으로, 우리 죄에 해당하는 벌을 대신 받게 하시고, 우리를 거저 구원하셨습니다. 이것이 복음의 핵심입니다.

우리는 자신의 구원을 생각하면 할수록 절망밖에 할 것이 없습니다. 우리 힘으로 어떻게 하나님의 의에 도달할 수 있습니까? 포기밖에는 다른 길이 없습니다. 그런데 하나님께서 은혜를 베풀어 거저 구원시켜주셨습니다. 이 믿을 수 없는 꿈만 같은 사실을 뭐라고 표현할 길이 없어 복음이라고 합니다.

엄청난 빚을 진 사람이 어느 날 아침에 일어났더니 빚이 다 없어졌다고 생각해보십시오. 그 마음이 어떠했겠습니까? 빚 때문에 수없이 많은 밤을 고민했습니다. 죽을까도 생각해봤고, 도망갈까도 생각해보았습니다. 만약 그런데 그 빚이 없어졌다면 '이게 꿈이냐 생시냐' 하지 않겠습니까? 영혼의 빚, 죄의 짐이 공짜로 벗겨졌다는 것입니다.

② 구원은 믿음으로만 얻습니다(믿음은 구원의 조건).

"믿음으로 말미암아 구원을 받았나니" 아무리 하나님께서 내게 은혜를 베푸신다고 하더라도 내가 거절하면 그 은혜는 소용이 없습니다.

어떤 사람이 바다에서 표류하고 있습니다. 그는 배 위에서 마실 물이 없어 목이 타들어 갑니다. 그때 하늘에 검은 구름이 덮이더니 비가 옵니다. 그런데 하늘에서 장대비가 쏟아지더라도 빈 그릇을 내놓고 그 비를 받지 않으면 아무 소용이 없습니다. 비를 받아야만 그 물을 마시고 살아날 수 있습니다.

미국에서 일어난 일[12]입니다. 1829년 우편물 강도 및 살인으로 사형 판결을 받은 펜실베이니아 조지 윌슨에게 앤드류 잭슨 대통령이 독립기념일을 기해 특별사면을 내렸습니다. 그러나 무슨 이유인지 사형수는 사면권을 거부하였습니다. 이 사건이 대법원까지 올라갔는데, 당시의 주임 판사인 존 마샬 씨는 이렇게 판결하였습니다. "특별사면이란 본인의 수락 여부에 효력이 달린 한 장의 종이입니다. 죽을 사람이 용서를 거절하는 것은 드문 일입니다. 그렇지만 거절하는 이상 특별사면은 효력이 없습니다." 결국, 사형이 집행되었습니다. 죄인 된 인간들에게 내리는 하나님의 특사권. 이 특사권도 거절하는 자 곧 믿음으로 받아들이지 않는 자에게는 구원의 특사는 주어지지 않습니다.

그러면 구원은 믿음으로 얻는다고 했는데, 구원을 얻는 믿음에는 어떤 요소가 있습니까?

㉠ 구원 얻는 믿음에는, 하나님의 은혜를 아는 것이 중요합니다.

복음의 내용을 알아야 합니다. 먼저 알아야 믿을 것이 아닙니까? 따라서 복음은 널리 모든 사람에게 전파되어야 합니다. 그리고 성도들은 복음의 내용을, 무엇을 믿는지 정확하게 알아야 합니다. 그런 의미에서 성경 공부는 중요한 것입니다.

그러나 아는 것만으로 구원 얻는 것은 아닙니다. 마귀가 예수님을 만났을 때 "아, 나사렛 예수여. 우리가 당신과 무슨 상관이 있나이까? 우리를 멸하러 왔나이까? 나는 당신이 누구인 줄 아노니 하나님의 거룩한 자니이다(누가복음 4장 34절)."라고 이야기합니다. 마귀도 예수님이 하나님의 아들이신 줄 알았습니다. 그렇다면 마귀도 구원받았습니까? 절대 그렇지 않습니다.

㉡ 구원 얻는 믿음에는, 하나님의 은혜를 받아들이는 것이 중요합니다.

알지만 받아들이지 않을 수 있습니다. 지식으로 보자면 종교학 교수들이 가장 뛰어날 것입니다. 그러나 그들 중에서 하나님의 은혜를 받아들이지 않는 이들이 있습니다. 그러면 구원과는 상관이 없습니다. "네가 만일 네 입으로 예수를 주로 시인하며 또 하나님께서 그를 죽은 자 가운데서 살리신 것을 네 마음에 믿으면 구원을 받으리라(로마서 10장 9절)." '시인하며'라는 말은 '받아들이는 것' '동의하는 것'을 말합니다. 예수님의 죽으심의 필요성, 예수님의 십자가 공로, 예수님의 부활의 능력을 모두 인정하는 것입니다.

ⓒ 구원 얻는 믿음에는, 신뢰하는 것이 중요합니다.

예수 그리스도의 말씀을 전적으로 믿습니다. 예수 그리스도의 보혈을 전적으로 의지합니다. 예수 그리스도의 십자가 공로를 전적으로 신뢰합니다. 예수 그리스도께서 십자가 위에서 흘린 피는 다른 사람이 아닌 바로 나를 위한 것임을 의심하지 않습니다. 이처럼 복음을 알고, 받아들이고, 신뢰할 때 구원 사건이 일어납니다.

성경에 나온 한 실례로 이 구원 얻는 믿음을 생각해 보겠습니다. 민수기 21장에는 출애굽하는 이스라엘 백성들이 하나님께 원망하다가 광야의 불뱀에 물려 죽게 된 사건이 소개되어 있습니다. 모세가 백성들을 위해 하나님께 간구했습니다. 그때 하나님께서 모세에게 그들을 구원할 방법을 가르쳐 주십니다. "놋뱀을 만들어 장대에 높이 달아라. 물린 자마다 그 장대에 달린 뱀을 보기만 하면 살리라." 모세가 놋뱀을 만들어놓고 소리칩니다. "하나님께서 기쁜 소식을 주셨습니다. 하나님께서 은혜를 베푸셨습니다. 불뱀에 물린 여러분, 고개를 들어 이 놋뱀을 쳐다보기만 하십시오. 그러면 낫습니다. 어서요! 어서요! 쳐다보세요." 그랬는데 무슨 심보인지 쳐다보기만 해도 되는 그 쉬운 일을 하지 않고 죽어가는 사람이 대부분이었습니다. 간혹 그중에는 모세의 말을 듣고, 모세의 말을 전적으로 신뢰하여 고개를 들어 놋뱀을 쳐다보는 사람이 있었습니다. 그들은 모두 구원을 받았습니다.

4. 삶의 적용

예수 그리스도께서 여러분의 죄 때문에 십자가를 지셨음을 아십시오. 예수 그리스도께서 십자가를 지심은 여러분의 죄 때문이라는 사실을 받아들이십시오. 예수 그리스도의 십자가 공로를 전적으로 신뢰하십시오. 그러면 여러분은 이 믿음으로 구원을 얻습니다. 하나님은 죄인인 여러분을 받아주셨습니다.

Q. 이번 과를 정리하면서 믿음으로 얻는 구원을 설명해 보십시오.

CHAPTER 05

의로
여기심

1. 주제 글

구원을 받으려면 하나님의 심판대 앞에서 의롭다고 인정받아야 합니다. 만약 의롭다고 인정받지 못하고 죄인이라고 판정받는다면, 엄위하신 하나님의 맹렬한 진노를 받아야 할 것입니다. 하나님은 모든 사람을 공의로 심판하시는 분이십니다. 하나님의 무겁고 무서운 진노를 피하기 위해서는 반드시 죄의 문제를 해결하고 의로워져야 합니다.

2. 들어가는 말

인간은 하나님의 절대적인 의의 기준에 도달할 수 없습니다. 인간의 상대적인 기준으로 의롭다고 평가받을 사람은 더러 있을지 모르지만, 하나님의 절대적인 기준에 합당한 의로운 사람은 아무도 없습니다. 성경은 모든 사람이 죄인(로마서 3장 23절)이라고 단호하게 선포합니다.

　의에 대한 하나님의 기준과 인간의 기준이 어떻게 다른지 한 가지 예를 들겠습니다. 사람들은 살인하면 심판을 받게 된다고 생각합니다. 그러나 예수님은 마음속에 미운 감정이 있으면, 이미 살인한 것(마태복음 5장 22절)이라고 말씀하십니다. 사람들은 실제로 간음을 하지 않으면, 죄를 지은 것이 아니라고 여깁니다. 그러나 예수님은 마음속에 음욕을 품었으면, 이미 간음한 것(마태복음 5장 28절)이라고 말씀하십니다. 하나님의 기준으로는 마음속에 품은 생각까지 죄라는 것입니다. 세상에 마음속으로 죄를 범하지 않은 사람은 과연 몇 명이나 될까요? 사람들은 겉으로 드러난 행위만을 따지지만, 하나님은 마음속에 있는 깊은 것까지도 감찰하십니다. 이렇듯 하나님의 기준은 사람의 기준과는 차원이 다릅니다. 이렇게 따져 본다면 어떤 사람도 하나님의 의에 도달할 수 없다는 것을 알게 될 것입니다. 인간의 노력으로는 하나님의 의를 충족시킬 수 없습니다. 인간의 노력으로 구원을 얻으려고 할 때는 절망에 이를 수밖에 없습니다.

　그렇다면 의롭지 않은데 구원받을 가능성은 없을까요? 안타깝지만 인간이 불의한 상태에서 구원받을 수는 없습니다. 이는 거룩하고 공의로우신 하나님의 성품 때문입니다. 구원은 단지 하나님의 진노를 면하는 것만이 아닙니다. 기독교 신앙에서 구원은 완전하신 하나님과 온전한 화평을 누리는 것입니다. 하나님과 친밀한 교제를 누리며, 동행하는 것이 구원입니다. 그런데 하나님은 공의롭고 선하시므로 죄와는 조금도 어울릴 수 없습니다. 만약 불의한 채로 하나님 앞에 선다면, 그는 죄 때문에 죽게 될 것입니다. 죄와는 타협할 수 없고, 죄를 용납할 수 없는 하나님의 성품 때문에, 죄인은 결코 하나님 앞에 설 수 없습니다.

Q. 요한계시록 20장 11절을 찾아 적어 보십시오.

_____

_____

Q. 왜 땅과 하늘이 하나님 앞에서 피하였을까요?

_____

_____

하나님의 심판에 대한 말씀입니다. '크고 흰 보좌에 앉으신' 분은 우리를 심판하실 하나님이십니다. 그런데 '땅과 하늘이 그 앞에서 급히 피하였다'라고 했습니다. 왜 그렇게 급하게 피하였을까요? 그것은 땅과 하늘이 하나님의 의로우심 앞에 잠시도 설 수 없었기 때문입니다. 땅과 하늘이 그 정도라면 죄인인 우리가 더 무슨 말을 하겠습니까? 여기에서 우리는 큰 절망에 빠지게 됩니다. 그렇다면 우리는 죽을 수밖에 없는 것일까요?

3. 성경 말씀 나누기

1) 하나님의 구원 방법: 대속

원래 사람은 죄로 인해 죽을 수밖에 없는 처지였습니다. 그러나 공의로우실 뿐 아니라 사랑이 많으신 하나님은 세상을 구원하길 원하셨습니다. 그리고 죄로 인해 죽을 수밖에 없는 인간의 문제를 예수 그리스도를 통해 해결하셨습니다. 예수 그리스도가 대속제물이 되신 것입니다. 대속은 남의 죄를 대신하여 죗값을 치르는 것을 말합니다. 다시 말해, 내가 죄를 지었지만, 예수 그리스도께서 나를 대신하여 벌을 받아 나를 의로운 자로 만드셨다는 것입니다. 인간의 편에서는 구원받을 길이 없었지만, 하나님의 편에서 구원의 길을 열어주셨습니다.

어떤 소년이 물건을 훔치다가 붙잡혀 절도죄로 감옥에 갇혔습니다. 이 소식을 듣고 소년의 아버지는 급히 달려와 보석금 10만 달러를 내고 소년을 데리고 나갔습니다. 보석금이란 '피고인을 석방할 때 내는 보증금'을 말합니다. 소년을 붙잡았던 경찰관은 아무 벌도 받지 않고 풀려난 소년을 보며, 괘씸하다고 했습니다. 그렇다고 그 경찰관이 소년을 다시 체포할 수 있습니까? 그럴 수 없습니다. 비록 소년 자신은 아무런 죄의 대가를 치르지 않았지만, 그의 아버지가 석방에 필요한 돈을 대신 지급했기 때문입니다. 소년은 아버지가 대신 죄의 값을 냈기 때문에 자유롭게 되었습니다.

대속 사상은 우리에게 익숙하지 않지만, 유대인들에게는 자연스럽고 익숙합니다. 희생제사 제도가 바로 그런 개념이기 때문입니다. 사람이 죄를 지었습니다. 그는 죄로 인한 죽음을 피하려고, 혹은 하나님과의 관계가 회복되기 위해 제사를 드립니다. 제사는 양을 비롯한 율법에서 정한 짐승을 잡아 하나님께 제물로 드리는 것입니다. 그렇게 함으로써 사람의 죄가 짐승에게 전가되어 그는 의롭게 됩니다. 이런 일련의 과정을 거치면서 제사를 드리는 사람은 다음과 같은 사실을 깨닫게 됩니다.

① 죄의 대가 : '죄는 그냥 용서되는 것이 아니라 대가를 지불해야 하는구

나.'

② 피의 속죄 : '죄의 대가는 가벼운 것이 아니라 대신 죽어야만 하는 엄중한 것이구나.'

③ 대속 : '그래서 저 가엾은 양이 나 대신 벌을 받아 죽어가고 있구나.'

유대인들이 희생제사를 통해 대속한 것처럼, 예수 그리스도께서 십자가에 달려 죽으심으로 인류의 죄를 대속하셨습니다. 십자가를 깊이 묵상한다면, 유대인들과 같은 깨달음을 얻게 될 것입니다. 죄는 대가를 치러야만 용서될 수 있다는 것, 또한 대가는 죽음으로써만 지불할 수 있다는 것, 그리고 예수 그리스도가 인간을 대신하여 죽으셨다는 것을 말입니다. 신자들이 십자가를 보고 감격하는 이유가 바로 여기에 있습니다. 교회 지붕마다, 교회 제단마다 십자가를 둔 이유가 바로 이것입니다.

2) 대속의 대가

Q. 이사야 53장 5절을 찾아 적어 보십시오.

Q. 히브리서 9장 12절을 찾아 적어 보십시오.

Q. 왜 죄는 꼭 피로 대속해야만 한다고 했을까요?

그런데 왜 꼭 피로 대속해야 할까요? 사랑이 많으신 하나님께서, 그냥 용서하신다고 말씀하시면 안 되었을까요? 만약 보상이 필요하다면, 피가 아닌 돈으로 할 수 있지 않을까요? 잔인하게 피를 흘리지 않고도 대속할 수 있다면, 그 방법이 더 좋을 것입니다.

초등학교 시절, 교회학교 선생님께 이런 질문을 한 적이 있습니다. "선생님, 왜 예수님이 십자가 위에서 피를 흘려야만 우리 죄가 용서되나요? 하나님께서 그냥 '용서하노라' 하면 되지 않나요?" 자꾸만 질문하니까 성경 지식이 많지 않은 시골 교회학교의 선생님은 대답을 못하시고, "너는 마귀로구나"라고 꾸중하셨습니다. 그랬더니 옆에 있던 다른 선생님이 "왜 아이를 보고 마귀라고 하느냐?"고 도리어 선생님을 책망하는 것을 본 적이 있습니다. 그때 그 선생님이 이 성경 구절만 알았더라면 속 시원하게 대답하실 수 있었을 것입니다.

> "육체의 생명은 피에 있음이라 내가 이 피를 너희에게 주어 제단에 뿌려 너희의 생명을 위하여 속죄하게 하였나니 생명이 피에 있으므로 피가 죄를 속하느니라(레위기 17장 11절)."

육체의 생명은 피에 있다고 말씀합니다. 죄의 대가는 생명으로만 치를 수 있는 막중한 것입니다. 따라서 죄를 해결하기 위해서는 반드시 당사자 혹은 다른 생명으로 대속해야 합니다. 그래서 육체의 생명인 피를 흘리는 것입니다.

하나님은 모세의 율법을 통해 희생제사 제도를 허락하셨지만, 그것은 불완전한 방편이었습니다. 하나님은 예수 그리스도를 통해 태초부터 계획하신 구원의 길을 여셨습니다. 모든 사람을 구원하는 완전한 구원의 길을 은혜로 허락하신 것입니다. 예수 그리스도의 십자가 죽음에는 그런 뜻이 있습니다. 하나님은 가장 귀한 독생자를 희생하기까지 사람들을 사랑하셨습니다. 그리고 지금도 이 세상을 그렇게 사랑하시고 구원받기를 원하십니다.

예수 그리스도를 영접하고 대속의 은혜를 믿음으로 받아들인 사람들은 의롭다 여김을 받습니다. 그는 본질상 죄인이지만, 예수의 공로로 인해 의롭다 여김을 받는 것입니다. 설령 하나님의 심판대 앞에 죄인이 서 있을지라도 그의 죗값은 이미 예수 그리스도를 통해 충분하게 치러졌습니다. 그래서 그는 의롭다 인정을 받고 구원을 받게 되는 것입니다.

존 웨슬리는 '의로 여기심'을 이렇게 강조합니다.[13]

> "칭의에 대한 성경적인 명백한 견해는 사면이요 죄의 용서입니다. 그것은 아들의 피로 인하여 된 화해의 제물 때문에 하나님께서 이제까지 지은 우리의 모든 죄들을 용서하시는 것(로마서 3장 25절)은 아버지 되신 하나님의 행위입니다. 이것이 그 편지 전체에 걸쳐 있는 성 바울에 의한 칭의의 자연스러운 설명입니다."

3) 여전히 남아 있는 죄성

여기서 우리는 이런 신앙적인 의문을 가질 수 있습니다. '예수 그리스도께서 내 죄를 대신하여 죽으셨다는 사실을 받아들이고 확신하였지만, 여전이 내 마음속에는 욕망이 꿈틀거리고, 죄성이 남아 있는데, 어떻게 의롭게 되었다고 말할 수 있을까?'라고 말입니다.

이런 이유로 우리는 성경에 나오는 의로 여김을 받는다는 말이 무슨 뜻인지 분명하게 이해할 필요가 있습니다. 의로 여김을 받는다는 것은 실제로 의로운 것이 아니라 의롭다고 인정받는다는 뜻입니다. 종교개혁가 마틴 루터가 신자들의 이해를 돕기 위해 예를 들어 설명했습니다. 눈이 오면 온 세상이 눈으로 덮입니다. 눈에 덮인 온 세상은 깨끗해 보입니다. 사람들이 아침에 문을 열고 들판을 바라보며 이렇게 말합니다. "참 깨끗하다. 온 세상이 희어졌구나." 그러나 진짜 깨끗할까요? 아닙니다. 그 눈 밑에는 개구리 죽은 것, 떨어진 고무신짝, 개똥, 항아리 깨진 것, 기저귀 버린 것, 모든 지저분한 것이 다 있습니다. 그렇지만 깨끗해 보입니다.

이처럼, 신자의 내면엔 아직도 더럽고, 지저분한 죄성이 있습니다. 그러나 하나님은 예수 그리스도의 피로 덮인 우리를 보고 '참 깨끗하다'라고 여기십니다. 하나님께서 죄인인 우리를 의인으로 인정해주시는 것입니다. 이 사실을 믿으시기를 바랍니다. 많은 그리스도인이 구원의 확신에서 흔들리는 이유가 이 '의인'이란 말을 잘 이해하지 못하기 때문입니다. "내 생각을 보면, 내 말을 보면, 내 행동을 보면 여전히 죄를 짓고 있는데, 내가 어떻게 의롭게 되었다고 말할 수가 있는가? 나는 아직도 멀었어!"라고 생각합니다. 아닙니다. 사탄의 속임수에 속지 마십시오.

존 웨슬리는 이 혼동을 그의 설교 '믿음에 의한 칭의'에서 다음과 같이 설명했습니다.

"그렇지만 이 중대한 문제가 그 얼마나 조금밖에 이해되지 않은 것인지요? 그 일에 관해서 얼마나 혼동된 생각을 많은 사람들이 가지고 있었던 것입니까. 단순히 혼동된 생각을 가졌을 뿐만 아니라 가끔 전혀 잘못된 생각을 가졌습니다. 마치 어두움이 빛과 다른 것처럼 진리에 어긋나고 있는 것입니다. 하나님의 말씀과 절대적으로 조화되지 않으며 신앙과는 전적으로 어긋나고 있습니다. 그러므로 기초부터 잘못되어 있기 때문에 그들은 그 뒤에 전혀 좋은 믿음의 집을 건축할 수 없었습니다."[14]

하나님이 우리를 의롭다고 하신 것은, 우리가 본질상 의롭기 때문이 아닙니다. 죄인이지만, 또 죄지을 가능성이 남아있지만, 의롭다고 봐 주기에 의로운 것입니다.[15]

"일을 아니할지라도 경건하지 아니한 자를 의롭다 하시는 이를 믿는 자에게는 그의 믿음을 의로 여기시나니 일한 것이 없이 하나님께 의로 여기심을 받은 사람의 복에 대하여 다윗이 말한 바(로마서 4장 5~6절)."

성경이 분명히 말씀하고 있습니다. 경건하지 않지만, 의롭지 않지만, 의롭다고 하셨습니다. 이 말씀을 믿음으로 의롭게 여김을 받고 있다는 사실을 확신하길 바랍니다. 이 기쁨이 얼마나 놀라운지 바울 사도는 '복'이란 단어를 썼습니다.

"불법이 사함을 받고 죄가 가리어짐을 받는 사람들은 복이 있고 주께서 그 죄를 인정하지 아니하실 사람은 복이 있도다 함과 같으니라(로마서 4장 7~8절)."

어떤 사람이 행복한 사람입니까? 성경에서는 돈 잘 버는 사람이 행복하다고 하지 않았습니다. 공부 잘하는 사람이 행복하다고 하지 않았습니다. 잘못된 것을 용서받고, 죄가 가려지고, 주께서 자기의 죄를 인정하지 아니할 사람이 행복한 사람이라고 했습니다. 이 행복을 다윗이 경험했고, 이 행복을 바울이 체험했습니다. 이 행복으로 충만하길 바랍니다.

Q. 그런데 여전히 남아 있는 죄성은 어떻게 해야 하는 것일까요?

_____
_____
_____
_____

4. 삶의 적용
Q. 의롭게 됨(칭의)을 자신의 언어로 정리하여 설명해 보십시오.

_____
_____
_____
_____
_____

CHAPTER 06

세 종류의 사람

1. 주제 글

세상에는 세 종류의 사람이 있습니다. 하나님을 모르고 세상의 즐거움을 추구하는 사람, 하나님을 알지만, 구원의 확신을 갖지 못하여 두려움에 떨고 있는 자, 그리고 예수께서 이루신 완전한 구원의 은혜를 받아들이고 누리는 사람입니다. 이런 세 종류의 형태는 신앙의 단계에 따라 한 개인 안에서도 빈번히 일어날 수 있습니다.

2. 들어가는 말

십자가에 달리신 예수께서 하신 일곱 마디 말씀(가상칠언) 중 여섯 번째로 하신 말씀이 "다 이루었다."입니다. 이어 주님은 "내 영혼을 아버지 손에 부탁하나이다." 하시며 돌아가셨습니다. '다 이루었다'는 말은 희랍어로 '테텔레스타이(Τετέλεσται, tetelestai)'입니다. 당시 흔하게 사용하던 말이었습니다. 화가가 그림을 완성한 후 한 말이었고, 상인이 부채를 갚은 후 홀가분한 기분으로 던진 말이었고, 심부름꾼이 심부름을 마친 후 주인에게 돌아와 보고한 말이었고, 성전에 있는 제사장이 제물을 살펴본 후 최종적으로 선고한 말도 바로 이 말이었습니다. "흠 없이 완전하다." 혹은 "다 마쳤다"라는 뜻입니다. 사실 우리 주님은 '흠 없고 티 없는' 완전한 제물로서 속죄제물이 되신 것입니다. 서른셋의 젊은 나이에도 불구하고 예수님은 그리스도로서 모든 임무를 완수하시고 이 말씀을 하셨습니다. 테텔레스타이! 이 짧은 한마디로 우리의 구원을 선포하신 것입니다. 이제 우리는 하나님의 은혜 아래 있게 되었습니다.

3. 성경 말씀 나누기

성경은 구원과 관련하여 이 세상에 살아가고 있는 사람들을 세 종류로 구분하고 있습니다. 1) 육에 속한 사람, 2) 율법 아래 있는 사람, 3) 은혜 아래 있는 사람입니다. 여러분은 어떤 종류의 사람인지 스스로 판단해보길 바랍니다.

1) 육에 속한 사람
Q. 고린도전서 2장 14절을 찾아 적어 보십시오.

―――――――――――――――――――――――――
―――――――――――――――――――――――――
―――――――――――――――――――――――――
―――――――――――――――――――――――――

Q. 육에 속한 사람은 어떤 사람입니까?

육에 속한 사람은 어떤 사람일까요? 하나님의 영에 속한 일들을 받아들이지 않는 사람입니다. 왜 받아들이지 않을까요? 그런 사람에게는 성령의 일들이 어리석은 일이며, 그는 이런 일들을 이해할 수 없기 때문입니다. 이런 일들은 영적으로만 분별할 수 있습니다.

사람들에게 "예수를 믿으십시오."라고 권면하면, 다음과 같이 대답하는 사람이 있습니다. "저는 아직 종교에 관심이 없어요." "솔직하게 말씀드립니다만 종교는 왠지 비과학적이고, 비합리적이고, 고대 사회의 유물로만 여겨집니다." 이런 사람들을 한마디로 육에 속한 사람이라고 할 수 있을 것입니다. 아직도 천국이니 지옥이니 하는 얘기가 좀처럼 받아들여지지 않습니다.

육에 속한 사람은 다음과 같은 특징이 있습니다.

첫째, 육에 속한 사람은 영적인 일에 무지하고, 무감각하고, 무관심합니다. 아무리 세상 지식이 많고 경험이 풍부하더라도 영적으로는 보지 못하고, 알지 못하고, 느끼지 못하는 무식한 사람일 뿐입니다. 그는 하나님에 대하여 모릅니다. 그는 일점일획도 변함없는 하나님의 말씀을 하찮은 것으로 여깁니다. 그는 자기 자신이 죄인인지 모릅니다. 그는 죽음 후에 심판받는다는 것을 모릅니다. 그는 지옥의 참상을 심각하게 생각하지 않습니다. 그래서 얼마나 무지하고, 얼마나 무관심하고, 얼마나 무감각한지 성경은 그런 사람을 잠자는 자라고 표현합니다.

둘째, 육에 속한 사람은 진리를 모르기 때문에 '거짓 평안'을 가지고 살아갑니다. 암에 걸렸다고 해도 그 사실을 모르면 안심하고 삽니다. "요즈음 얼굴이 안돼 보이는데, 어디 아픈가? 병원에 가서 진찰이라도 한번 받아보게." "진찰은 무슨 진찰이야! 하루 세끼 잘 먹고 일도 잘하고 기분도 좋아. 내 건강은 내가 알아!" 모르면 이렇게 살게 됩니다. 모르는데 하나님의 심판이 두려울 리가 있겠습니까? 모르는데 하나님의 진노가 무서울 리가 있겠습니까? 모르는데 지옥의 참상에 소름이 끼칠 리가 있겠습니까?

셋째, 육에 속한 사람은 이 세상의 쾌락 추구를 삶의 목표로 삼습니다. 누가복음 12장 19절은 그런 사람을 정확하게 표현합니다. 어리석은 부자는 창고에 곡식을 가득 쌓아 놓고 다음과 같이 말했습니다. "또 내가 내 영혼에게 이르되 영혼아 여러 해 쓸 물건을 많이 쌓아 두었으니 평안히 쉬고, 먹고, 마시고, 즐거워하자 하리라."

얼마나 표현이 단순하고 쉬우면서도 정확합니까? 이 세상 사람들의 목표가 바로 그게 아닙니까? 평안히 쉬고, 먹고, 마시고, 즐거워하자! 거리에 지나가는 사람을 붙잡고 한번 물어보십시오. 왜 공부를 합니까? 왜 돈을 법니까? 왜 그렇게 동분서주합니까? 다 이 목표를 충족시키기 위함이 아닙니까? 우리가 예수님을 믿으니 '죄란 무엇인가?' '하나님의 뜻은 무엇인가?' '어떻게 바르게 살까?' 등을 고민하지 예수님을 모른다면 왜 그런 고민을 하겠습니까?

돈이 많은 한국 사람이 이집트를 방문했습니다. 그가 공항에 영접 나온 사람에게 대뜸 이런 질문을 하더랍니다. "이집트는 클레오파트라가 나온 나라가 아닌가? 어디 좋은 데 없어?" 육에 속한 사람은 이 세상의 쾌락을 위해 삽니다.

그렇다면 어떻게 육에 속한 상태에서 벗어날 수 있을까요? 어떻게 영적 잠에서 깨어날 수 있을까요?

첫째, 어떤 사람은 하나님의 강력한 손길에 맞닥뜨림으로 영적 잠에서 깨어날 수 있습니다. 우리는 신앙생활을 하면서 주변에서 이런 예를 적지 않게 봅니다. 건강할 때는 모르더니 중한 병에 걸려 하나님을 찾는 사람이 있습니다. 평안할 때에는 무관심하더니 갑작스러운 사고를 당하여 하나님 앞에 손을 드는 사람이 있습니다. 잘 될 때는 무감각하더니 사업이 어려워지면서 정신을 차리는 사람을 봅니다. 하나님이 그 사람을 사랑한다는 흔적입니다. 때로는 하나님께서 우리를 살리기 위해, 깨우기 위해, 강력하게 손을 댈 때가 있습니다.

둘째, 하나님의 말씀을 통해 영적 잠에서 깨어날 수 있습니다. 죽음의 그늘에서 영적 잠을 자는 사람을 깨우는 방법은 하나님의 말씀인 성경을 읽게 하는 것입니다. 하나님의 말씀은 심령 골수를 쪼개는 칼이고, 반석같이 단단한 마음을 부숴버리는 방망이고, 섶을 사르는 불이라고 했습니다. 성경을 5번만 정독하면 변화를 경험하게 될 것입니다.

어떤 믿음이 좋은 할머니가 1년 가까이 입원했습니다. 이분은 건강할 때도 열심히 전도한 분이었습니다. 병상에 누워있으면서도 어떻게 전도할 수 있을까를 골똘히 생각하고 기도했답니다. 기도 중에 하나님께서 할머니에게 아주 놀라운 지혜를 주셨습니다. 할머니는 아르바이트 대학생을 고용했습니다. 그리고 그 대학생에게 하루에 3시간씩 성경을 읽어달라고 했습니다. "내가 병이 들어서 성경을 읽지 못하니깐 여기 옆에서 성경을 읽어주게. 그러면 내가 일주일에 얼마를 주겠네." 책 읽는 것이야말로 대학생에게 땅 짚고 헤엄치기가 아닙니까?

학생이 성경을 읽습니다. 마태복음, 마가복음, 이렇게 읽다가 중요한 구절, 예를 들어, "주 예수를 믿으라. 그리하면 너와 네 집이 구원을 얻으리라." 같은 구절이 나오면, 할머니는 일부러 못 들은 척하면서 "이봐, 학생. 잘 안 들리네. 다시 한 번 읽어주게나." 학생은 할머니의 부탁이니까 또 읽습니다. 이 방법으로 할머니는 일 년에 대학생 20명을 전도하여 주님께로 인도했다고 합니다. 대학생이 성경을 읽다가 저 스스로 감동을 하여 믿음을 갖게 된 것입니다. 성경은 육에 속한 사람을 영적인 잠에서 깨우는 능력이 있습니다.

2) 율법 아래 있는 사람

Q. 로마서 7장 9절을 찾아 적어 보십시오.

___

___

Q. 율법 아래 있는 사람은 어떤 사람일까요?

___

___

___

"계명이 이르매 죄는 살아나고 나는 죽었도다." 이게 무슨 말입니까? 하나님의 말씀, 특별히 율법을 몰랐을 때는 자신을 괜찮은 사람으로 생각했습니다. 그런데 율법이 다가와 내 삶을 비추니까 이것도 죄고, 저것도 죄요, 이것도 하나님이 원하지 않는 일이고, 저것도 하나님이 원하지 않는 일이요, 이것도 저주받아 마땅할 일이고, 저것도 저주받아 마땅할 일로 깨닫게 되었다는 것입니다. 죄가 하나도 없는 사람인 줄 알았는데, 죄가 살아 속에서 펄쩍펄쩍 뛰고 있습니다. 율법을 통해 죄가 가감 없이 드러납니다.

그래서 율법을 X-Ray, CT, MRI, 초음파, 페트 같은 영상진단 장비에 비유해서 말하곤 합니다. 영상진단 장비가 병을 찾아내는 것 같이 율법은 죄를 찾아냅니다.

율법 아래 있는 사람의 특징은 다음과 같습니다.

첫째, 율법 아래 있는 사람은 깊은 죄의식을 갖습니다. 이 정도면 괜찮은 사람인 줄 알고 살아왔는데, 내 마음속에 죄가 살아 있습니다. 죄가 숨김없이 드러납니다. 얼마나 어리석었는지 몰라요. 정신도 멀쩡한 놈이 너무 천치 바보처럼 살았어요. 지난 날의 삶이 후회스럽습니다. 이런 삶을 가지고 어떻게 하나님 앞에 설 것인가를 생각하니 가슴이 답답합니다.

둘째, 율법 아래 있는 사람은 하나님을 두려워합니다. 하나님은 옳은 분이시고, 두려운 분이십니다. 하나님은 눈이 정결하심으로 악을 차마 보지 못하시는 분이십니다.

"주께서는 눈이 정결하시므로 악을 차마 보지 못하시며 패역을 차마 보지 못하시거늘(하박국 1장 13절)."

하나님은 모든 사람에게 그 행위를 따라 갚으시고, 모든 헛된 말, 아니 그 뿐만 아니라 마음속의 생각까지라도 심판하시는 분입니다. 하나님의 진노인 타오르는 지옥의 불꽃을 보고 아찔함을 느낍니다.

마지막으로, 율법 아래 있는 사람은 평안을 가지지 못합니다. 진리를 모를 때의 거짓 평안은 사라졌습니다. 일찍이 좋아했던 세상 쾌락으로는 기쁨도 의미도 주지 못합니다. 오히려 하나님의 진노를 생각할 때 그 쾌락은 구역질만 나게 할 뿐입니다.

그러면 어떻게 이 율법이 주는 두려움에서 벗어날 수 있습니까?

"주 예수를 믿으라. 그리하면 너와 네 집이 구원을 받으리라(사도행전 16장 31절)."

너무나 많이 듣던 소리이지요? 그러나 사실 그 어떤 말씀보다 먼저 여러분이 꼭 들어야 할 말씀입니다. 이 말씀은 두려워 떠는 빌립보 감옥의 간수에게 들려준 바울이 전한 복음이었습니다.

3) 은혜 아래 있는 사람
Q. 로마서 6장 14절을 찾아 적어 보십시오.

_____

_____

Q. 은혜 아래 있는 사람은 어떤 사람일까요?

_____

_____

은혜 아래 있는 사람의 특징 몇 가지를 간단히 살펴봅시다.

우선, 은혜 아래 있는 사람은 자기의 모든 죄과가 죄가 없으신 예수 그리스도께 돌려진 것을 봅니다.

"그리스도께서 우리를 위하여 저주를 받은 바 되사 율법의 저주에서 우리를 속량하셨으니(갈라디아서 3장 13절)."

우리는 이제 저주와 상관이 없어졌습니다. 우리의 운명에는 '저주'라는 단어가 없어졌습니다.

또 은혜 아래 있는 자는 천국의 상속자이기에 죽음을 두려워하지 않습니다. 오히려 그는 땅에 있는 우리의 장막집이 무너지면 하늘에 있는 영원한 집이 있는 줄 알기에 그 영원한 집을 사모합니다.

"만일 땅에 있는 우리의 장막 집이 무너지면 하나님께서 지으신 집 곧 손으로 지은 것이 아니요 하늘에 있는 영원한 집이 우리에게 있는 줄 아느니라(고린도후서 5장 1~2절)."

마지막으로, 은혜 아래 있는 자는 끊을 수 없는 하나님의 사랑을 맛보며 삽니다.

"내가 확신하노니 사망이나 생명이나 천사들이나 권세자들이나 현재 일이나 장래 일이나 능력이나 높음이나 깊음이나 다른 어떤 피조물이라도 우리를 우리 주 그리스도 예수 안에 있는 하나님의 사랑에서 끊을 수 없으리라(로마서 8장 38~39절)."

옛날 영국의 황제 루이스가 민심을 살피기 위해 순시하는 중에 어떤 동리에 들렀습니다. 물방앗간을 지나다가 그 안에서 부르는 노래를 듣고 발걸음을 멈추었습니다. 그 노래가 너무도 마음에 와닿아 들어가서 노인에게 다시 노래를 청했습니다.

"세상 사람 날 부러워 아니 하여도 나도 역시 세상 사람 부럽지 않네. 하나님의 은혜를 생각할 때에 할렐루야 찬송이 저절로 나네."

황제가 듣고, 둘째 절은 이렇게 부르라고 했습니다.

"세상 사람 날 부러워 아니 하여도 영국 황제 루이스가 날 부러워해 십자가의 사랑을 생각할 때에 할렐루야 찬송이 저절로 나네."

은혜 아래 있는 사람이란, 바로 이런 사람입니다. 은혜 아래 있는 사람은 하나님의 엄청난 사랑을 받아 영국 황제가 '나도 저렇게 살았으면……'하고 부러워하는 존재입니다.

4. 삶의 적용

Q. 당신이 육신에 속할 경우는 언제입니까?

_____
_____
_____

Q. 당신이 율법 아래 있을 때는 언제입니까?

_____
_____
_____

Q. 당신이 은혜 아래 있을 때는 언제입니까?

CHAPTER 07

거듭남

1. 주제 글

지금까지 우리는 구원과 관련하여 '의롭다 여김을 받음', 즉 칭의라는 말을 사용해왔습니다. 이제 거듭남(신생, 혹은 중생)에 대하여 말씀드리고자 합니다. 교회에 다니면 거듭난다는 말을 많이 듣게 됩니다. 예수께서는 "사람이 거듭나지 아니하면 하나님의 나라를 볼 수 없다(요한복음 3장 3절)."라고 말씀하셨습니다. 사도 바울은 "그런즉 누구든지 그리스도 안에 있으면 새로운 피조물이라 이전 것은 지나갔으니 보라 새것이 되었도다(고린도후서 5장 17절)."라며 거듭남의 개념을 설명하고 있습니다. 우리가 예수님을 믿을 때 일어나는 변화는 칭의와 거듭남(신생)입니다.

2. 들어가는 말

우리가 예수님을 믿었을 때, 동시적으로 일어나는 변화가 의인과 거듭남입니다. 의인이란 '의롭다고 인정된다.'라는 뜻인데, '하나님과 나 사이의 관계 변화'를 말합니다. 외적 변화입니다. 죄인이 의인으로 변화됩니다. 하나님의 원수가 그분의 아들과 딸이 됩니다. 이제까지는 영락없는 죄인이었는데, 예수님을 믿자마자 의인이 됩니다.

그렇다면 거듭남이란 무엇입니까? 거듭남이란 '인간 내면에서 일어나는 변화'입니다. 우리는 그것을 내적 변화라고 부릅니다. 하나님께서 우리 안에서 우리의 타락된 본성을 다시 새롭게 하시는 위대한 역사입니다. 세상에 대한 사랑이 하나님에 대한 사랑으로, 교만이 겸손으로, 거친 마음이 부드러운 마음으로 바뀌는 변화입니다.

3. 성경 말씀 나누기

1) 거듭남이란 무엇인가?

밤중에 니고데모라는 사람이 예수님을 찾아왔습니다. 니고데모는 산헤드린 의원으로서 고관이었고, 지식과 명망이 있던 사람이었습니다. 산헤드린 의원은 그 당시 종교지도자이면서 동시에 정치적인 권력을 가진 사람들이었습니다. 그런 니고데모가 예수님을 찾아왔습니다. 그에게 해결되지 않은 구원의 문제가 있었기 때문입니다. 니고데모를 아신 예수께서는 그가 묻기도 전에 "사람이 거듭나지 않으면, 하나님 나라를 볼 수 없다."라고 말씀하셨습니다. 니고데모는 거듭난다는 말을 이해하지 못했습니다. "사람이 늙었는데, 그가 어떻게 태어날 수 있겠습니까? 어머니 뱃속에 다시 들어갔다가 태어날 수야 없지 않습니까?(요한복음 3장 4절, 새번역)"

니고데모는 거듭난다는 말을 경험적으로 이해하려고 했습니다. 그는 예수님께서 말씀하신 영적 세계를 보지 못하고 오로지 눈에 보이는 현실만을 인정하려는 유물론적인 태도를 보였습니다. 지금도 니고데모와 같은 사람들이 있습니다.

Q. 당신은 거듭남을 어떻게 이해하고 있습니까?

_____
_____
_____

Q. 예수께서는 왜 사람이 거듭나야 하나님 나라를 볼 수 있다고 하셨을까요?

_____
_____
_____

그렇다면 예수님께서 말씀하신 '거듭남'이란 어떤 것일까요? 완전히, 철저하게, 위로부터 다시 태어나는 것을 말합니다. 이 변화는 신비스럽고 은밀한 것이어서 사람이 직접 감지할 수 없습니다. 이 변화가 어떤 방법으로, 인간 영혼 속에서 일어나는지를 아무리 지혜로운 사람이라도 설명할 수 없습니다. 따라서 그 사람이 거듭난 사람인지를 알려면, 거듭난 표적을 보아야만 합니다.

2) 거듭남의 표적[16]

다음의 흔적들이 있으면 거듭난 사람이라고 볼 수 있습니다. 만일 그러한 증가가 없다면 자신의 거듭남을 의심해 봐야 합니다.

① 거듭난 자의 첫 번째 표적은 '죄를 이기는 힘' 입니다.
Q. 요한1서 3장 9절을 찾아 적어 보십시오.

Q. 로마서 6장 11절을 찾아 적어 보십시오.

여기서 죄란 외적인 죄, 즉 악한 말과 악한 행실, 그리고 내적인 죄, 즉 모든 불경건한 정욕과 생각을 다 포함합니다. 존 웨슬리의 설명을 들어보십시오.

"곧 죄를 이기는 능력입니다. 첫째는 모든 외적인 죄를 이기는 능력인데, 모든 악한 말과 행실을 이기는 능력입니다. 그리스도의 피가 '죽은 행실로부터 양심을 깨끗케 하도록' 어디에서나 역사하기 때문입니다. 다음으로는 내적인 죄를 이기는 능력입니다. 믿음은 모든 불경건한 정욕과 성정으로부터 마음을 정결케(사도행전 15장 9절)하기 때문입니다. 이와 같은 믿음의 열매에 관하여 사도 바울은 로마서 6장에서 여러 번 언급하였습니다."[17]

예전엔 그렇지 않았는데 이상하게 예수님을 만나고 난 다음부터 죄 된 일에 관심이 없어지고, 죄 된 일이 싫어집니다. 친구들이 "이 사람 왜 이렇게 달라졌나? 옛날에는 앞장 서가더니만 예수 믿더니 달라졌어! 별일이야" 이런 얘기를 합니다. 예전엔 죄를 지어도 무감각했는데, 이상하게 예수님을 믿고 난 다음에는 죄를 지으면 후회스럽고, 불안하고, 가책되어서 그냥 잠을 이룰 수가 없습니다. 그래서 거실 소파에 머리를 묻고 "하나님, 저를 용서해주소서, 어리석은 자를 불쌍히 여기소서!"라고 고백합니다. 행동 하나 잘못한 것, 말 한마디 잘못한 것, 아니 생각하나 잘못한 것까지 그냥 넘어가지 않습니다. 죄가 싫고, 죄가 두렵고, 죄를 이깁니다.

이런 문제로 상담해 오신 분이 있습니다. "장사하다 보면, 가격이나 여러 면에서 속이거나 과장할 때도 있습니다. 예수님을 안 믿을 때는 그것을 비즈니스 기술로 여겼는데, 예수님을 믿고 나서부터는 마음이 편하지 않습니다. 목사님, 이런 문제를 어떻게 해결해야 합니까?" 여러 가지 말씀을 해드렸습니다만, 상담하면서 '아, 이분이 거듭나고 있구나!'라는 생각을 했습니다. 만일 여러분께 이런 죄에 대한 달라진 태도가 있으면, 여러분은 거듭난 것입니다.

② 거듭난 자의 두 번째 표적은 '평안'입니다.

Q. 요한복음 14장 27절을 찾아 적어 보십시오.

———————————————————————

———————————————————————

———————————————————————

존 웨슬리는 이 '평안'을 다음과 같이 설명합니다.

"이런 평안은 모든 이해를 초월한 것이요(빌립보서 4장 7절), 자연인으로서는 생각할 수 없는 것으로 영혼으로부터 나오는 진실함이요, 심지어 신령한 사람도 무어라 표현할 수 없는 것입니다. 이 평안은 땅의 권세나 지옥의 세력이 빼앗아 갈 수 없는 것입니다. 파도와 폭풍에 부딪혀도 결코 흔들리지 않는 평안입니다. 그것은 이 평안이 반석 위에 세워진 까닭입니다. 이 평안은 언제든지, 그리고 어느 곳에서든지 하나님의 자녀들의 마음과 생각을 지켜줍니다. 살기가 평안하거나 고통스럽거나, 병들거나 건강하거나, 부요하거나 가난하거나 그들은 하나님 안에서 언제나 행복합니다."[18]

하나님이 주시는 평안이 어느 정도인지 성경에서 예를 들어보겠습니다. 사도행전 12장에 보면 베드로가 복음을 전하다가 옥에 갇혔습니다. 바로 그 며칠 전에 야고보가 처형당했습니다. 아주 긴박한 상황이었습니다. 그런데도 베드로는 감옥에서 잠을 잤습니다. 내일 해가 뜨면 살지 죽을지 모르는 상황인데 잠을 자요. 얼마나 깊이 자는지 천사가 와서 그를 깨우는데도 모르고 잤습니다. 성경의 표현에 의하면 '옆구리를 걷어차니깐' 일어났다고 했습니다. 이것이 바로 성도들이 갖는 평안입니다. '내 앞에 사형 선고가 있든지, 위험이 있든지, 실패가 있든지, 곤란이 있든지, 하나님은 합력하여 선을 이루시는 분이기에 나는 아무 걱정이 없다.'라는 평안, 고통 중에도, 병 중에도, 가난 중에도 이 평안을 맛보셨다면 그는 거듭난 사람입니다.

③ 거듭난 자의 세 번째 표적은 '산 소망'입니다.

Q. 베드로전서 1장 3절을 찾아 적어 보십시오.

chapter 07 거듭남　**83**

베드로 사도는 우리의 산 소망의 내용을 다음 두 가지로 말씀하고 있습니다.

첫째는 하나님 나라를 상속하는 것입니다.

"썩지 않고 더럽지 않고 쇠하지 아니하는 유업을 잇게 하시나니……(베드로전서 1장 4절)."

둘째는 예수님이 재림할 때 칭찬과 영광과 존귀를 얻는 것입니다.

"…… 예수 그리스도께서 나타나실 때에 칭찬과 영광과 존귀를 얻게 할 것이니라(베드로전서 1장 7절)."

이런 산 소망이 늘 벅차오르길 바랍니다. 왜 '산 소망'이라고 했을까요? 세상에는 죽은 소망이 있기 때문입니다. 이 세상 것을 향한 소망, 희망, 기대, 소원은, 예를 들어, 돈을 많이 번다든지, 사람들로부터 박수를 많이 받는다든지, 좀 더 편히 쉬고 먹고 마시고 즐긴다든지 하는 것은 죽은 소망입니다. 이것들은 우리의 생명이 끝나는 순간 물거품처럼 사라지는 것입니다. 그러나 거듭난 자가 가지는 소망은 죽음 너머를 보장할 수 있는 것입니다. 그래서 산 소망입니다.

사도행전 17장에 보면, 데살로니가라는 도시에 소수의 그리스도인이 왔습니다. 그들을 보고 그 도시 사람들이 "천하를 어지럽게 하던 이 사람들이 여기도 이르매"라고 이야기했습니다. 예수 믿는 사람들에게 붙여진 별명이 '천하를 어지럽게 하던 사람들'이었습니다. 그 당시 그리스도인들이 그 사회의 주류였습니까? 그리스도인들이 막강한 권력의 비호를 받았습니까? 그리스도인들이 경제를 주무르고 있었습니까? 아닙니다. 소수였고, 언제든지 죽일 수 있는 약한 자였고, 가난한 자들이었습니다. 그러면 어떻게 세상을 뒤집을 수 있는 사람들이 되었을까요? 산 소망을 두었기 때문이었습니다. 죽음 너머를 보장해 주는 소망을 가졌기 때문이었습니다. 거듭난 자의 세 번째 표적은 산 소망입니다.

④ 거듭난 자의 네 번째 표적은 '하나님을 사랑하는 것'입니다.

거듭나게 되면 하나님을 사랑하게 됩니다. 하나님은 보이지 않으니깐 그 사랑이 다음과 같이 표현됩니다. '왜 그렇게 예배가 기다려지는지 나도 모르겠어요.' '왜 그렇게 설교 말씀이 단지, 다 나보고 하는 말씀이에요. 때로는 위로로, 격려로, 때로는 책망으로……' '왜 그렇게 뭔가 드리고 싶은지, 왜 그렇게 보답하고 싶은지, 물질이 있으면 물질로 하고 싶고 시간이 있으면 몸으로라도 봉사하고 싶어요.'

또한 주의 일을 하는 사역자들을 사랑하게 됩니다. 고등학교 때였는데, 저의 집에 귀한 과일 선물이 들어왔습니다. 그 당시 시장에서 보지 못했던 과일이었으니깐 수입 과일인 것 같았습니다. 제가 먹을 수가 없었습니다. '이 귀한 과일, 목사님이 드시면 얼마나 좋을까?' 그래서 새벽 기도 시간에 교회에 가지고 갔다가 새벽 기도를 마치고 목사님 사택 현관 앞에 살짝 놓고 나왔습니다. 나오다가 그만 들켰습니다. 새벽 기도를 마치고 나오시는 목사님과 얼굴을 마주친 것입니다. 대견하다는 듯이 한참 동안 유심히 바라보시던 목사님이 저의 등을 껴안고 기도해주셨습니다. 저는 이 일을 저의 거듭난 흔적이었다고 생각하고 있습니다. 아버지 되시는 하나님을 사랑하는 사람이 어머니 되는 교회를 사랑하게 된다는 것은 어쩌면 당연한 일이 아니겠습니까?

존 웨슬리는 하나님을 사랑하는 것은 '전적인 순종'으로 나타난다고 설명합니다.

"하나님을 사랑하는 것에 따라오는 둘째 열매는 우리가 사랑하는 하나님께 전적으로 순종하는 것이요 그의 뜻을 따르는 것입니다. 그것은 내적으로든 외적으로든, 곧 마음으로든 행동으로든, 하나님의 모든 계명에 순종하는 것이요, 마음과 생활 모두에서의 순종이며, 성품과 행동에 있어서의 순종입니다. 여기서 뜻하는 가장 분명한 성품의 하나는 '선한 일에 열심하게'(디도서 2장 14절) 되는 것입니다. 모든 사람에게 할 수 있는 대로 선을 행하려고 선에 굶주리고 목마른 사람처럼 되는 것입니다…… 이 세상에서는 아무런 보상을 생각하지 않으며 오직 의인의 부활(누가복음 14장 14절)로써 만족스러운 보상을 추구하는 것을 말합니다."[19]

거듭난 자의 네 번째 표적은 '하나님을 사랑하는 것'입니다.

4. 삶의 적용

Q. 당신이 죄를 미워하고, 죄를 이기는 힘을 가진 경험이 있다면 적어 보십시오.

Q. 고통과 병중에도 평안을 가진 경험이 있다면 적어 보십시오.

Q. 당신에게는 산 소망이 있습니까? 있다면 적어 보십시오.

Q. 당신은 하나님을 사랑하십니까?

CHAPTER 08

거듭난 신자가 짓는 죄

1. 주제 글

지금까지 우리가 밟아 온 과정은 다음과 같습니다. 우리는 새로운 본성을 갖게 됩니다. 거듭납니다. 그리스도와 연합합니다. 의롭다고 선포됩니다. 하나님의 가족으로 입양됩니다. 하지만 죄의 문제는 어떻게 된 것일까요? 우리는 갑자기 완전해진 것이 아닙니다. 신자의 삶에는 여전히 죄의 문제가 남아 있습니다. 이제 거듭난 자가 지은 죄에 대해 생각해 보려 합니다.

2. 들어가는 말

독일의 경건주의 운동을 주도하였던 진센도르프 백작은 거듭나면 죄를 지을 수 없다고 가르쳤습니다. "만일 죄를 짓는다면 어떻게 그를 거듭난 사람이며 하나님께로부터 난 자라고 말할 수 있겠는가?"라는 것이 그의 주장이었습니다. 존 웨슬리는 진센도르프 백작의 지도하에 있었던 사람들의 주장을 이렇게 설명합니다.

"그들은, 모든 참다운 신자들은 죄의 지배(dominion of sin)에서 구원 받았을 뿐 아니라, 외적인 죄에서와 마찬가지로 내적인 죄 자체(Being of inward sin)에서까지 구원을 받았기 때문에 그들에게는 이미 죄가 남아 있지 않다고 말합니다."[20]

그런데 우리는 진센도르프 백작의 말을 선뜻 받아들이기 어렵습니다. 신앙 경험으로 볼 때, 죄가 남아 있음을 알기 때문입니다.

Q. 신자에게 남아 있는 죄를 어떻게 이해해야 할까요?

---

3. 성경 말씀 나누기

1) 거듭난 자가 죄를 지을 수 있는가?

여러분은 예수님을 믿고 회개도 하고 영적으로 거듭난 것 같은데, 그 이후로 죄를 지은 적이 있으십니까? 아마 대부분 있을 것입니다. 우리는 이 문제를 다루기 위하여 죄에 대한 두 가지 개념, 죄책(죄에 대한 책임:guilty)과 죄의 세력(죄를 지을 가능성:depravity)을 구분해야 합니다.

우리가 거듭났을 때 죄에 대한 책임은 없어집니다. 왜냐하면 예수 그리스도께서 그 대가를 치르셨기 때문입니다. 그러나 우리 안에 있는 죄의 세력, 즉 죄지을 가능성은 완전히 사라진 것이 아닙니다. 거듭난 자의 마음속에도 여전히 자만, 고집, 분노, 정욕 등 세상 사랑의 뿌리가 남아 있습니다. 거듭난 사람이라 할지라도 타락으로 기울어지는 경향을 순간순간 느낍니다. 다시 말해서, 거듭난 자도 죄를 지을 수 있습니다.

병원에서 의사가 입원 환자에게 병이 다 나았다며, 퇴원해도 좋다고 말합니다. 그 말을 들으면 환자는 기분이 좋습니다. 그런데 이 말은 환자의 몸에 그 병의 바이러스가 하나도 없다는 말이 아닙니다. 바이러스가 있지만, 환자의 체력이 충분히 그 바이러스를 이길 수 있으므로 퇴원해도 괜찮다는 말입니다.

마찬가지 이치입니다. 우리는 거듭났습니다. 영적 건강을 회복했습니다. 그러나 완전히 죄지을 가능성이 없어진 것은 아닙니다. 우리는 거듭났지만, 마음속에는 여전히 죄의 세력이 남아 있습니다.

이 부분에 대해 영국 국교회 신조 9조는 다음과 같이 고백합니다.

"원죄는 모든 사람의 본성의 부패를 말하는 것이고, 이에 의하여 사람은 그 본성에 있어 악으로 향하는 경향이 있으므로 육이 영과 반대되는 것을 욕망하고 있다(갈라디아 5장 17절). 그리고 이 본성의 부패성은 거듭난 사람에게도 남아 있다. 그러므로 헬라어로 '프로네마 테스 사르코스(φρόνημα τῆς σαρκὸς)'라고 부르는 이 육의 정욕은 하나님의 율법에 복종하지 않는다(로마서 8장 7절). 그리하여 믿는 자들에게는 정죄함이 없기는 하지만 이 정욕은 그 자체가 죄의 성질을 가지고 있는 것이다."[21]

사도 바울은 고린도 교회 성도들을 향해 '육신에 속한 자'라고 책망했습니다.

> "너희는 아직도 육신에 속한 자로다. 너희 가운데 시기와 분쟁이 있으니 어찌 육신에 속하여 사람을 따라 행함이 아니리요(고린도전서 3장 3절)."

고린도 교회 성도들은 불신자가 아니라 믿는 자들이었습니다. 바울은 편지를 시작하면서 그들을 "그리스도 예수 안에서 거룩하여지고 성도라 부르심을 받은 자들(고린도전서 1장 2절)"이라고 썼습니다. 성도라고 부르심을 받은 자들에게도 시기와 분쟁이 있다는 것입니다. 신자 속에 죄 된 성질이 있음을 보여주고 있습니다. 그럼에도 불구하고 사도 바울은 결코 고린도 교회의 신자들을 향하여 거듭나지 못했다고 말하지는 않습니다.

존 웨슬리가 '신자 안에 있는 죄'라는 제목의 설교에서 그것에 관해 설명한 것을 들어보십시오.

"그러나 모든 죄에서 자유함을 받지 않았는데도 마음속에 죄가 없다고 말할 수 있습니까? 나는 그렇게 말할 수 없습니다. 또 그렇게 믿을 수 없습니다. 사도 바울은 그와는 반대로 말했기 때문입니다. '육체의 소욕은 성령을 거스리고 성령의 소욕은 육체를 거스리나니 이 둘이 서로 대적하느니라(갈라디아서 5장 17절).' 이 말씀은 그가 신자들을 향해서 한 말씀입니다. 여기서 그는 일반적인 신자의 상태를 묘사하고 있습니다. 이보다 더 분명한 것은 없습니다. 바울은 여기서 신자에게도 육욕, 악한 성질이 성령을 거스리고 있다는 사실을 직접적으로 긍정했습니다. 즉 중생한 사람 속에서도 서로 대적하는 두 가지 세

력이 있다는 것을 긍정한 것입니다."²²

그러나 거듭난 사람이 죄를 지었다고 해서 구원을 의심해서는 안 됩니다. 사탄의 참소에 넘어가지 마십시오. 사탄은 다음과 같이 참소합니다. "야, 네가 구원받았다고? 너처럼 화를 잘 내고, 너처럼 질투심 많고, 너처럼 제 잘난 맛에 사는 사람이 어떻게 구원을 받겠냐? 네가 구원받는다면 이 세상에 구원받지 못할 사람은 아무도 없겠다." 거듭난 사람도 죄를 지을 수 있습니다. 절대 사탄의 참소에 넘어가지 마십시오.

Q. 죄를 짓고 나서 사탄의 참소를 받은 경험이 있습니까? 그렇다면 죄를 지었을 때 성도가 가져야 할 마음과 태도는 무엇일까요?

---

2) 거듭난 자가 죄를 지으면 어떻게 해야 합니까?

하나님께 그 죄를 고백해야 합니다. 요한1서 1장 9절에 "만일 우리가 우리 죄를 자백하면 그는 미쁘시고 의로우사 우리 죄를 사하시며 우리를 모든 불의에서 깨끗하게 하실 것이요"라는 약속의 말씀이 있습니다. 우리가 우리 죄를 자백하면, 하나님은 우리 죄를 용서하십니다.

'자백'과 '회개'가 어떻게 다른지 아십니까? 일반적으로 교회에서 '회개하라'라는 말을 사용하지만, 의미상 '회개'와 '자백'은 다른 것입니다. 회개란 방향 전환을 의미합니다. 세상을 향하여 나갔던 죄인이 하나님께로 방향 전환을 하는 것입니다. 육체의 욕심을 따라 살던 사람이 성령의 뜻을 따라 살기로 방향을 바꾸는 것입니다. 그러므로 회개란 신앙생활의 출발을 의미합니다.

자백이란 하나님께 돌아온 신자가 잘못을 저질렀을 때 그 죄를 인정하고 고백하는 것을 말합니다. 이러한 의미에서 불신자에게 설교할 때에는 '회개하라'라고 외쳐야 하고, 신자에게 설교할 때는 '자백하라'라고 권면해야 할 것입니다.

성령께서 여러분의 죄를 지적할 때마다 자백하시기 바랍니다. 차 안에서든지, 길을 걸을 때든지, 음식을 장만할 때든지, 성경을 읽을 때든지, 어느 순간 어느 장소에서든지 "하나님, 저가 이렇게 해서 아버지의 마음을 아프게 했네요."라고 자백하시길 바랍니다. 그러면 용서 받습니다. 하나님의 약속입니다. 매 순간 자백함으로 깨끗한 심령으로 살기를 바랍니다.

Q. 당신은 죄를 지은 것을 깨달을 때마다 자백하십니까?

우리는 존 웨슬리처럼 다음과 같이 고백해야 합니다.[23]

"주여, 순간순간 나는 필요로 합니다.
　당신의 죽음의 공로를."

그뿐만 아니라 믿음의 확신을 두고 다음과 같이 외쳐야 합니다.

"주여, 순간순간 나는 갖습니다.
당신의 죽음의 공로를."

3) 거듭난 자가 죄를 지을 수 있다는 것을 앎으로 얻어지는 유익
① 우리 속에 죄의 세력이 있으므로 깨어 있어야 한다는 것을 알게 됩니다.
앞에서도 예를 들었지만, 병원에서 퇴원한 환자는 아직도 바이러스가 남아 있으므로 조심해야 합니다. 퇴원해서도 적당히 운동해야 하고, 영양분이 충분한 음식을 골고루 섭취해야 하고, 일도 무리하게 해서는 안 됩니다.

어떤 분은 당뇨병 환자인데, 그 집에 가면 식탁 앞에 큰 붓글씨로 "나는 당뇨병 환자다"라고 써 붙여 놓았답니다. 지혜로운 행동입니다. 음식을 보면 그 순간 자신이 당뇨병인 것을 잊고 함부로 먹을 수 있기 때문입니다. 그는 당뇨병이 있지만, 건강하게 살 것입니다. 지혜로운 사람은 자신이 절대 잊지 않을 사실이어도, 그것을 항상 인식할 수 있도록 여러 가지 방편을 사용합니다. 마찬가지로 우리는 거듭났다고는 하지만, 죄지을 가능성이 여전히 남아 있습니다. 우리는 우리 안의 죄성에 대해 당뇨병을 조심하는 것보다 더욱 주의를 기울여 조심하고 깨어 있어야 합니다. 나에게 죄지을 가능성이 있다는 것을 큰 글씨로 써놓고 언제나 기억하시기 바랍니다. 그래야 늘 영적으로 건강하게 삽니다.

② 주님의 도우심이 없이는 나는 아무것도 할 수 없다는 겸손을 얻게 됩니다.

우리 자신을 가만히 들여다보면 잘못된 줄 알면서도 반복하여 짓는 죄가 있습니다. 벗어나지 못하는 죄가 있습니다. 질질 끌려갑니다. 어떤 분은 혈기를 다스리지 못합니다. 스스로 안 되는 줄 알면서도 그 순간을 참지 못하고 혈기를 부립니다. 어떤 분은 도박을 다스리지 못합니다. '이러면 가정이 망하는데…….' 하면서도 주머니에 10만 원만 있으면 달려갑니다. 어떤 분은 원망을 풀지 못합니다. 이러면 안 되는데 하다가도 그 사람 얼굴만 보면 눈꼬리가 치켜 올라갑니다. 우리는 참 무력하고 한심합니다. 아무것도 할 수 없습니다. 그래서 주님의 도우심이 없이는 나는 아무것도 할 수 없다는 참 겸손을 얻게 됩니다.

Q. 당신은 언제나 겸손한 마음으로 깨어 있는 신앙생활을 하고 있습니까?

③ 비록 거듭났지만, 오늘도 예수 그리스도 보혈이 필요함을 알게 됩니다.

존 웨슬리는 '신자의 회개'라는 설교에서 이 문제에 대하여 다음과 같이 설명했습니다.

"그렇습니다. 입문 단계에 들어선 후에도 회개와 믿음은 그리스도인으로서 생활의 모든 단계에서 계속 필요합니다. 그렇지 않으면 우리 앞에 놓인 경주(히브리서 12장 1절)를 달릴 수 없습니다. 그러므로 우리가 하나님 나라에 들어가기 위하여 먼저 말한 그 '회개와 믿음'이 필요한 것처럼, 우리가 은총 안에 계속 머무르며 성장하기 위해서도 이 '회개와 믿음'이 전적으로 필요합니다."[24]

이런 생각을 한 적이 있습니다. "거듭난 사람이 왜 주기도문을 통하여 '우리의 죄를 사하여 주옵시고'라는 기도를 매번 드려야 할까? 죄의 문제는 거듭났을 때 다 해결된 것이 아닌가?" 그런 생각을 하신 적이 있으시지요? 그 이유는 거듭났지만, 알고 짓는 죄와 모르고 짓는 죄가 여전히 남아 있기 때문입니다. 해서는 안 되는 일을 한 죄와 당연히 해야 할 일을 하지 않는 태만의 죄가 있습니다. 따라서 지금도 우리는 예수 그리스도의 보혈이 필요합니다.

Q. 당신은 죄에 대해 어떤 태도를 보입니까? 죄를 경계하거나, 죄를 이기기 위해 주님의 도우심을 구하거나, 지은 죄를 용서받기 위해 그리스도의 보혈을 구하며 살고 있습니까?

_____

_____

4. 삶의 적용

거듭난 후 죄에 대한 태도는 어떤 그리스도인이 될 것인지를 결정하는 매우 중요한 문제입니다. 이것은 10과에서 다룰 성화와 연결되는 개념입니다. 이번 과에서는 거듭난 자도 죄를 지을 수 있다는 것과 죄를 지을 때마다 하나님께 자백함으로 죄를 용서받을 수 있다는 것을 알게 되었습니다.

성도는 마귀가 주는 정죄 의식에 사로잡혀서도 안 되지만, 한편으로 죄를 가볍게 여기는 태도를 보여서도 안 됩니다. 성도는 날마다 죄와 싸워야 합니다. 자신이 죄에 취약하다는 것을 알고, 날마다 겸손한 마음으로 하나님을 의지하면서 깨어 있어야 합니다.

Q. 이번 과를 공부하면서 새롭게 알게 된 것이나 느낀 점이 있다면 적어 보십시오.

CHAPTER 09

율법

1. 주제 글

어떤 분이 이렇게 한탄하는 것을 들었습니다. "서울에는 교회도 많지만 화려한 호텔도 많다. 사람들은 호텔에서 밤새도록 죄를 짓고, 새벽이 되면 교회의 새벽 기도회에 참석하여 죄를 용서받는다. 아무런 가책도 없이 이런 짓을 반복한다. 그 이유가 무엇인지 아는가? 그것은 교회가 잘못 가르쳤기 때문이다. 구원은 믿음으로 얻는 것이지, 행위로 얻는 것이 아니라고 강조하다 보니, 어떤 행위를 하더라도 상관없다는 생각을 은연 중에 갖는 성도들이 생겨났다. 그들은 하나님의 은혜를 모독하고, 예수 그리스도의 피 묻은 십자가의 사랑을 조롱하고 있다. 또한 그들은 천국과 지옥을 부담 없이 넘나든다."

이 말처럼 성도들이 은혜의 교리를 악용하게 했다면, 교회가 잘못 가르친 것입니다. 신앙생활은 그런 것이 아닙니다. 신앙생활을 한다는 것은 예수를 따르는 것입니다. 거짓을 버리고, 악을 버리고, 더러움을 버리고 성령을 좇는 것입니다. 그리스도인은 반드시 예수를 닮아야 합니다. 그렇게 되려면 주님이 가르쳐 주신 계명을 따라 살아야 합니다.

Q. 요한일서 2장 3~6절을 적어 보십시오.

2. 들어가는 말

율법의 행위로 구원을 얻을 수는 없습니다. 주일에 꼬박꼬박 예배에 출석했다고, 십일조 헌금을 드렸다고, 이런저런 봉사를 했다고, 가난한 사람을 구제했다고, 바르게 살았다고 구원이란 문제를 해결할 수 없습니다. 구원받을 자격이 있다고 하나님을 빤히 쳐다볼 수 있는 사람은 이 세상에 없습니다. 인간 편에서는 구원을 얻을 수 없지만, 하나님께서 사람들을 구원하시기 위해 예수 그리스도를 통해 위대한 일을 하셨습니다. 우리는 다만 예수 그리스도를 통해 주신 구원을 믿음으로 받아들이는 것뿐입니다.

그렇다면 우리 마음속에 한 가지 의문이 떠오릅니다. "율법으로 구원을 얻는 것이 아니라면, 이제 율법을 어떻게 이해해야 할까?" 더는 율법이 필요 없는 것일까요? 율법은 우리의 구원을 위하여 아무 역할도 하지 못할까요? 그래서 오늘은 이 질문을 가지고 공부해 보고자 합니다.

3. 성경 말씀 나누기

율법이란 하나님의 거룩하고, 옳고, 선한 뜻을 사람들에게 드러내 주는 계명입니다. 특별히 행위를 규정하는 법입니다. 율법은 적극적인 명령과 소극적인 명령으로 나눌 수 있습니다. 하나님께서 기뻐하시는 것이기에 '하라'는 명령은 적극적이고, 하나님께서 싫어하시기에 '하지 말라'는 것은 소극적입니다. 예를 들어, 십계명을 보면, 제5계명인 '네 부모를 공경하라'는 적극적인 명령이고, 제6계명인 '살인하지 말라'는 소극적인 명령입니다. 율법의 범위는 작게는 모세 오경(창세기, 출애굽기, 레위기, 민수기, 신명기)으로 제한할 수 있지만, 크게는 신, 구약 성경에 나오는 모든 윤리, 도덕적 명령을 다 포함할 수 있습니다.

1) 율법의 필요성

교회 역사에서 율법이 필요하지 않다는 율법무용론 내지 율법폐기론을 주장하는 이단들이 있었습니다. 예를 들어, 2세기의 마르시온 주의자들은 "구원은 율법을 지키는 행위로 얻는 것이 아니고, 믿음으로 얻는 것이기에 율법은 전혀 필요하지 않다."라고 주장했습니다. 그래서 그들은 성경에서 율법적인 요소가 강한 책들은 다 빼버렸습니다. 구약성경도 빼고, 마태복음도 빼고, 히브리서도 빼고, 결국 그들은 이

단으로 판명되어 교회에서 축출되고 말았습니다.

영지주의자들 중에는 도덕 폐기론을 주장하는 이들이 있었습니다. "구원은 하나님의 은혜로 얻는 것이기 때문에, 우리의 도덕적 행위와는 아무런 상관이 없다. 그러니까 우리는 어떤 행위를 해도 괜찮다. 어떤 행위를 하든지 구원과는 상관이 없다. 먹을 것 마음대로 먹어라. 하고 싶은 것 마음대로 해라. 가고 싶은 곳 마음대로 가라. 그래도 구원은 받는다." 구원파라는 이단도 비슷한 오류를 가지고 있습니다. 율법이 성도에게 전혀 필요하지 않다고 하는 주장은 교회사적으로 이단으로 규정되어 왔습니다. 정통 교회는 율법이 성도의 구원을 위해 필요하다고 가르쳐 왔습니다.

2) 율법의 역할

이 문제를 다루기 전에 율법이 크게 두 종류의 법으로 구성되어 있다는 사실을 알아야 합니다.

① 의례법(ceremonial law) - 제사법, 할례법, 안식일법, 섭생법

예를 들어, 제사법은 다음과 같습니다. "너는 수송아지를 회막 앞으로 끌어오고 아론과 그의 아들들은 그 송아지 머리에 안수할지며 너는 회막 문 여호와 앞에서 그 송아지를 잡고 그 피를 네 손가락으로 제단 뿔들에 바르고 그 피 전부를 제단 밑에 쏟을지며 내장에 덮인 모든 기름과 간 위에 있는 꺼풀과 두 콩팥과 그 위의 기름을 가져다가 제단 위에 불사르고 그 수소의 고기와 가죽과 똥을 진 밖에서 불사르라 이는 속죄제니라(출애굽기 29장 10~14절)." 속죄 제사에 대한 의례법입니다.

② 도덕법(moral law)

하나님께서 인간의 도덕적 삶을 위해 주신 것으로서 하나님께 대해서는 어떻게 해야 하고, 사람에 대해서는 어떻게 해야 하는지에 대한 율법입니다. 도덕법에는 다음과 같은 것이 있습니다.

"너는 과부나 고아를 해롭게 하지 말라. 네가 만일 그들을 해롭게 하므로 그들이 내게 부르짖으면 내가 반드시 그 부르짖음을 들으리라. 나의 노가 맹렬하므로 내가 칼로 너희를 죽이리니 너희의 아내는 과부가 되고 너희 자녀는 고아가 되리라(출애굽기 22장 22~23절)."

주변의 이웃을 돌보라는 계명과 같이 시대와 문화와 관습과 관계없이 보편적으로 적용되는 것이 바로 도덕법입니다.

사도 바울은 율법 중 의례법은 우리의 구원과는 별 상관이 없다고 했습니다. 그러나 도덕법은 우리의 구원을 위해 꼭 필요하다고 했습니다.

"그런즉 우리가 믿음으로 말미암아 율법을 파기하느냐 그럴 수 없느니라. 도리어 율법을 굳게 세우느니라(로마서 3장 31절)."

왜냐하면 그 법들은 예수 그리스도께서 완성하시고 성취하셨기 때문입니다.

Q. 마태복음 5장 17~20절을 적어 보십시오.

Q. 위 말씀을 어떻게 자신의 삶에 적용할 수 있을까요?

그리스도인들에게 필요한 율법이 의례법이 아니라, 도덕법임을 알았다면, 그 율법은 어떤 역할을 할까요?

첫째, 구원받기 전에는 우리의 죄를 밝혀 구원으로 인도합니다.

"이같이 율법이 우리를 그리스도께로 인도하는 초등교사가 되어 우리로 하여금 믿음으로 말미암아 의롭다 함을 얻게 하려 함이라(갈라디아 3장 24절)."

율법은 우리를 그리스도에게로 인도하는 초등교사입니다. 초등교사는 어린 학생을 지도하여 더욱 심화된 학습을 할 수 있게 도와줍니다. 마찬가지로 율법은 우리의 죄를 지적하여 우리에게 왜 구원자가 필요한지 깨닫게 합니다.

"9 전에는 율법이 없어서 내가 살아 있었는데, 계명이 들어오니까 죄는 살아나고, 10 나는 죽었습니다. 그래서 나를 생명으로 인도해야 할 그 계명이, 도리어 나를 죽음으로 인도한다는 것이 드러났습니다. 11 죄가 그 계명을 통하여 틈을 타서 나를 속이고, 또 그 계명으로 나를 죽였습니다. 12 그러므로 율법은 거룩하며, 계명도 거룩하고 의롭고 선한 것입니다. 13 그러니 그 선한 것이 나에게 죽음을 안겨 주었다는 말입니까? 그럴 수 없습니다. 그러나 죄를 죄로 드러나게 하려고, 죄가 그 선한 것을 방편으로 하여 나에게 죽음을 일으켰습니다. 그것은 계명을 방편으로 하여 죄를 극도로 죄답게 되게 하려는 것이었습니다(로마서 7장 9-13절, 새번역)."

율법은 병원의 X-Ray, CT, MRI, 초음파, 페트 같은 영상진단 장비에 비유할 수 있습니다. 병원에 가기 전에는 건강한 줄 알았는데 영상진단 장비를 통하여 몸속을 들여다보니 형편이 없는 것입니다. 영상진단 장비의 역할은 몸을 진단해서 병을 알아내는 것입니다. 율법이 바로 이 영상진단 장비와 같은 역할을 합니다. 그러나 영상진단 장비를 사용한다고 병이 낫는 것은 아닙니다. 병은 의사가 고칩니다. 율법은 영혼의 의사 되시는 예수 그리스도께로 인도하는 영상진단 장비입니다. 그래서 율법은 구원을 위해 아주 중요한 것입니다. 혹시 아직 십자가 멀게 느껴진다면, 예수 그리스도가 별로 의미 있게 느껴지지 않는다면 성경을 펴십시오. 율법이 여러분을 예수 그리스도께로 인도하는 역할을 할 것입니다.

둘째, 거듭난 신자에게 율법은 구원받은 백성이 어떻게 살아야 하는지 알려줍니다.

율법에는 하나님의 뜻이 나타나 있으므로 구원받는 성도들의 이정표가 됩니다. 하나님께서 이스라엘 백성에게 십계명을 주신 것은 이스라엘 백성들이 애굽으로부터 구원받은 후의 일입니다.

그렇다면 왜 구원받은 이스라엘 백성에게 율법을 주셨습니까? 그것은 이스라엘을 하나님의 백성으로 살게 하시려는 것입니다. 구원받은 백성들이 하나님의 뜻대로 살아 복을 받게 하시려고 율법을 주셨습니다.

Q. 신명기 6장 24절을 적어 보십시오.

이 말씀은 하나님께서 십계명을 비롯한 모든 율법을 이스라엘 백성에게 주신 다음에, 그 율법을 주신 이유를 설명한 내용입니다. 하나님은 하나님의 백성들인 성도들이 항상 복을 누리며 살게 하려고 율법, 계명을 주신 것입니다.

시편 150편 중에서 시편 중의 시편이라고 할 수 있는 시편 1편은 '어떤 사람이 복이 있느냐?'라는 주제로 말씀합니다. "복 있는 사람은……. 오직 여호와의 율법을 즐거워하여 그의 율법을 주야로 묵상하는도다. 그는 시냇가에 심은 나무가 철을 따라 열매를 맺으며 그 잎사귀가 마르지 아니함 같으니 그가 하는 모든 일이 다 형통하리로다."

여러분이 복을 받으려면, 또 여러분의 후손이 복을 받으려면, 고집스럽게 하나님의 말씀에 따라 살기를 바랍니다. 바보라는 소리를 들을지라도, 손해를 보더라도, 아니 죽는 한이 있더라도, 어두운 세상에서, 혼돈의 세상에서, 가치관이 비뚤어진 세상에서, 하나님의 말씀에 순종하십시오. 복 주시겠다고 약속하신 하나님이 여러분을 책임지실 줄 믿습니다.

Q. 요한복음 15장 10~11절을 적어 보십시오.

무엇보다 하나님의 말씀을 따라 사는 것 자체가 복입니다. 계명을 따라 살 때 하나님의 사랑 안에 거하게 됩니다. 하나님의 임재 안에서 충만한 기쁨을 누리게 됩니다. 율법에 따라 사는 것이 성도의 의무라고 생각하지만, 한편으로 하나님의 말씀에 순종하며 살 수 있는 것은 성도의 권리입니다. 예수님을 영접하고 하나님의 자녀가 되지 않으면, 결코 율법을 따라 살 수 없습니다. 사실 많은 성도가 하나님의 말

쏨에 순종하며 살지 않기 때문에, 하나님 자녀의 권세를 온전히 누리지 못하는 것입니다. 계명을 따라 사는 것 자체가 성도의 권리입니다. 그렇게 살아갈 때 누릴 수 있는 무한한 복이 있습니다. 하나님의 말씀대로 살기 위해서는 포기할 것도 많고, 어려운 것도 많아 보이지만, 순종하는 자만이 누릴 수 있는 숨겨진 보화들이 있습니다.

3) 율법을 따라 산다는 것

자, 이제 어떤 분들은 마음에 조급함이 생길 수 있습니다. '나는 예수님을 믿은 지도 얼마 되지 않는데 언제 성경을 다 읽어 하나님의 율법을 알고, 또 어떻게 율법을 다 지킬 수 있을까? 나는 복 받기는 틀렸구나.' 그러나 초조하거나 다급하게 생각하지 마십시오. 처음부터 성경 전부를 지키라는 것이 아닙니다. 설교를 들을 때나, 말씀을 읽을 때나, 설교 테이프를 들을 때나, 찬송을 부를 때에 성령께서 역사하셔서 여러분의 마음에 부딪힌 말씀 한 구절, 여러분의 마음에 감동을 주는 말씀 한 구절을 붙드십시오. 그리고 그 말씀대로 살려고 애쓰십시오. 예를 들어, '항상 기뻐하라'는 말씀이 이상하게 여러분의 마음에서 떠나지 않는다면, 기뻐하기 힘든 상황에서도 순종하려고 노력해 보십시오. 범사에 감사하라는 말씀을 붙잡는다면, 섭섭한 일이 있어도 원망스러운 일이 있어도 답답한 일이 있어도 그 말씀대로 살아보십시오. 기도하라는 말씀이 여러분의 귀를 흔들었으면, 꿇기 힘든 무릎이지만 단 5분 만이라도 기도해보십시오. 그렇게 하나님의 말씀에 진지하게 반응하고, 순종하며 살아갈 때 놀라운 변화가 나타날 것입니다.

여기에 사람이 서 있습니다. 저기에 전등이 켜져 있습니다. 처음에 사람이 전등을 향해 방향을 바꾸었을 때(우리는 이것을 회심, 또는 회개라고 합니다), 자기 그림자의 길이는 똑같습니다. 전등을 향해 있을 때나, 반대쪽 어두운 데를 향해 있을 때도 그 길이가 똑같습니다. 사람들은 빈정댑니다. '예수 믿은 사람이 뭐 저래!' 그러나 염려하지 마십시오. 한 발자국 한 발자국 전등의 빛을 따라 발걸음을 옮길 때마다 자신의 그림자는 짧아집니다. 교만의 그림자도 짧아집니다. 불순종의 그림자도 짧아집니다. 이기심의 그림자도 짧아집니다. 그래서 전등 바로 밑에 서면 자신의 죄의 그림자는 없어지고 맙니다. 하나님의 말씀 따라 사는 삶도 마찬가지 이치입니다. 우리는 그날그날 우리의 마음에 부딪히는 율법을 따라, 말씀의 빛을 따라 한 걸음씩 발걸음을 옮길 뿐입니다. 때로는 그 속도가 빠를 수도 있고, 그 속도가 느릴 수도 있습니다. 때로는 세상 유혹에 넘어질 때도 있고, 게으름으로 주저앉을 때도 있습니다. 그러나 주님을 향해 계속 나아가십시오. 이런 삶을 하나님의 말씀을 따라 산다고 하며, 이런 삶을 살 때 하나님은 여러분이 항상 복을 누리도록 하십니다.

4. 삶의 적용

기독교의 교리 중 핵심이 은혜로 얻는 구원이기 때문에 자칫 행함을 소홀히 여기기 쉽습니다. 물론 우리의 노력과 선한 행위들은 하나님께서 행하신 일에 비교할 수 없습니다. 그러나 구원받은 후에는 그 은혜에 합당하게 계명에 순종하여 살아가야 합니다. 다시 한 번 강조하지만, 여기서 행함은 구원을 얻기 위해서나 하나님의 사랑을 받기 위해서나 혹은 가치 있는 사람이 되기 위해서 하는 것이 아닙니다. 이미 그것은 예수 그리스도의 공로로 이루어졌습니다. 이제 내가 순종하여 살아가는 이유는 하나님의 사랑에 감격하여 그 은혜에 합당하게 살기 위해서입니다.

Q. 요한일서 3장을 읽으십시오. 읽고 난 후, 드는 생각과 느낌, 그리고 이번 9과를 공부하면서 느낀 점을 적어 보십시오.

CHAPTER 10

성화

1. 주제 글

목회자는 성취자가 아니라 구도자가 되어야 합니다. 구도자란 진리를 찾고, 진리를 깨닫고, 그 진리를 살아내는 사람입니다. 구도자는 언제나 진리대로 살기 원하기 때문에, 만약 자신의 흐트러진 모습을 보게 되면 속상해합니다. 구도자가 순간마다 자신을 점검하며 깨어있게 하는 동기는 무엇일까요? 그것은 진리대로 살고자 하는 목적의식입니다.

우리는 예수님을 믿고 하나님의 놀라운 은혜로 구원받았습니다. 그 다음에는 두 가지 길이 있습니다. 하나는 예수 그리스도를 닮아 거룩하게 되기를 갈망하며 살아가는 것입니다. 또 하나는 아무런 신앙의 목표 없이 그저 살아가는 것입니다. 목회자뿐 아니라 모든 그리스도인은 구도자가 되어야 합니다. 진리 되신 예수 그리스도를 닮아 매일 변화하고 성장하려는 목표를 가지고 순간마다 부단히 애쓰며 살아야 합니다. 이러한 결단과 노력이 없다면 신앙은 도태되고 말 것입니다.

2. 들어가는 말

『막 쪄낸 찐빵』이란 책으로 유명한 이만재 씨가 『교회 가기 싫은 77가지 이유』[25]라는 책을 썼습니다. 여러 얘기가 많았지만, 한마디로 요약하면, 예수 믿는 사람들의 인격이 문제라는 것입니다. 말이나 못 하면 밉지는 않은데, 말은 번지르르하게 하면서 삶은 엉뚱하다는 것입니다. 세상 사람들과 똑같이 욕심쟁이고, 똑같이 이기적이고, 똑같이 남을 무시하고, 똑같이 부정직하고…….

기독교와 미신의 차이는 여러 가지가 있지만, 그중의 한 가지는 윤리적이냐 하는 점입니다. 미신은 도덕을 고려하지 않고 복과 저주에만 관심을 둡니다. 점치러 가면, 점쟁이가 "당신, 바르게 살아야겠어. 그렇게 도덕적으로 엉망으로 사니깐 되는 일이 없지. 점치러 오는 것이 중요한 것이 아니라 바르게 사는 게 중요해!"라고 야단쳐 보내는 것을 봤습니까? "당신, 점치러 오길 잘했어. 빨리 귀신을 달래지 않으면 큰 화가 미치겠어. 이 저주를 면하려면, 내일 당장 떡 한 시루하고 돈 500만 원 가지고 와." 이렇게 얘기합니다. 저주가 임한다는데 굿 안 하고, 버틸 수 있는 사람은 없습니다. 이것이 미신입니다. 미신은 윤리 도덕을 문제 삼지 않습니다. 그런데 만약 교회 다닌다고 하면서 어떻게 살아야 할지에 대한 관심 없이 복 받기만을 바란다면, 미신과 똑같은 것이 아니겠습니까?

Q. 주변에서 인격이 훌륭한 그리스도인과 인격이 나쁜 그리스도인을 본 적이 있습니까? 그들을 보며 받았던 생각이나 느낌을 써보시기 바랍니다.

---

3. 성경 말씀 나누기

요즘 '예수 믿는 사람이나 안 믿는 사람이나 똑같다.'라는 비판이 교회 안팎으로부터 들려옵니다. 초대 교회 당시 사람들은 '예수는 싫지만, 예수 믿는 사람들은 좋다.'고 했습니다. 예수가 싫었던 이유는 예수라는 이름이 고대 사회에서는 듣지도 보지도 못했던 낯선 이름이었기 때문입니다. 반면 예수 믿는 사람을 좋게 생각했습니다. 왜냐하면 그들의 인격이 이방인들이 흉내 낼 수 없을 정도로 고상했기 때문입니다. 그러나 요즘은 사람들이 반대로, '예수는 좋은데, 예수쟁이들은 싫다.'라고 합니다. 예수가 좋은 이유는 그분의 삶과 사상이 얼마나 고상했는지를 알고 있기 때문이며, 예수쟁이가 싫은 이유는 그들의 인격이 너무 실망스럽기 때문입니다.

1) 그리스도인의 인격은 성숙해야 합니다.

성경에 보면, 그리스도인의 인격이 성숙하여야 할 것을 강조하는 말씀이 나옵니다.

"우리가 다 하나님의 아들을 믿는 것과 아는 일에 하나가 되어 온전한 사람을 이루어 그리스도의 장성한 분량이 충만한 데까지 이르리니(에베소서 4장 13절)."

"오직 사랑 안에서 참된 것을 하여 범사에 그에게까지 자랄지라. 그는 머리니 곧 그리스도라(에베소서 4장 15절)."

"내가 이미 얻었다 함도 아니요 온전히 이루었다 함도 아니라 오직 내가 그리스도 예수께 잡힌 바 된 그것을 잡으려고 달려가노라(빌립보서 3장 12절)."

"오직 우리 주 곧 구주 예수 그리스도의 은혜와 그를 아는 지식에서 자라 가라. 영광이 이제와 영원한 날까지 그에게 있을지어다(베드로후서 3장 18절)."

그리스도인은 인격이 성숙해지고, 자라가야 합니다.

교회 안의 세 종류의 신자

① 제자리에 앉아서 도태되는 이들 - 진보 없이 제자리를 지키는 신자입니다. 그러나 사실은 점진적으로 퇴보하고 있습니다.
② 점점 신앙 인격이 뒷걸음질 치는 이들 - 어제보다 못한 모습으로 퇴보하는 신자들입니다.
③ 앞을 향해 정진하는 이들 - 온전한 인격을 향해 꾸준히 정진하는 신자들입니다.

Q. 당신은 세 종류의 신자 중 어떤 유형입니까? 그렇게 생각하는 이유를 적어 보십시오.

아이를 낳았는데 신체적·정신적으로 제대로 성장하지 못한다고 생각해 보십시오. 이런 아이를 가진 부모님의 마음이 얼마나 아플까요? 우리 육체가 제때 온전히 성장해야 하듯이 영적으로도 마찬가지입니다. 그리스도인이 시간이 흘러도 믿음의 성장을 하지 않고 인격의 성장을 하지 않으면 영적 지체아입니다. 하나님께서 얼마나 안타까워하실지 모릅니다. 우리는 반드시 성장해야 합니다. 그리고 성숙해야 합니다.

2) 어느 정도까지 성숙해져야 할까요?

에베소서 4장 15절에 보면, "……범사에 그에게까지 자랄지라. 그는 머리니 곧 그리스도라"는 말씀이 있습니다. '예수 그리스도에게까지 자라라'는 말씀입니다. 예수 그리스도에게까지 자란다는 것은 무슨 뜻입니까? 그것은 예수님처럼 하나님과 인간을 향한 순전한 사랑으로 가득 찰 때까지라는 것입니다. 하나님 사랑과 이웃 사랑으로 충만한 상태를 우리는 '기독교인의 완전'이라고 합니다.

Q. 마태복음 22장 37~40절을 찾아 써보십시오.

① 하나님을 사랑하십시오. '나의 하나님, 당신은 나의 전부'라고 외칠 수 있기를 바랍니다. '나는 하나님 외에는 아무것도 바라지 않습니다.'라고 고백할 수 있기를 바랍니다. '나는 하나님 한 분만으로 행복합니다. 하나님, 당신은 나의 영광, 나의 환희, 나의 기쁨입니다.'라고 고백할 수 있기를 바랍니다. 누군가 당신은 왜 사느냐고 묻거든, '나의 사랑, 하나님께 예배드리기 위해 산다.'라고 똑똑하게 고백하실 수 있기를 바랍니다.

② 이웃을 사랑하십시오. 오늘처럼 이기주의적인 시대에 '이웃 사랑'을 이야기한다는 것은 시대착오적인 것 같고, 어불성설처럼 여겨집니다. 이 시대와 이웃 사랑이란 말은 너무 안 어울리는 것 같습니다. 이 시대의 논리는 '돈' 중심입니다. 돈이 모든 가치의 중심에 서 있습니다. 우리는 모두 알게 모르게 이 시대의 논리에 오염되어 있습니다. 거부할 수 없습니다. 그렇게 살다 보니 우리가 소중한 것을 잃었습니다. 사람을 소중히 여기는 인간중심의 가치관을 잃었습니다.

누가복음 10장에는 예수님과 어떤 율법사의 '이웃이 누구인가'에 대한 논쟁이 나옵니다. 거기에 그 유명한 '선한 사마리아인 비유'가 나옵니다. 그 내용을 자세히 관찰해보면, 두 가지의 다른 질문이 대립하고 있음을 보게 됩니다.

율법사의 질문은 "내 이웃이 누구입니까?"라는 것이고, 예수님의 질문은 "너는 누구의 이웃이 되려고 하는가?"입니다. "내 이웃이 누구입니까?"라는 질문은 '나' 중심의 이웃관입니다. "그 사람은 나와 고향이 다르니깐 내 이웃이 아니야.", "그 사람은 나와 종교가 다르니깐 내 이웃이 아니야.", "그 사람은 나와 신분이 같으니까 내 이웃이 될 수 있어."라는 의미입니다. 실제로 율법사를 비롯한 유대인들은 '사마리아 사람들은 우리의 이웃이 될 수 없다.'고 생각했습니다.

그러나 "너는 누구의 이웃이 되려고 하는가?"는 도움이 필요한 다른 사람 중심의 이웃관입니다. "그 사람이 강도를 만났으니깐 나의 도움이 필요한 이웃이야.", "그 사람이 배고프니깐 나의 도움이 필요한 이웃이야.", "그 사람이 요즈음 외로우니깐 나의 위로가 필요한 이웃이야.", "그 사람이 지금 절망하고 있으니깐 나의 기도가 필요한 이웃이야."와 같은 것입니다. 예수님은 나의 도움이 필요한 사람에게 이웃이 되어주라고 하십니다. 인종, 피부 색깔, 신분, 돈의 유무를 따지지 말고 이웃이 되어주라는 것입니다.

이런 생각은 교회 생활에서 매우 중요합니다. '예수의 이웃관'을 가진 교인은 교회에 와서 '누가 나의 도움이 필요한가?'를 찾아 그들의 이웃이 되려고 합니다. 반면 '율법사의 이웃관'을 가진 교인은 "누가 나를 도와주지 않을까?"라고 기다리고 있습니다. "이 교회는 참사랑이 없구먼, 누구 하나 아는 척하는 사람이 없으니……." 이렇게 섭섭하게 생각합니다. 어떤 교인이 신앙생활을 더 성공적으로 하겠습니까? 어떤 교인이 많아야 그 교회의 분위기가 좋아지겠습니까?

Q. 이웃 사랑을 어떻게 실천할 수 있을지 적어 보십시오.

_____
_____
_____
_____

3) 어떻게 하면 신앙 인격이 성장할 수 있을까요?

① 하나님의 말씀을 섭취해야 성장합니다.

> "그러므로 믿음은 들음에서 나며 들음은 그리스도의 말씀으로 말미암았느니라(로마서 10장 17절)."

신앙 인격은 그리스도의 말씀을 들을 때 성장합니다. 아이들의 키 크는 것을 봐도 잘 먹는 아이가 잘 큽니다. 이론의 여지가 없습니다. 영양이 공급되지 않으면 성장할 수 없습니다. 그래서 주일 예배만 참석하는 교인과 수요 예배에도 참석하는 교인과 새벽 기도회에도 참석하는 교인과 매일 QT를 하는 교인의 신앙 성장은 다른 것입니다.

② 기도로 성장합니다.

리처드 뉴턴은 이렇게 말했습니다. "나의 여위고 열매 없는 생활의 근본 원인은 기도 생활의 퇴보에 있다. 내가 마음의 안정 속에서 자유롭게 기도할 수 있을 때 모든 문제는 쉽게 풀린다." 이 말은 사실입니다. 신자의 신앙생활에 힘이 없고, 영적 성장에 진보가 없는 이유는 바로 기도 부족 때문입니다.

③ 섬김으로 성장합니다.

우리의 몸도 먹기만 하고, 영양을 적당히 소비하지 않으면 건강해질 수 없습니다. 많은 성인병의 원인은 영양을 소비하지 않는 운동 부족에 있습니다. 영적 건강도 마찬가지입니다. 하나님의 은혜를 받기만 하고 봉사하지 않으면, 결코 영적 건강을, 영적 성장을 유지할 수 없습니다.

갈릴리 호수와 사해 바다가 그 교훈을 잘 보여주고 있습니다. 갈릴리 호수는 물을 받기도 하지만 아래로 잘 흘려보냅니다. 그래서 살아 있는 호수가 됩니다. 수천 종의 어류가 살아가고 있습니다. 그러나 사해 바다는 물을 받기만 하고 흘려보내지 않습니다. 결국, 세월이 지나면서 죽은 바다가 되었습니다. 그곳에 가보면 고기떼도, 어부도 다 떠났습니다. 텅 빈 바다입니다.

이집트에서 사역할 때 그곳에 거주하는 한국인 자매들과 함께 원주민 어린이들을 씻기는 '베이비워시' 봉사를 했습니다. 봉사에 참여한 자매들이 이렇게 고백했습니다. "목사님, 베이비워시 봉사 있잖아요. 사실, 저는 이 나이 먹도록 나만 위해 살았어요. 오직 '내 집, 내 아이, 내 가정' 타령만 하면서 살았는데, 카이로에 4년 있으면서 작지만 남을 위해서 살았던 기억을 갖게 되었어요. 이집트 어린이들을 씻기고 돌보았던 일은 힘들었지만 생각하면 할수록 보람 있고 의미 있는 봉사였어요. 아마 내 일생 중에서 최고의 순간이 될 것입니다."

Q. 당신의 성장에 필요한 요소는 무엇입니까?

_____

_____

4. 삶의 적용

믿음은 마치 살아 있는 유기체와 같습니다. 믿음은 성장할 수도 있고, 퇴보하다가 사라질 수도 있습니다. 경험으로 볼 때 믿음의 퇴보는 자신만 모르고 주변의 사람들은 잘 압니다. 점잖아서 대놓고 말을 하지 않을 뿐입니다. 한 번 주위에 있는 성도들에게 물어보십시오. '내 믿음이 성장하고 있는지, 정체되어 있는지, 퇴보하고 있는지'를 말입니다.

자신의 믿음 성장을 위해 특히 애쓰십시오. 오늘 노력하셔야 합니다. '언젠가 믿음이 성장하겠지'라고 생각할 수도 있지만 그런 때는 오지 않습니다. 오늘 결심하지 않으면 여러분의 믿음은 퇴보하다가 사라질 수도 있습니다.

Q. 이번 과를 공부하면서 느낀 점을 적어 보십시오.

CHAPTER 11

그리스도인의 완전

1. 주제 글

'그리스도인의 완전'은 개신교 안에서 격렬한 논쟁을 불러왔습니다. 존 웨슬리는 성도가 그리스도인의 완전을 이룰 수 있다고 보았고, 칼뱅주의자들은 이생에서 완전을 이루는 것은 불가능하다고 보았습니다. 이로 인해 성화와 그리스도인의 완전은 감리교회의 특징이 되었습니다. 그렇지만 웨슬리의 완전 성화는 장로교를 비롯한 다른 교단에서 받아들이기 어려운 개념이 아닙니다. 왜냐하면 다른 완전주의자들과는 다르게 웨슬리의 완전 교리는 "모종의 완전을 의미하지 절대적인 완전을 의미하는 것이 아니기"[26] 때문입니다.

Q. 그리스도인으로서 완전을 이룬다는 것은 어떤 의미일까요?

2. 들어가는 말

1738년 5월 24일 일기에 존 웨슬리는 자신의 올더스게이트 회심에 대하여 이렇게 적고 있습니다. "저녁에는 별로 마음이 내키지 않은 채 올더스게이트 가에 있는 어느 회에 갔는데 거기서 한 사람이 루터의 로마서 주석의 서문을 읽고 있었다. 9시 15분 전쯤 되어서 그가 계속하여 그리스도를 믿는 믿음을 통하여 하나님께서 마음에 변화를 일으키시는 역사를 하신다고 설명을 하고 있었는데 내 마음이 이상하게 뜨거워짐을 느꼈다. 나는 구원을 받기 위하여 그리스도를, 오로지 그리스도만을 믿는다고 나는 느꼈다. 그뿐만 아니라 주께서 내 모든 죄를 씻으시고 나를 죄와 사망의 법에서 구원하셨다는 확신이 생겼다."[27]

이 올더스게이트 회심은 존 웨슬리의 생애뿐 아니라, 감리교 운동에 지대한 영향을 끼친 사건입니다. 구원이 나의 공로나 노력이 아닌, 오직 그리스도에 대한 믿음으로 성취된다는 이신득의는 개혁교회의 핵심 교리입니다. 이로 인해 존 웨슬리를 비롯한 감리교도들은 개신교라는 범주 안에 속하게 되었습니다.

그러나 존 웨슬리는 당시 개혁주의의 사상이 극단으로 치우치는 정적주의를 보며, 하나님의 주권과 은혜를 강조하면서도 그리스도인으로서 책임을 강조해야 할 필요를 느꼈습니다. 신자는 자신의 의가 아닌 그리스도의 의로 인해 구원을 받지만, 구원을 받고 성령의 일하심을 통해 의지가 회복된 신자는 앞으로 완전에 이르기까지 성화를 추구하며 살아야 한다고 강조했습니다.

한국교회가 사회로부터 외면을 받게 된 이유 중 하나는 성도들이 도덕적으로 실망스러운 모습을 그들에게 보였기 때문입니다. 자기가 말한 대로 살지 못하는 위선이 사회로부터 강한 거부감을 불러왔습니다. 그리스도인의 완전 교리는 바로 이런 맹점을 극복하기에 유용합니다.

3. 성경 말씀 나누기

1) 그리스도인의 완전이란 무엇입니까?

그 본질은 '온전한 사랑', 혹은 '순수한 사랑'입니다. 다음은 '그리스도인의 완전'에 대한 성경 말씀입니다.

"그러므로 하늘에 계신 너희 아버지의 온전하심과 같이 너희도 온전하라(마태복음 5장 48절)."

"너희가 사랑 가운데서 뿌리가 박히고 터가 굳어져서 능히 모든 성도와 함께 지식에 넘치는 그리스도의 사랑을 알고 그 너비와 길이와 높이와 깊이가 어떠함을 깨달아 하나님의 모든 충만하신 것으로 너희에게 충만하게 하시기를 구하노라(에베소서 3장 17~19절)."

"평강의 하나님이 친히 너희를 온전히 거룩하게 하시고 또 너희 온 영과 혼과 몸이 우리 주 예수 그리스도께서 강림하실 때에 흠 없게 보전되기를 원하노라(데살로니가전서 5장 23절)."

① 그리스도인의 완전은 종교의 진수(religion itself)입니다.

존 웨슬리는 그리스도인의 완전 교리를 가장 중요하게 여겼으며, 그것을 종교의 진수라고까지 말했습니다. 존 웨슬리는 '어떻게 그리스도인이 하나님의 자녀로 이 세상을 살아가야 합니까?'라는 질문에 이렇게 대답했습니다. "성도는 '그리스도인의 완전' 즉 온전한 성화를 목적으로 살아가야 한다."라고 했습니다.

② 그리스도인의 완전은 의도의 순수성에서의 완전입니다.

존 웨슬리는 이렇게 말했습니다. "······그것은 의도의 순수성(purity of intention)이요. ······그것은 온갖 더러움과 모든 내적, 외적 불결을 탈피하는 마음의 할례이다."[28] 그리스도인의 완전이란 지식에서의 완전함을 뜻하는 것이 아닙니다. 인간은 무지나 잘못으로부터, 혹은 육체적인 한계성으로부터 완전할 수 없습니다. 그러나 무지나 잘못, 육체적인 한계성으로부터 불완전할지라도 동기나 의도에서는 순수할 수 있습니다. 웨슬리의 그리스도인의 완전이란 동기에서의 완전, 곧 의도의 순수성을 의미합니다.

③ 그리스도의 완전이란 순간순간 주를 의지함으로써 유지되는 완전입니다.

성결한 신자라 할지라도 인간은 자신의 연약성에 의하여 무의식적으로 실수하여 하나님의 법을 범하게 될 수 있습니다. 따라서 인간은 순간순간 예수 그리스도의 대속의 보혈이 필요합니다. 아무리 완전한 자라도 "우리의 죄를 사하여 주옵시고"라는 주의 기도는 여전히 필요합니다. 웨슬리는 "그러므로 사람은 가장 완전한 자라 할지라도 그들의 태만과 결함, 판단과 실행에서의 오류와 여러 가지 허물로부터 구속받기 위하여 대제사장으로서의 그리스도를 필요로 한다. 그 까닭은 위의 적은 허물들로 인하여 완전한 율법에서 이탈되고 있기 때문이다."[29]라고 말했습니다.

④ 그리스도의 완전이란 그 성격상 윤리적 사회적인 성결을 포함합니다.

하나님을 사랑한다면 하나님께서 원하시는 일을 하는 것이 당연합니다. 그러므로 감리교 운동은 사회적이었습니다. 존 웨슬리는 당시의 노예 문제, 감옥의 상태, 또는 산업 현장에서 가진 자들의 착취 행위를 직시하고 개선하는 데에 주저하지 않았습니다. 이것을 '사회적 성결'이라고 말합니다.

⑤ 그리스도인의 완전은 이 세상에서 경험될 수 있는 것입니다.

내적 성화는 사람이 의롭다 하심을 받는 순간에 시작됩니다. 신자는 의롭다 하심을 받는 순간부터 점진적으로 죄에 대하여 죽고, 은혜 안에서 자라가게 됩니다. 존 웨슬리는 모든 신자를 향하여 이 온전한 성화, 곧 그리스도의 완전으로 나아가라고 권고했습니다. "천주교인들은 말하기를 온전한 성화는 연옥에서 불로 연단을 받은 다음에 얻을 수 있다고 합니다. 칼뱅주의자들은 말하기를, 온전한 성화는 영혼이 육을 떠날 때야 비로소 얻어질 것이라고 합니다. 그러나 감리교도들은 이것을 우리가 죽기 전에 얻을 수 있다고 말합니다." 왜냐하면 "네 마음을 다하여 하나님을 사랑하라."라는 명령은 죽은 자에게 한 것이 아니라 산 자에게 한 것이기 때문입니다.

Q. 존 웨슬리가 말한 그리스도인의 완전이 무엇인지 자신의 말로 써보십시오.

---

2) 완전한 사랑: 그리스도인의 완전

'그리스도인의 완전'이란 '하나님을 사랑하고 이웃을 사랑하는 사랑이 충만한 상태'를 말합니다. "웨슬리는 그의 생애 약 60년 동안 완전 성화에 관하여 생각하고 쓰고 가르치면서 다양하게 정의하기도 했으나, 이를 '사랑' 또는 '완전한 사랑'이라는 용어를 사용하여 가장 자주, 그리고 가장 즐겨 정의하고 가르쳤습니다."[30]

그는 그리스도인들이 무지의 죄, 모르고 짓는 죄는 지을 수 있다고 말합니다. 그들은 여전히 여러 면에서 약하고 무지합니다. 그는 "그런 사람들을 어떻게 완전하다고 말할 수 있습니까?"라는 질문을 받았습니다. 그의 대답은 만일 그들이 마음과 뜻과 목숨과 힘을 다해 하나님을 사랑한다고 말할 수 있다면, 그들이 이생에서, 그리고 실제적인 면에서 정말로 완전하지는 않다고 해도, 그들은 사랑 안에서 완전하다는 것이었습니다. 그들은 그 순간 할 수 있는 최대한의 완벽함으로 하나님을 사랑하고 있습니다. 이것이 완전한 사랑이라고 존 웨슬리는 말했습니다. 후에 더 커질 수도 있지만, 그 순간에는 완전합니다. 앞에서 보았듯이, 그는 완전함과 성화의 순간순간의 측면을 강조하는 데에 대단히 큰 관심을 두었습니다.

① '네 마음을 다하고 목숨을 다하고 뜻을 다하여 주 너의 하나님을 사랑하라.'

하늘과 땅의 가장 존귀한 율법은 '네 마음을 다하고 목숨을 다하고 뜻을 다하고 힘을 다하여 주 너의 하나님을 사랑하라.'라는 것입니다. 존 웨슬리는 이렇게 말했습니다. "어떠한 피조물도 하나님과 함께 하지 못하게 하십시오. 하나님은 질투하는 하나님이시기 때문입니다. 그는 자기의 보좌를 어느 다른 존재와도 나누지 않으실 것입니다. 그분을 궁극적인 목적으로 삼는 것 외에는 아무 계획도, 욕망도 갖지 마십시오. 그분의 이름을 찬양하기 위해서가 아니면 살려고 소원하지 마십시오. 여러분의 모든 생각과 말과 일이 하나님의 영광을 위한 것이 되도록 하십시오. 여러분의 영혼은 하나님을 위해서가 아니면 아무것도 사랑하지 않을 만큼 하나님께 대한 전적인 사랑으로 충만하게 하십시오."[31]

그는 이렇게 찬송하기도 했습니다. "오, 당신의 순결한 사랑 밖에는 내 영혼에 아무것도 있지 않게 하고서. 오, 당신의 사랑이 내 전체를 소유하소서. 내 기쁨, 내 보화, 내 면류관이시여. 낯선 불들을 내 마음에서 멀리 옮겨 주소서. 내 모든 행동과 말과 생각이 사랑이 되게 하소서."

② '네 이웃을 네 자신과 같이 사랑하라.'

신자는 모든 사람을 자신의 영혼처럼 사랑합니다. '그를 미워하는 자들에게 선을 행하는 것'이 그의 힘 밖에 있을지라도 그는 '그들을 위해 기도하기를' 쉬지 않습니다. 비록 그들이 그의 사랑을 멸시하고 오히려 '그를 모욕하고 핍박할지라도' 말입니다.

그런데 이 세상은 거꾸로 돌아갑니다. 이 세상은 도움이 필요한 사람을 될 수 있는 대로 외면합니다. 반면 도움이 필요하지 않은 넉넉한 사람과는 이웃이 되려고 합니다. 집에 먹을 것이 넘쳐나는 사람에게 더 많은 먹거리를 사 들고 갑니다. 돈이 많아 별 도움이 필요하지 않은 사람에게 돈을 싸 들고 갑니다. 입을 것이 장롱에 넘쳐나는 사람에게 고급 브랜드의 상품권을 가지고 찾아갑니다. 세상이 이렇게 돌아갑니다. 그래서 예수님은 당부하십니다. 그런 사람 찾아가지 말고 주린 사람, 목마른 사람, 나그네, 벗은 사람, 병든 사람, 옥에 갇힌 사람을 이웃으로 여기고 사랑하라는 것입니다.

3) 그리스도인의 완전에 대한 증거는 무엇입니까?

존 웨슬리가 그리스도의 완전에 대한 증거로 지적한 말씀은 데살로니가전서 5장 16~18절입니다. "항상 기뻐하라 쉬지 말고 기도하라 범사에 감사하라 이것이 그리스도 예수 안에서 너희를 향하신 하나님의 뜻이니라."

① '항상 기뻐하라.'

그리스도인의 완전에 이른 사람의 특징은 '항상 기뻐하는 것'입니다. 그는 하나님으로부터 모든 것을 기쁘게 받으며 고백하기를, "주님은 선하십니다." 하며, 그가 주시든지 빼앗아 가시든지 한결같이 주의 이름을 찬송합니다. 사도 바울은 이런 고백을 합니다. "내가 궁핍함으로 말하는 것이 아니니라 어떠한 형편에든지 나는 자족하기를 배웠노니, 나는 비천에 처할 줄도 알고 풍부에 처할 줄도 알아 모든 일 곧 배부름과 배고픔과 풍부와 궁핍에도 처할 줄 아는 일체의 비결을 배웠노라(빌립보서 4장 11~12절)." 무슨 말씀입니까? 바울 사도는 배부를 때나 배고플 때나 풍부할 때나 궁핍할 때나 어떠한 형편에든지 자족한다고 했습니다. 다시 말씀드리면, 바울의 마음속에는 외부 환경과 관계없는 기쁨이 있다는 것입니다. 이런 삶을 살고 싶지 않으세요? "집사님은 매일 뭐가 그렇게 좋으세요?" "참 이상도 하지? 울어도 속이 터질 판인데 어떻게 그런 상황에서 기쁨을 잊지 않으실까?" 이런 칭찬을 들으면서 산다면 얼마나 좋겠어요. 우리 주님은 이런 삶으로 여러분을 초청하고 있습니다.

② '쉬지 말고 기도하라.'

그리스도인의 완전에 이른 사람의 특징은 쉬지 않고 기도하는 것입니다. 그의 마음은 언제나 어디서나 하나님을 향해 있습니다. 어느 사람도 그 무엇도 그가 이렇게 하는 것을 결코 방해하지 못하며, 중단시킬 수 없습니다. 홀로 있거나 누구와 함께 있을 때, 한가한 때나 일할 때나 대화할 때, 그의 마음은 늘 주님과 함께 있습니다. 자리에 눕든지 일어나든지 그의 모든 생각 속에 하나님이 계십니다. 그의 영혼의 시선은 하나님께 고정되어 있어 어디서나 '보이지 않는 그분을 보고' 있으므로, 그는 계속 하나님과 동행합니다.

③ '범사에 감사하라.'

그리스도인의 완전에 이른 사람의 특징은 범사에 감사합니다. 그는 평안할 때나 괴로울 때나 병들었을 때나 건강할 때나 살든지 죽든지 모든 것을 선을 위하여 베푸시는 하나님께 마음 깊은 곳으로부터 감사를 드립니다. 그는 하나님의 손길에 자기의 육체와 영혼을 전적으로 위탁합니다. 그러기에 그는 '자기를 돌보시는 하나님께 자기의 염려를 다 맡기고', '구할 것을 감사함으로 하나님께 아뢴' 후에 '범사에' 하나님을 의지하면서, 아무것도 불안해하며 염려하지 않습니다.

4. 삶의 적용

어떻게 그리스도인의 완전을 이룰 수 있을까요? 먼저 예수 그리스도와 교제해야 합니다. 부부도 평생을 같이 살면 닮는다고 합니다. 생각하는 것이 닮고, 말하는 것이 닮고, 행동하는 것이 닮습니다. 부부는 평생을 함께 살면서 대화를 합니다. 그래서 닮는 것입니다. 하나님과 교제하는 시간을 많이 가지십시오. 아무리 바쁘더라도, 억지로라도 그런 시간을 만들어야 합니다. 그래서 하나님과 대화하십시오. 내 마음을 열고 내 속 얘기를 말씀드리고, 조용히 마음을 가라앉히고 하나님의 음성도 듣고……. 이런 시간이 많을수록 우리는 예수 그리스도를 더 빨리 닮아가게 됩니다. 온전한 성화는 신자가 반드시 성취해야 할 목표입니다.

그리고 완전한 사랑을 실천해가야 합니다. 미국 버지니아에서 일어난 '조승희 사건'을 기억할 것입니다. 2007년 4월 16일 한국인 조승희가 총기 난사로 32명을 죽인 사건입니다. 캠퍼스 중앙 잔디밭인 드릴 필드에 참사자 32명을 기리는 추모석이 타원형으로 세워져 있습니다. 그리고 거기에 이 만행을 저지른 조승희를 위한 추모석도 있답니다. 당시 조승희의 추모석에는 이런 쪽지가 놓여 있었다고 합니다. "네가 이렇게 필사적으로 도움을 원했다는 걸 알고 가슴이 아팠단다. 머지않아 너의 가족이 평온을 찾고, 치유될 수 있기를 바란다. 하나님의 축복이 함께 하시길." 끔찍한 사건을 일으킨 장본인에 대한 이 추모의 글은 사람들의 인식을 바꾸어놓았습니다. 비난받아 마땅한 살인마라고 보던 사람들의 관점을 사랑이 필요했던 불쌍한 사람이라고 보게 했습니다.

조승희 사건이 일어난 다음 우리는 이 사건이 한국인들에게 악영향을 미칠까 봐 조바심을 냈습니다. 그러나 이 사건에 대처하는 미국인들의 반응은 우리의 조바심을 부끄럽게 했습니다. 바울 사도는 로마서 12장 20~21절에 "네 원수가 주리거든 먹이고 목마르거든 마시게 하라 그리함으로 네가 숯불을 그 머리에 쌓아 놓으리라 악에게 지지 말고 선으로 악을 이기라." 구원이란 죄인이 의롭다고 인정받는 데에 그치지 않고, 실제로 삶이 변화되는 것입니다. 우리는 지금 그리스도인다운 삶이 참으로 필요한 시대를 살아가고 있습니다.

Q. 어떻게 완전한 사랑으로 그리스도인의 완전을 이룰 수 있을지 적어 보십시오.

_____
_____
_____
_____
_____
_____

CHAPTER 12

영화

1. 주제 글

영화(glorification)란 부활의 첫 열매되신 그리스도처럼 영화로운 몸으로 사는 것을 말합니다. 지상에서 경험되는 완전은 상대적이지만, 천상에서 경험되는 영화는 절대적으로 완전한 상태입니다. 영화는 의식적인 죄뿐 아니라 무의식적인 죄까지도 용서받는 상태입니다. 또한 무지, 실수, 연약함, 유혹에서마저도 자유로움을 얻게 된 상태입니다. 죽을 몸이 죽지 아니할 몸으로, 썩을 몸이 썩지 아니할 몸으로, 병드는 몸이 병이 들지 아니하는 몸으로 부활하는 것입니다.

다음은 『천로역정』에서 '크리스천'과 '소망'이 하늘나라에 도착한 후 경험한 일입니다.

"순례자들은 빛나는 옷을 입은 이들과 하늘나라의 영광에 관한 이야기를 나누었다. 천사들은 그곳의 아름다움과 영광은 말로 다 표현할 수 없노라고 했다. 시온 산과 하늘의 예루살렘, 헤아릴 수 없이 많은 천사들, 완전하게 된 의인들의 영이 거기에 있습니다. 여러분은 '하나님의 낙원'으로 가서 생명나무를 두 눈으로 확인하고 영원토록 변치 않는 열매를 먹게 될 것입니다. 그곳에 가면 흰옷을 받아 입고 날마다, 그리고 영원토록 임금님과 걸으며 즐거운 대화를 나누게 됩니다. 낮고 낮은 이 세상에 머무는 동안 보았던 슬픔, 질병, 고통, 죽음 따위를 다시는 보지 못할 것입니다. 이전 것들이 다 사라져버렸기 때문입니다."[32]

Q. 영광스러운 모습으로 변화되어 그리스도와 같이 완전하게 된다면 어떨지 생각이나 느낌을 적어 보십시오.

_____

_____

_____

2. 들어가는 말

현대인의 평균 수명을 보고 자신도 그만큼 살 수 있다고 생각한다면, 그것은 크나큰 착각입니다. 죽음은 예상하지 못할 때 불현듯 찾아옵니다. 그리고 이런 죽음은 그 누구도 피해갈 수 없습니다. 그런데 많은 사람이 죽음을 잊고 살아갑니다. 애써 불편한 진실을 외면하고 사는 것입니다. '대한 웰다잉협회'에서 웰다잉에 대해 소개하면서 다음과 같이 이야기합니다.

"모든 사람들이 알고 있으면서도 모르는 척하고 모르면서도 아는 것처럼 착각하고 있는 것이 자신의 죽음에 관한 것이 아닌가 생각한다. 많은 사람들이 죽음은 3인칭에 관계되는 것이지 1인칭이나 2인칭은 열외라고 생각한다. 그러기에 겨우살이 준비는 하면서도 자신의 죽음은 준비하지 않는다. 그래서 죽음은 모든 사람에게 당혹스러운 것이 되고 안타까운 이별이 된다."

대부분 현대인이 평소에 죽음을 생각하지 않고 살다가, 실제로 죽음을 맞닥뜨리게 되었을 때 감당할 수 없는 어려움을 겪는다고 합니다. 안타까운 것은 그리스도인들 가운데도 동일한 경우가 있다는 것입니다. 기독교 안에는 죽음의 두려움을 극복할 풍부한 자원이 있습니다. 초기 기독교인들이 당시의 사람들과 달랐던 두드러진 점은 부활에 대한 소망이 있었다는 점입니다. 부활에 대한 소망은 "사망아 너의 승리가 어디 있느냐 사망아 네가 쏘는 것이 어디 있느냐?(고린도전서 15장 55절)"라는 말씀처럼 죽음에 대한 예수 그리스도의 승리를 의미했습니다. 믿음의 성도들은 부활에 대한 소망을 갖고, 하나님 앞에 설 영광스러운 날을 기대하며 살았습니다.

이 세상에서는 완전하지 못하여 죄를 짓기도 하고, 욕망에 얽매여 있지만, 저 천국에서는 그리스도와 같이 영광스러운 모습으로 변화할 것입니다. 영화는 모든 그리스도인의 소망이 되어야 합니다. 이 소망을 있을 때, 세상에서의 삶이 달라질 것이고, 죽음을 대하는 태도가 달라질 것입니다.

3. 성경 말씀 나누기

1) 신앙 여정의 종착지, 영화

존 웨슬리는 지상에서 겨자씨 한 알 같이 시작된 영적 생명이, 천상에서 신령한 몸으로 영화롭게 변화되는 구원의 완성을 강조합니다.

예수 그리스도를 믿고 거듭난 성도들은 점진적으로 죄와 멀어지고, 그리스도를 닮아가는 성화의 과정을 거칩니다. 그리고 고의로 죄를 짓지 않는 그리스도인의 완전(완전 성화)까지 나아갑니다. 그러나 이것은 다른 완전주의자들과 같이 완전히 죄를 짓지 않는 상태를 의미하는 것은 아닙니다. 고의가 아닌, 부지중이나 무의식중에 짓는 죄가 있을 수 있습니다. 의식적인 죄뿐 아니라 무의식적인 죄까지도 용서받는 상태, 또한 무지, 실수, 연약함, 유혹에서마저도 자유함을 얻게 된 상태는 바로 천국에서 영화롭게 되었을 때 이루어지는 것입니다.

찰스 웨슬리가 지은 "하나님의 크신 사랑"(찬송가 15장) 4절에는 영화에 대해 다음과 같이 묘사합니다.

> "우리들이 거듭나서 흠이 없게 하시고, 주의 크신 구원받아 온전하게 하소서. 영광에서 영광으로 천국까지 이르러 크신 사랑 감격하여 경배하게 하소서."

흠이 없이 온전하게 되고, 영광스럽게 되는 것이 주 안에서 이루어질 성도의 최종 단계라는 것입니다. 신학적으로 이 부분에서는 다른 종교개혁자들과 의견의 차이가 없습니다.

2) 천국 소망이 주는 유익

Q. 로마서 8장 30절을 찾아 적어 보십시오.

_____

_____

위 말씀에 영화롭게 하셨다는 말씀이 나옵니다. 영화롭게 하셨다는 어휘는 원어로 '에독사센(ἐδοξασεν)'인데, 과거완료형시제 동사입니다. 바울이 문법적으로 미래형으로 쓰지 않고, 과거완료형으로 쓰고 있다는 사실을 주목해야 합니다. 즉 영화롭게 된다는 것은 미래에 될 일이지만 현재 우리가 그 상황을 느끼고 경험한다는 의미입니다. 우리는 그것을 '소망'이라고 표현합니다.

성경에는 '소망'에 관한 말씀이 많이 나옵니다. 바울은 성도들에게 이렇게 말했습니다.

"형제들아 자는 자들에 관하여는 너희가 알지 못함을 우리가 원하지 아니하노니 이는 소망 없는 다른 이와 같이 슬퍼하지 않게 하려 함이라(데살로니가전서 4장 13절)."

사도 요한도 우리에게 이 약속을 다시 한 번 확신시켜 줍니다.

"내가 하나님의 아들의 이름을 믿는 너희에게 이것을 쓰는 것은 너희로 하여금 너희에게 영생이 있음을 알게 하려 함이라(요한일서 5장 13절)."

천국의 소망은 우리 그리스도인에게 많은 유익을 안겨 줍니다.

리 스트로벨은 그의 책 『불변의 소망』이라는 책에서 천국의 소망이 주는 유익에 대하여 다음과 같이 설명했습니다.

① 천국의 존재는 내가 하나님께 정말 중요한 존재임을 확인시켜 준다.[33]

성경은 처음부터 끝까지 '하나님은 그분의 자녀인 우리 없는 영원을 생각조차 하실 수 없다.'라는 메시지를 선포하고 있습니다. 하나님은 '네가 없으면 사는 재미가 없단다.'라고 말씀하신다는 것입니다. 생각해보십시오. 영원하신 하나님이 특별히 여러분과 함께 영원을 보내기를 원하신다면 여러분은 얼마나 귀하다는 뜻입니까?

어느 방송의 다큐멘터리에 '한 오리 가족의 일상'이 나왔습니다. 어미 오리가 열두 마리의 깜찍한 새끼 오리들과 함께 연못에서 헤엄치고 있었습니다. 수영을 마친 어미는 연못 가장자리의 시멘트 위로 뛰어올라 뒤뚱뒤뚱 걸어가기 시작했고, 새끼들이 가장자리 아래에 일렬로 늘어섰습니다. 첫 번째 새끼가 뛰어올랐지만, 다시 물에 풍덩 떨어지고 말았습니다. 녀석은 다시 한 번 더 세차게 뛰어올라 결국 고지를 밟고 어미를 따랐습니다. 그렇게 두 번째 녀석도, 세 번째 녀석도, 모두 어미 뒤에 따라붙었습니다. 하지만 열두 번째의 유난히 작은 녀석은 힘을 다해 뛰었지만 떨어지기를 반복했습니다. 아무래도 넘지 못할 것 같았습니다. 이때 어미 오리가 어떻게 했을 것 같은가요? 그때 해설자의 무덤덤한 설명이 흘러나왔습니다. "어미는 생존 능력이 없는 저 새끼 오리를 버릴 것이다. 잔인하게 들리지만, 이것이 자연의 이치다."

이 새끼 오리와 같은 기분을 느껴본 적이 있습니까? 도덕적으로 너무 흠이 많다고, 아무리 노력해도 하나님의 합격점을 받기는 어렵다고, 하나님이 굳이 챙길 만큼 자신이 중요하지 않다고 생각해본 적은 없습니까? 그러나 성경은 주님을 100마리 양 중에서 단 한 마리만 뒤처져도 그냥 가시지 않는 선한 목자로 그리고 있습니다(누가복음 15장 4~7절). 그토록 오랜 세월을 반역했는데도 나를 버리지 않으신 주님께 감사를 드립니다. 반복된 죄로 말미암아 하나님의 기준에 턱없이 모자라는 나를 그냥 놔두고 가버리지 않으신 주님께 감사를 드립니다. 이런 나를 영원의 동반자로 삼으신 주님께 감사를 드립니다. 주님과 영원히 함께할 천국의 존재는 내가 그분께 얼마나 귀한 존재임을 깨닫게 해줍니다.

② 천국의 존재는 나에게 마르지 않는 용기를 준다.[34]

'나는 천국에서 하나님과 영원히 산다.'라는 확신을 얻고 나면, 인생을 바라보는 시각 자체가 완전히 변하게 됩니다. 물론 여전히 실패가 찾아옵니다. 여전히 고통이 느껴지고, 분쟁에 휘말리고, 비극을 마주합니다. 하지만 그런 사건들을 완전히 다른 시각, 더 높은 시각으로 바라보게 됩니다. 사도 바울을 보십시오.

"유대인들에게 사십에서 하나 감한 매를 다섯 번 맞았으며 세 번 태장으로 맞고 한 번 돌로 맞고 세 번 파선하고 일 주야를 깊은 바다에서 지냈으며 여러 번 여행하면서 강의 위험과 강도의 위험과 동족의 위험과 이방인의 위험과 시내의 위험과 광야의 위험과 바다의 위험과 거짓 형제 중의 위험을 당하고 또 수고하며 애쓰고 여러 번 자지 못하고 주리며 목마르고 여러 번 굶고 춥고 헐벗었노라(고린도후서 11장 24~27절)."

그런데도 그는 로마서 8장 18절에서 이렇게 고백합니다.

"생각하건대 현재의 고난은 장차 우리에게 나타날 영광과 비교할 수

chapter 12 영화   137

없도다."

이 얼마나 놀라운 시각입니까? 바울은 이 땅에서 어떤 일이 닥쳐도 천국이 기다린다는 것을 알았고, 그 지식으로 인해 세상에서 보기 드문 용기를 발휘할 수 있었습니다. 천국의 소망은 우리에게 그런 용기를 줍니다.

Q. 당신은 하나님으로 인한 자존감이나 마르지 않는 용기를 경험한 적이 있습니까?

_____
_____
_____

③ 천국의 존재는 나에게 미래를 기대하게 한다.[35]

우리의 유한한 머리로 천국을 다 이해할 수 없습니다. 시간의 제한을 받는 인간이 어떻게 영원을 이해할 수 있겠습니까? 죄와 고통의 세상에 습관화된 인간이 어떻게 죄도 고통도 없는 천국을 제대로 상상할 수 있겠습니까? 성경은 우리에게 겨우 힌트만 줄 뿐입니다. 그 힌트들을 종합해보면, 이렇습니다. 천국은 하나님이 손수 "모든 눈물을 그 눈에서 닦아 주시니 다시는 사망이 없고 애통해하는 것이나 곡하는 것이나 아픈 것이 다시 있지 않은 곳(요한계시록 21장 4절)"입니다.

천국은 주체할 수 없는 경이감과 사랑으로 하나님을 예배하고, 그분의 위엄과 영광, 위대하심에 끊임없이 전율하게 되는 곳입니다.

"주께서 생명의 길을 내게 보이시리니 주의 앞에는 충만한 기쁨이 있고 주의 오른쪽에는 영원한 즐거움이 있나이다(시편 16편 11절)."

또한 천국에서 우리는 마침내 예수님과 얼굴을 마주할 것입니다.

"사랑하는 자들아 우리가 지금은 하나님의 자녀라 장래에 어떻게 될 지는 아직 나타나지 아니하였으나 그가 나타나시면 우리가 그와 같을 줄을 아는 것은 그의 참모습 그대로 볼 것이기 때문이니(요한일서 3장 2절)."

그날이 오면 예수님이 나와 눈빛을 교환하시고 나를 갈비뼈가 으스러질 정도로 꼭 안아 주시리라 믿어 의심하지 않습니다.

연동교회를 섬겼던 이성희 목사가 『영으로 걸으라』라는 책을 썼습니다. 그 책에 이런 글이 있습니다.

"나의 아버지는 목회자이며 신학자이며 저술가이셨습니다. …… 아버지는 그 많은 저서들을 직접 출판하실 만큼 저서들에 마음을 담았습니다. 아버지의 마지막 저서는 '신약성서개론'입니다. 하루는 나에게 원고를 한 아름 넘겨주시면서 '이 책은 네가 내라.'고 하셨습니다. '아버지, 왜 이 책을 제가 내야 합니까?' '글쎄, 내가 아무래도 그 생각이 든다.' 원고지를 받아들고 첫 장을 넘겼습니다. 첫 장에는 '나의 마지막 저작이 될 것 같은 이 책을 내 평생의 충성된 반려자, 내 사랑하는 아내 설귀연님께 드린다.' 라고 씌어 있었습니다. 그 순간 나는 아버지의 소명이 끝난 것을 알았습니다. 그 원고지를 내 손에 받은 이틀 후 여느 때처럼 아침 문안을 드리는 전화에, 어머니께서는 '아버지께서 잘 걷지 못하시고, 자꾸 넘어지신다.' 라고 하셨습니다. …… 그날부터 아버지는 잘 걷지 못하셨습니다. 마지막 여섯 달 동안은 전혀 걷지 못하셨습니다. …… 한번은 내가 병실에 갔을 때 아버지는 허공을 향해 손을 휘저으셨습니다. '아버지, 왜 그러십니까?' '천사가 와 있다.' '몇 분이나 오셨는데요?' 아버지는 한참 손가락으로 헤아려 보시더니 '여섯 분이 와 있다.'라고 하셨습니다. 그 후로 아버지는 여섯 번이나 천당에 다녀오셨다는 말씀을 하셨습니다. 이 땅의 걸음이 멈추는 날부터 아버지는 하늘 걸음을 시작하신 것입니다. …… 지금은 하늘나라에서 주님과 더불어 하늘 산책을 계속하고 계실 것입니다."[36]

Q. 천국의 기쁨과 즐거움을 이 세상에서 누린 경험이 있습니까?

_____
_____
_____
_____

4. 삶의 적용

고린도전서 13장 12절에서 사도 바울은 다음과 같이 말씀합니다. "우리가 지금은 거울로 보는 것 같이 희미하나 그 때에는 얼굴과 얼굴을 대하여 볼 것이요 지금은 내가 부분적으로 아나 그 때에는 주께서 나를 아신 것 같이 내가 온전히 알리라."

영화(glorification)를 통해서 우리가 알 수 있는 것은 지금은 희미하게 보고 부분적으로 알지만, 주님 앞에 서는 그날에는 모든 것이 완전해진다는 것입니다. 완전해질 것에 대한 소망이 지금 이 세상을 살아가는 우리에게 용기와 힘을 줍니다. 하나님께서 우리를 완전하게 하실 것입니다. 죄와 흠, 온갖 연약함으로 가득 찬 우리를 예수님과 같이 영광스럽고 온전한 모습으로 변화시키실 것입니다.

Q. 이번 과를 공부하면서 느낀 점이나 생각을 적어 보십시오.

2부

신앙 생활에 관한 이야기

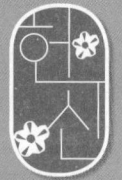

CHAPTER 13

중보 기도

1. 주제 글

중보 기도(intercessory prayer)는 사이에(inter) + 들어감(cession)으로 하나님과 다른 사람 사이에 들어가 기도하는 것을 말합니다. 중보 기도는 특별한 누군가의 사명이 아니라 모든 그리스도인의 사명입니다. 기도가 습관이 되어 삶의 일부가 되었을 때, 자신을 위해서만이 아니라 다른 사람들을 위해 기도하게 됩니다.

2. 들어가는 말

초등학교 5학년 때 중보 기도가 얼마나 놀라운 것인지 경험한 적이 있었습니다. 초가집 시골 교회에서 수요 예배를 드릴 때였습니다. 예배가 끝날 즈음에 한 아주머니가 급히 전도사님을 찾았습니다. 그 아주머니는 교회에 다니는 분이 아니었는데도, 다급한 문제가 생기자 전도사님께 도움을 요청하셨습니다. 그 당시 우리 교회는 '김유옥'

이라는 여자 전도사님이 섬기고 계셨습니다. 전도사님은 급히 예배를 마치고, 교우들과 함께 양지마을로 갔습니다. '김말기'라는 이름의 여자아이가 고열로 의식을 잃은 채 아랫목에 누워있었습니다. 찬송을 부르고 함께 통성으로 기도했습니다. 기도하다가 찬송 부르고, 찬송하다가 기도하기를 거듭했습니다. 새벽녘이 되어 창호지 문이 훤히 밝아오자 아이는 눈을 뜨고 "엄마, 배고파."라고 말했습니다. 아이가 제정신이 든 것이었습니다.

지금도 그때 김유옥 전도사님이 의식을 잃은 아이를 안고 간절히 기도하던 모습이 눈에 선합니다. 그 일을 통해 마태복음 18장 19~20절의 말씀의 의미를 깨달았습니다.

"진실로 다시 너희에게 이르노니 너희 중의 두 사람이 땅에서 합심하여 무엇이든지 구하면 하늘에 계신 내 아버지께서 그들을 위하여 이루게 하시리라. 두세 사람이 내 이름으로 모인 곳에는 나도 그들 중에 있느니라."

그때 '저것이 바로 중보 기도구나.'를 생각했습니다.

Q. 중보 기도의 능력을 경험한 적이 있습니까?

_____
_____
_____
_____

3. 성경 말씀 나누기

1) 중보 기도는 예수님께서 보여주신 우리의 사명입니다.

예수 그리스도께서 중보자의 본을 보이셨습니다.

Q. 로마서 8장 34절을 찾아 적어 보십시오.

_____

_____

예수 그리스도께서 하나님 우편에 앉아 우리를 위하여 중보 기도를 하고 계십니다. 예수 그리스도는 하나님과 우리 사이에 중재자가 되셨을 뿐 아니라, 지금도 우리를 위해 중보하고 계신다는 것입니다. 중보 기도의 기원은 바로 예수님께 있습니다.

그리고 성경은 우리에게 중보 기도자가 되라고 권면합니다.

Q. 디모데전서 2장 1~2절을 찾아 적어 보십시오.

_____

_____

_____

1절에 나오는 '도고'라는 말은 중보 기도를 의미합니다. 사도 바울은 모든 사람을 위하여 기도할 것을 강조하고 있습니다. 중보 기도는 예수님께서 하신 사역일 뿐 아니라 성도들이 해야 할 사역임을 말씀하고 계신 것입니다.

2) 왜 중보 기도를 해야 합니까?
① 하나님께서 중보 기도자를 찾으시기 때문입니다.
에스겔 22장은 하나님의 진노를 받게 될 예루살렘 성에 대한 예언입니다.

"너는 말하라 주 여호와께서 이같이 말씀하셨느니라. 자기 가운데에 피를 흘려 벌 받을 때가 이르게 하며 우상을 만들어 스스로 더럽히는 성아. 네가 흘린 피로 말미암아 죄가 있고 네가 만든 우상으로 말미암아 스스로 더럽혔으니 네 날이 가까웠고 네 연한이 찼도다. 그러므로 내가 너로 이방의 능욕을 받으며 만국의 조롱거리가 되게 하였노라(에스겔 22장 3~4절)."

그런데 더 큰 문제는 이런 하나님의 진노를 막아설 중보자가 없었다는 것입니다. 에스겔 22장 30~31절을 보십시오.

"이 땅을 위하여 성을 쌓으며 무너진 데를 막아 서서 나로 하여금 멸하지 못하게 할 사람을 내가 그 가운데에서 찾다가 찾지 못하였으므로 내가 내 분노를 그들 위에 쏟으며 내 진노의 불로 멸하여 그들 행위대로 그들 머리에 보응하였느니라. 주 여호와의 말씀이니라."

'무너진 데를 막아서서 나로 하여금 멸하지 못하게 할 사람'이 바로 중보 기도자입니다. 그러면 '그 가운데'가 어디였을까요? 바로 하나님을 가장 잘 알고, 가장 잘 믿는다는 예루살렘 성이었습니다. 그렇게 하나님을 잘 알고, 잘 믿는다는 예루살렘 성에 중보 기도자가 단 한 사람도 없었습니다. 진노의 채찍을 들고 계신 하나님께서 그 채찍을 빼앗을 중보 기도자를 애타게 찾고 계셨던 것입니다. 하나님은 지금도 중보 기도자를 찾고 계십니다.

② 중보 기도는 하나님의 약속을 이뤄드리기 때문입니다.

에스겔 36장은 이스라엘 백성들이 바벨론 포로 생활을 끝내고 예루살렘에 귀환하여 받을 축복에 대한 예언입니다.

"전에는 지나가는 자의 눈에 황폐하게 보이던 그 황폐한 땅이 장차 경작이 될지라. 사람이 이르기를 이 땅이 황폐하더니 이제는 에덴 동산 같이 되었고 황량하고 적막하고 무너진 성읍들에 성벽과 주민이 있다 하리니 너희 사방에 남은 이방 사람이 나 여호와가 무너진 곳을 건축하며 황폐한 자리에 심은 줄을 알리라. 나 여호와가 말하였으니 이루리라(에스겔 36장 34~36절)."

그리고 이어서 중요한 말씀을 하십니다.

"주 여호와께서 이같이 말씀하셨느니라. 그래도 이스라엘 족속이 이같이 자기들에게 이루어주기를 내게 구하여야 할지라. 내가 그들의 수효를 양 떼 같이 많아지게 하되(에스겔 36장 37절)."

'그래도'라는 말씀이 우리에게 도전을 줍니다. '그래도' 약속이 성취되기를 위하여 누군가 중보해야 한다는 말씀입니다. 중보 기도를 통해 아버지의 관심이 있는 곳에 우리의 기도가 있어야 하고, 아버지의 시선이 머문 곳에 우리의 기도가 머물러야 합니다. 중보 기도는 하나님의 약속을 이뤄드립니다.

③ 중보 기도를 하면 이 땅이 축복을 받기 때문입니다.
솔로몬의 성전 봉헌식 때 하나님이 이스라엘 백성에게 약속한 축복입니다.

"혹 내가 하늘을 닫고 비를 내리지 아니하거나 혹 메뚜기들에게 토산을 먹게 하거나 혹 전염병이 내 백성 가운데에 유행하게 할 때에 내 이름으로 일컫는 내 백성이 그들의 악한 길에서 떠나 스스로 낮추고 기도하여 내 얼굴을 찾으면 내가 하늘에서 듣고 그들의 죄를 사하고 그들의 땅을 고칠지라(역대하 7장 13~14절)."

'기도하여 하나님의 얼굴을 찾으면' 하나님은 하늘을 열어 비를 내리시고, 농산물의 병충해를 입지 않게 하시고, 전염병을 막아 그 땅을 축복하십니다. 하나님은 그의 백성이 중보 기도를 할 때, '듣고', '사하고', '그 땅을 고칩니다.' 중보 기도를 하면 이 땅이 축복을 받습니다. 우리 땅, 삼천리 반도 금수강산이 대를 이어 복을 받으려면 누군가 중보 기도를 해야 합니다.

3) 하나님은 어떤 자리에 중보 기도자를 부르십니까?

성경은 다음 세 곳에 중보 기도자가 반드시 있어야 한다고 말씀합니다.

① 결렬된 곳에(in the gap)

"그러므로 여호와께서 그들을 멸하리라 하셨으나 그가 택하신 모세가 그 어려움 가운데에서 그의 앞에 서서 그의 노를 돌이켜 멸하시지 아니하게 하였도다(시편 106편 23절)."

"그러나 이제 그들의 죄를 사하시옵소서. 그렇지 아니하시오면 원하건대 주께서 기록하신 책에서 내 이름을 지워 버려 주옵소서(출애굽기 32장 32절)."

중보 기도자는 죄로 인하여 결렬된 하나님과 백성 사이에 서야 합니다. 이스라엘 백성들의 금송아지 우상 숭배로 하나님과 백성 사이가 결렬되었을 때가 있었습니다. 출애굽기 32장 30~32절에 보면, 이때 모세는 백성의 중보자가 되어 백성을 대신하여 하나님께 올라갔으며(30절), 백성을 대신하여 회개했으며(31절), 자기 생명을 내놓는 적극적인 기도를 드렸습니다(32절). 하나님은 중보 기도자에게 약하셨습니다. 하나님은 뜻을 돌이키셨습니다. 이것이 하나님의 마음입니다.

우리 민족은 유난히 결렬이 많은 민족입니다. 남북 간의 결렬이 있습니다. 동서 간의 결렬이 있습니다. 세대 간의 결렬이 있습니다. 빈부

간의 결렬이 있습니다. 결렬이 많다는 것은 그만큼 중보 기도가 필요하다는 말입니다. 결렬의 소문은 중보 기도의 자리에로 부르시는 하나님의 음성입니다. 자녀, 부모, 형제자매, 속도원, 교우 사이에 결렬의 소문이 들릴 때 중보 기도의 자리에 나아오십시오.

② 성벽 위에(on the wall)

"예루살렘이여 내가 너의 성벽 위에 파수꾼을 세우고 그들로 하여금 주야로 계속 잠잠하지 않게 하였느니라. 너희 여호와로 기억하시게 하는 자들아, 너희는 쉬지 말며 또 여호와께서 예루살렘을 세워 세상에서 찬송을 받게 하시기까지 그로 쉬지 못하시게 하라(이사야 62장 6~7절)."

파수꾼은 성벽 위에서 미리 보고 멀리 봅니다. 중보 기도자는 성벽 위의 파수꾼과 같습니다. 중보 기도자는 성벽 위에서 '여호와로 기억나시게' 해야 합니다. "하나님, 하나님이 이렇게 약속하지 않으셨어요?" '여호와로 쉬지 못하시게' 해야 합니다. "하나님의 일하심을 보여 주세요."라고 애원하며 중보 기도해야 합니다.

하박국 3장 17~18절의 고백을 보십시오.

"비록 무화과나무가 무성하지 못하며 포도나무에 열매가 없으며 감람나무에 소출이 없으며 밭에 먹을 것이 없으며 우리에 양이 없으며 외양간에 소가 없을지라도 나는 여호와로 말미암아 즐거워하며 나의 구원의 하나님으로 말미암아 기뻐하리로다."

하박국의 입에서 저절로 이런 고백이 터져 나왔을까요? 하박국이 이런 놀라운 고백을 할 수 있었던 것은 하박국 2장에서 특별한 비전(묵시)을 보았기 때문입니다.

"여호와께서 내게 대답하여 이르시되 너는 이 묵시를 기록하여 판에 명백히 새기되 달려가면서도 읽을 수 있게 하라. 이 묵시는 정한 때가 있나니 그 종말이 속히 이르겠고 결코 거짓되지 아니하리라 비록 더딜지라도 기다리라. 지체되지 않고 반드시 응하리라(하박국 2장 2~3절)."

따라서 하박국 2장의 묵시가 없었더라면, 하박국 3장의 기쁨도 없었을 것입니다. 그런데 하박국 2장의 묵시는 하박국이 중보자의 자리 즉 '성루에' 섰을 때 임했던 것입니다.

"내가 내 파수하는 곳에 서며 성루에 서리라. 그가 내게 무엇이라 말씀하실는지 기다리고 바라보며 나의 질문에 대하여 어떻게 대답하실는지 보리라 하였더니(하박국 2장 1절)."

중보 기도자가 성루에 섰을 때 비전을 보게 됩니다.

가나안 농군학교의 고 김용기 장로님은 1975년 3월부터 매일 새벽 4시부터 6시까지, 오후 4시부터 6시까지 하루 두 번, 4시간씩 나라와 민족을 위하여 기도했습니다. 그의 구국기도실 좌우 기둥에는 이런 말이 적혀 있다고 합니다. "조국이여 안심하라. 온 겨레여 안심하라." 가슴이 뜨거워지지 않습니까? 그가 이렇게 담대하게 선포할 수 있었던 것은 비전을 보았기 때문입니다. 그리고 그가 비전을 보게 된 것은 중보 기도하는 자리에 있었기 때문입니다.

여러분의 가정과 자녀들의 장래가 걱정됩니까? 여러분의 교회와 교단의 내일이 걱정됩니까? 동북아 각축의 한가운데 있는 민족의 미래가 걱정됩니까? 미리 보고, 멀리 보는 중보 기도의 성루에 서십시오. 그러면 비전을 보게 될 것이고, 희망을 선포하게 될 것입니다.

③ 영적인 전쟁터에(in the field of war)

중보 기도자가 서야 할 자리는 영적인 전쟁터입니다. 현실에서 승리하려면 보이지 않는 영적인 전쟁에서 승리해야 합니다. 바울 사도가 보낸 에베소서를 보십시오. 바울 사도는 에베소서 1~3장에서 교리에 대하여, 에베소서 4장~6장 9절에서 윤리에 대하여 설명했습니다. 그리고 끝으로 에베소서 6장 10절에서 영적 전쟁을 다루며 서신의 결론을 내리고 있습니다.

"끝으로 너희가 주 안에서와 그 힘의 능력으로 강건하여지고 마귀의 간계를 능히 대적하기 위하여 하나님의 전신 갑주를 입으라. 우리의 씨름은 혈과 육을 상대하는 것이 아니요 통치자들과 권세들과 이 어둠의 세상 주관자들과 하늘에 있는 악의 영들을 상대함이라(에베소서 6장 10~12절)."

왜 사도 바울은 영적 전쟁으로 에베소서를 끝냈을까요? 인간은 영적인 영역과 육적인 영역으로 형성되어 있습니다. 그런데 과학만능주의의 영향으로 대부분 사람은 영적인 영역을 무시하고, 육적인 영역만을 고려합니다. 그것 때문에 실패합니다. 영적인 영역에서 활동하는 존재가 마귀입니다. 마귀는 하나님을 거스르고, 성도를 미혹하는 영적인 실체입니다. 마귀는 관념이거나 도깨비가 아니라 인간보다 더 강한 힘과 지혜를 가져 인간을 조정하는 영적인 실체입니다. 성령은 우리를 살리는 영이고, 마귀는 우리를 죽이는 영입니다. 성령이 역사하면 우리는 하나님을 가까이하게 되고, 하나님과의 교제가 깊어집니다. 마귀가 역사하면 우리는 하나님과 멀어지고, 하나님과의 교제가 약해집니다. 그래서 마귀의 시험을 받으면, 매사가 못마땅하여 불평하게 되고, 감사를 잊어버려 불만을 품게 되고, 믿음이 약해져 신앙적인 회의에 사로잡히게 됩니다.

영적인 전쟁에서 승리하려면 중보 기도가 필요합니다.

우리의 씨름은 죽을 때까지 하는 영적인 전투입니다. 영적 전쟁은 내가 하늘나라에 가든지, 예수님이 재림하셔야 끝나는 전쟁입니다. 영적 전쟁이 치열한 만큼 이기는 자에게 주어지는 상급과 축복이 큽니다.

Q. 당신이 중보 기도자로 서야 할 영역은 어느 곳입니까?

_____
_____
_____

4. 삶의 적용

하나님을 섬기는 척도를 재는 두 가지가 있습니다. 하나는 물질입니다. 헌금(獻金)이 안 되는데 헌신(獻身)한다고 말할 수 있을까요? 또 다른 하나는 시간입니다. 교회 사랑은 엎드리는 중보 기도 시간과 비례하는 것입니다. 여러분의 기도 자리를 되찾으십시오. 그래서 하나님의 능력으로 승리하는 삶을 사십시오.

Q. 이번 과를 공부하면서 느낀 점을 적어 보십시오.

CHAPTER 14

아버지 하나님

1. 주제 글

한 종교를 잘 이해하는 지름길은 그 종교의 절대자를 이해하는 것입니다. 마찬가지로 신앙생활을 잘하려면 우리가 믿고 있는 하나님에 대하여 바른 이해를 해야 합니다. 기독교의 하나님은 어떤 분이실까요? 여러 가지 표현이 있겠지만, 하나님을 가장 잘 표현하는 말은 바로 '아버지'라고 생각합니다. 하나님은 실제로 우리의 아버지가 되십니다.

Q. 당신에게 하나님은 어떤 분입니까?

2. 들어가는 말

어느 분이 저를 보고 성경 인물 중 야곱의 아들 베냐민 같다고 하면서 베냐민에 관한 말씀을 소개해주었습니다. 소개해 준 말씀은 신명기 33장 12절입니다. "베냐민에 대하여는 일렀으되 여호와의 사랑을 입은 자는 그 곁에 안전히 살리로다. 여호와께서 그를 날이 마치도록 보호하시고 그를 자기 어깨 사이에 있게 하시리로다." 참 좋은 말씀이어서 '아멘'으로 받았습니다. '여호와께서 그를 날이 마치도록 보호하시고'라는 말씀은 죽는 순간까지 하나님이 보호하신다는 뜻입니다. '그를 자기 어깨 사이에 있게 하시리로다.'라는 말씀에서 '어깨 사이'란 품 안을 말하는 것입니다. 그러니까 품 안에 품으신다는 뜻입니다. 얼마나 좋습니까? 신명기 33장 12절의 말씀은 저에게 하나님에 대한 관점을 새롭게, 그리고 선명하게 해주는 말씀이 되었습니다. 하나님은 나에게 아버지 같은 분이셨습니다.

3. 성경 말씀 나누기

출애굽 당시 이스라엘 백성들은 하나님에 대하여 잘 알지 못했습니다. 하나님의 성품이 어떠한지, 그분의 뜻이 무엇인지, 그분의 능력이 어느 정도인지, 그분의 역사에 대한 계획이 무엇인지 몰랐습니다. 하나님에 대하여 궁금했던 모세는 하나님의 이름을 물었습니다(출애굽기 3장 13절). 가장 먼저 이름을 물어본 이유는, 이름 속에 그 존재를 알 수 있는 가장 중요한 정보가 담겨 있기 때문입니다.

하나님은 "나는 스스로 있는 자이니라(출애굽기 3장 14절)."라고 말씀하셨습니다. '스스로 있는 자'라는 것은 어떤 의미일까요? 단순하게 본다면, 하나님은 피조물이 아니라, 모든 존재를 만드신 창조주이시다는 것으로 이해할 수 있습니다. 그러나 '스스로 있는 자'라는 표현은 매우 관념적이어서 이해하기가 쉽지 않습니다. 학자들의 장황한 설명은 들으면 들을수록 그 개념이 더욱 모호해짐을 느낍니다.

이렇게 관념적이고 막연하던 하나님이 예수님을 통해서 확실하게 자신을 드러내셨습니다. 그래서 예수님을 '하나님의 계시'라고 합니다. 계시(revelation)란 말은 '베일을 벗긴다.'에서 온 말입니다. 신부가 결혼식 때 베일을 쓰고 나옵니다. 우리는 그것을 면사포라고 합니다. 면사포를 썼기 때문에 코가 어떻게 생겼는지, 눈이 어떻게 생겼는지, 입이 어떻게 생겼는지 잘 모릅니다. 희미하게 비치기는 하는데 확실하게 모릅니다. 성혼을 선포한 다음 신랑이 면사포를 걷어 올립니다. 그러면 신부의 얼굴이 확연하게 드러납니다. 그와 같이 예수님을 통해서 하나님이 어떤 분인지 확연하게 드러났습니다.

예수님께서 제자들에게 알려주신 하나님은 한마디로 '아버지'이십니다. 요한복음 14장에 보면, '아버지'라는 말을 스물두 번이나 반복하여 사용했습니다. 이것은 당시 사람들에게 충격적인 사실이었습니다. 왜냐하면 인간이 감히 접근할 수 없는 존재인 거룩한 하나님을 친근한 '아버지'라고 설명하고, 또 '아버지'라고 불렀기 때문입니다.

아버지이신 하나님은 구체적으로 어떤 분이신지 예수님이 가르쳐 주신 가장 소중한 개념 세 가지를 살펴보겠습니다.

1) 하나님은 용서하시는 아버지입니다.

누가복음 15장에 보면 탕자의 비유가 나옵니다. 둘째 아들은 아버지로부터 받은 재산을 정리하여 타국으로 갔습니다. 오래지 않아 그는 그 많던 재산을 탕진하고 말았습니다. 타향에서 온갖 푸대접을 받다 보니 아버지가 얼마나 좋은 분인지 깨닫게 된 후, 아버지의 집으로 돌아옵니다. 둘째 아들은 집에 들어오지 못하고 동네 밖에서 서성거렸습니다. 보통 사람들의 눈에는 그저 지나가는 걸인이었지만, 아버지는 아들인 줄 바로 알아봤습니다. 누가복음 15장에 아들을 받아들이는 아버지의 태도가 나오는데, 거기에는 단 한마디 비난의 말씀을 찾아볼 수 없습니다. "네 이놈! 그 많던 재산을 어떻게 그렇게 단숨에 해치웠느냐?"라는 꾸중의 말씀도 없습니다. "돈 쓰는 재미가 어떻더냐?"라는 빈정거림도 없습니다. 단 한마디의 책망도, 비난도, 책임 추궁도 없이 용서하십니다. 있는 그대로 아들을 받아들이십니다. 하나님이 바로 이렇게 용서하시는 아버지와 같은 분이시라고 예수께서 말씀하셨습니다.

여기서 우리가 알아야 할 중요한 사실이 있습니다. '용서란 무조건 없었던 일로 해주는 것인가? 아니면 누군가 책임을 졌기 때문에 받아들여지는 것인가?' 하는 것입니다. 죄를 지으면 마땅히 벌을 받습니다. 죄는 그냥 없어지는 것이 아닙니다. 죄의 씨앗을 심었다면 그 열매로 벌을 받는 것이 하나님의 공의입니다. 그런데 우리가 받아야 할 벌을 하나님이 대신 받으시고, 우리를 거저 용서하셨습니다. 이것이 복음입니다.

> "우리가 아직 죄인 되었을 때에 그리스도께서 우리를 위하여 죽으심으로 하나님께서 우리에 대한 자기의 사랑을 확증하셨느니라(로마서 5장 8절)."

예수님의 십자가 죽음은 우리의 죄에 대한 하나님의 심판입니다.

그 죄가 얼마나 밉고 싫었으면 하나님께서 예수님을 외면하셨을까요? 하나님으로부터 외면당한 예수님은 십자가 위에서, "나의 하나님, 나의 하나님, 어찌하여 나를 버리시나이까?"라고 애처롭게 부르짖었습니다. 이처럼 하나님의 용서는 말로 쉽게 된 것이 아니라, 생명이란 비싼 값을 치름으로 된 것입니다.

사랑하면 생명을 내놓을 수 있습니다. 어린 자식이 병들어 신음한다고 생각해보십시오. 곁에서 간호하는 부모님은 어린 자식이 숨을 할딱거리며 고통받는 것이 애처로워 차라리 자신이 대신 앓았으면 합니다. 자식을 키운 부모님은 이 마음을 이해합니다. 자식이 죽어간다면 부모님은 '내가 대신 죽을 테니 나 죽이고 저놈을 살려주시오.'라고 발버둥칩니다. 그것은 바로 사랑 때문입니다. 사랑이 크면 클수록 희생의 깊이는 더 깊습니다. 희생의 분량은 사랑의 깊이와 정비례합니다. 하나님은 독생자 예수님을 보내어 죄인을 대신해 십자가 죽음을 감당하실 만큼 우리를 사랑하셨습니다. 하나님은 죄에 대한 벌을 자신이 감당하시고 우리를 거저 용서하시는 아버지입니다. 예수님이 가르쳐준 하나님 아버지입니다.

Q. 당신이 경험한 하나님의 용서하심에 대해 간증을 써보시기 바랍니다.

2) 하나님은 좋은 것을 주시는 아버지입니다.

예수께서 마태복음 7장 9~11절에서 말씀하셨습니다.

"너희 중에 누가 아들이 떡을 달라 하는데 돌을 주며 생선을 달라 하는데 뱀을 줄 사람이 있겠느냐 너희가 악한 자라도 좋은 것으로 자식에게 줄 줄 알거든 하물며 하늘에 계신 너희 아버지께서 구하는 자에게 좋은 것으로 주시지 않겠느냐?"

예수님께서 사람들에게 물으셨습니다. "너희 중에 누가 아들이 떡을 달라 하는데 돌을 줄 사람이 있겠느냐?" 예수님의 무릎 앞에 앉아 있던 사람들은 고개를 설레설레 흔들면서 "아니지요. 세상에 그런 아버지가 어디 있겠습니까?" 하면서 부정합니다.

예수님이 또 묻습니다. "너희 중에 누가 아들이 생선을 달라 하면 뱀을 줄 사람이 있겠느냐?" 사람들이 또다시 고개를 가로저으면서 "그 위험한 뱀을 자식에게 줄 아버지가 이 세상천지에 어디 있겠습니까?" 하면서 부정합니다. 이 부정적인 대답을 유도하신 예수님의 질문은 다음 말씀을 강조하기 위함입니다. "악한 세상의 아버지도 자식에게 좋은 것을 주는데 하물며 하늘 아버지께서 좋은 것을 주시지 않겠느냐?"

하나님의 사전에는 나쁜 것이 없습니다.

"우리가 알거니와 하나님을 사랑하는 자 곧 그의 뜻대로 부르심을 입을 자들에게는 모든 것이 합력하여 선을 이루느니라(로마서 8장 28절)."

선을 이룬다는 것은 좋은 것이 되게 하신다는 것입니다. 따라서 하나님과의 관계에서 나쁜 것이란 생각조차 하지 마십시오. 좋은 것을 주시는 아버지 하나님께 늘 좋은 것을 구하며 기도하십시오. 늘 좋은 것을 기대하십시오. 늘 좋은 것을 기다리십시오. 사람들은 자기 생각대로 '이것은 좋다. 저것은 나쁘다.'라고 평가하지만, 하나님을 믿는 우리에게는 반드시 좋은 것만 있습니다. 예수님이 가르쳐준 하나님 아버지입니다.

Q. 하나님께서 당신에게 주신 좋은 것은 무엇입니까?

_____
_____
_____
_____
_____

3) 하나님은 나와 가까이 계시는 아버지입니다.

예수님은 하나님을 저 구름 위 구만리 상천 먼 곳에 계신 것이 아니라 바로 내 곁에 가까이 계시는 아버지로 알려주셨습니다. "보라 처녀가 잉태하여 아들을 낳을 것이요 그의 이름은 임마누엘이라 하리라 (마태복음 1장 23절)." 임마누엘은 '하나님이 우리와 함께 계시다'는 뜻입니다. 하나님은 우리가 추워할 때 같이 추워하시고, 우리가 슬퍼할 때 같이 슬퍼하시고, 우리가 아파할 때 같이 아파하시고, 우리가 외로워할 때 같이 외로워하십니다. 바로 이것이 임마누엘의 뜻입니다. 하나님은 가까이 계셔서 함께 하시는 아버지이십니다.

하나님과 만남에는 3가지 차원이 있습니다.

1단계는 하나님에 관하여 아는 단계입니다. 가장 낮은 수준의 만남입니다. 일방적이지만 하나님은 어떤 분이고, 하나님의 계획은 무엇인지 아는 단계입니다.

2단계는 하나님을 아는 단계입니다. 서로를 알 뿐만 아니라 서로를 이해합니다. 2단계의 만남에서 비로소 교우들은 '어떻게 하면 하나님이 기뻐하실까?'를 생각합니다. 그리고 하나님이 내 슬픔을 아신다는 사실을 받아들입니다.

3단계는 녹아서 융합 일치되는 단계입니다. 성만찬을 'communion(교감)'이라고 하는데 그리스도와 성도가 하나 되는 체험이기 때문에 'communion(교감)'이란 말을 씁니다. 이 말은 서로가 상대방의 삶에 들어가는 체험을 말합니다. 이상적인 부부 관계가 바로 이런 것입니다. 아내의 삶이 곧 남편의 삶이고, 남편의 삶이 곧 아내의 삶입니다. 아내의 행복이 곧 남편의 행복이고, 남편의 행복이 곧 아내의 행복입니다. 아내의 성공이 곧 남편의 성공이고, 남편의 성공이 곧 아내의 성공입니다.

요한복음에서는 이런 관계를 다음과 같이 말씀하셨습니다.

"내가 아버지 안에 거하고, 아버지는 내 안에 계신 것을 네가 믿지 아니하느냐?(요한복음 14장 10절)"

하나님과 나의 삶이 융합되고, 일치됩니다. 하나님의 뜻이 내 뜻이고, 하나님의 기쁨이 내 기쁨이고, 하나님의 자랑이 내 자랑이고, 하나님의 좋음이 내 좋음이고, 하나님의 슬픔이 내 슬픔이고, 하나님의 배고픔이 내 배고픔입니다. 임마누엘 되시는 하나님과 이런 관계가 되길 바랍니다. 이때 누릴 수 있는 축복이 있습니다.

"내 이름으로 무엇이든지 내게 구하면 내가 행하리라(요한복음 14장 14절)."

무한한 기도 응답의 축복입니다. 예수님이 가르쳐준 하나님 아버지입니다.

하나님의 사랑을
하나님의 사랑을 사모하는 자 하나님의 평안을 바라보는 자
너의 모든 것 창조하신 우리 주님이 너를 얼마나 사랑하시는지
하나님께 찬양과 경배하는 자 하나님의 선하심을 닮아가는 자
너의 모든 것 창조하신 우리 주님이 너를 자녀 삼으셨네
하나님 사랑의 눈으로 너를 어느 때나 바라보시고
하나님 인자한 귀로써 언제나 너에게 기울이시니
어두움에 밝은 빛을 비춰주시고 너의 작은 신음에도 응답하시는
너는 어느 곳에 있든지 주를 향하고 주만 바라볼지라
하나님 사랑의 눈으로 너를 어느 때나 바라보시고
하나님 인자한 귀로써 언제나 너에게 기울이시니
어두움에 밝은 빛을 비춰주시고 너의 작은 신음에도 응답하시는
너는 어느 곳에 있든지 주를 향하고 주만 바라볼지라. 주만 바라볼지라.

Q. 당신은 하나님과 얼마나 가까이 있습니까?

_____
_____
_____

4. 삶의 적용

우리에게 늘 하나님의 말씀과 사탄의 참소, 속임수가 함께 다가옵니다. 원죄가 있는 우리는 하나님의 말씀보다 사탄의 속임수에 솔깃해하는 경향이 있습니다. 우리에게 늘 하나님의 말씀과 자신의 감정과 생각이 함께 다가옵니다. 원죄가 있는 우리는 하나님의 말씀보다 자신의 감정과 생각에 치우치는 경향이 있습니다. 그래서 슬프고, 우울해집니다. 의기소침해지고, 좌절하고, 절망합니다. 하나님의 말씀을 선택하기로 작정하십시오. 하나님의 말씀을 신뢰하고 붙잡으십시오. 사탄의 참소와 속임수는 지나가는 것입니다. 우리의 감정과 생각도 지나가는 것입니다. 오직 하나님의 말씀만이 영원합니다.

어느 장로님이 보내주신 글입니다.

"나는 크리스천입니다."

"내가 '나는 크리스천입니다.'라고 말할 때, 나는 깨끗하게 살고 있다고 말하는 것이 아닙니다. 죄가 크지만 용서받고 있다고 속삭이는 것입니다. 내가 '나는 크리스천입니다.'라고 말할 때, 나는 자랑으로 하는 말이 아닙니다. 나는 늘 휘청거리기에 목자이신 예수님의 도움이 필요하다고 고백하는 것입니다. 내가 '나는 크리스천입니다.'라고 말할 때, 나는 성공을 자랑하려는 것이 아닙니다. 나는 실패도 많지만, 그 실패를 딛고 다시 일어서도록 예수님이 용기를 주신다고 고백하는 것입니다. 내가 '나는 크리스천입니다.'라고 말할 때, 나는 완전하다고 주장하는 것이 아닙니다. 나는 결점이 너무 많은데도, 주님은 여전히 나를 귀하게 보신다는 것입니다."

하나님은 용서하시는 아버지이시고, 좋은 것을 주시는 아버지이시고, 가까이 계시는 아버지이십니다. 하나님은 참 좋으신 아버지이십니다.

Q. 이번 과를 공부하면서 느낀 점을 적어 보십시오.

CHAPTER 15

하나님이 찾으시는 예배자

1. 주제 글

오늘 말씀의 주제는 "예배에 성공함으로 인생에 승리하는 자들이 됩시다."입니다. 예배에 성공이 있다는 것은 반대로 실패도 있다는 것을 의미합니다. 예배라고 다 같은 예배가 아닙니다. 예배한다고 무조건 하나님께서 받으시는 것이 아닙니다. 수많은 사람이 예배를 드리고, 수없이 많은 예배를 드리지만 정작 하나님은 예배자를 찾고 계신다고 성경에 기록되어 있습니다. 그만큼 진정한 예배자가 적다는 것입니다.

Q. 아모스 5장 21~22절을 적어 보십시오.

_____

_____

_____

Q. 하나님께서 받지 않으시는 예배가 있다는 것을 들을 때 어떤 생각이 드십니까?

2. 들어가는 말

일의 중단이 쉼은 아닙니다. 일의 중단이 쉼이라면 퇴직한 사람들이 참 쉼을 얻어야 할 것입니다. 같은 아파트에 퇴직한 분이 살고 있는데 안부를 물었습니다. "요즘 어떻게 지내세요?" "목사님, 퇴직한 후 딱 두 달만 좋았습니다. 그런데 그 후로는 죽겠습니다. 허구한 날 집에 있을 수도 없고, 허구한 날 바깥으로 나돌 수도 없고……." 일의 중단이 참 안식이라면 "일을 안 하니 참 좋습니다."라고 대답했을 것입니다.

쉼(rest)이란 단어는 회복(restoration)에서 왔습니다. 즉 영혼의 회복, 심령의 회복, 육신의 회복, 삶의 회복이 있어야 비로소 참 안식이라 할 수 있습니다. 그렇다면 이런 회복은 어디에서 올까요? 예배를 통해서 옵니다. 예배야말로 진정한 안식의 길입니다. 그래서 하나님께서 '안식일을 지키라'라고 명령하셨습니다.

남편이 주일 예배를 드리러 가자고 재촉하는 아내에게 '너무 피곤하다.'라며 하루만 쉬자고 이야기한다면, 어떻게 대답해야겠습니까?

"알았어. 교회 갔다가 올 테니 좀 쉬어." 아내는 절대로 이렇게 말해서는 안 됩니다. 오히려 다음과 같이 말해야 합니다. "당신이 요즘 많이 피곤해 보이는데, 그러니까 예배드리러 가야 해요. 어서 일어나요!" 예배드리고 나면 잘했다는 생각을 하게 됩니다.

어느 해 여름휴가 때였습니다. 휴가 기간에 수요 예배가 끼어 있었습니다. 가까운 교회에 가서 예배를 드렸거나, 아니면 동행한 사람들과 함께 가정 예배를 드렸을까요? 안 드렸습니다. 목사가 수요 예배를 안 드렸습니다. 안 드릴 뿐만 아니라 수요 예배를 안 드리니 편하다는 생각을 했습니다. 해방감을 느꼈습니다. 부끄러운 이야기입니다. 이것이 원죄를 타고난 인간의 성향입니다. 사람은 가만히 놓아두면 예배를 멀리하게 되어 있습니다. 이것이 인간입니다. 그래서 예배 생활을 잘하기 위해서는 의도적으로, 강제적으로 예배를 드릴 수 있는 장치를 마련해놓아야 합니다. 그래야만 예배 성공, 인생 성공을 할 수 있습니다.

Q. 예배를 통해 안식을 누린 경험이 있으십니까?

_____
_____
_____
_____

3. 성경 말씀 나누기

성도는 예배에 성공해야 승리하며 살 수 있습니다. 출애굽기 5장에는 하나님께서 왜 이스라엘 백성을 출애굽시키셨는지 이유가 나와 있습니다. 하나님께서 이스라엘 백성을 출애굽시킨 주된 목적은 정치적인 해방을 위해서가 아니었습니다. 또한 경제적인 풍요를 위해서도 아니었습니다. 하나님께서 이스라엘 백성을 출애굽시킨 것은 바로 하나님께 예배드리게 하기 위함이었습니다.

"그 후에 모세와 아론이 바로에게 가서 이르되 이스라엘의 하나님 여호와께서 이렇게 말씀하시기를 내 백성을 보내라 그러면 그들이 광야에서 내 앞에 절기를 지킬 것이니라 하셨나이다(출애굽기 5장 1절)."

여기서 '하나님 앞에서 절기를 지킨다.'라는 것은 하나님께 예배드린다는 뜻입니다.

반면 애굽의 왕 바로는 일에 관심이 많았습니다. 부를 쌓기 위한 일, 즉 돈에 관심이 많았습니다.

"애굽 왕이 그들에게 이르되 모세와 아론아 너희가 어찌하여 백성의 노역을 쉬게 하려느냐 가서 너희의 노역이나 하라(출애굽기 5장 4절)."

여기서 '노역'이란 일을 말합니다. 허튼 소리하지 말고, 일이나 하라는 것입니다. 일에만 관심을 가졌던 바로의 무리는 몇 달이 못 지나 홍해에 수장됩니다. 반면 하나님께 예배드리겠다고 '예배! 예배!' 하던 이스라엘 백성은 놀랍게도 광야에서 '하늘의 만나'를 경험하게 됩니다. '만나'라는 것은 히브리어 '만후(מן הוא)'에서 온 말로서 '이게 뭐지?'라는 뜻입니다. 사람이 경작하지 않았고, 사람이 일찍이 맛보지도 못했던 하늘이 내려준 신비한 양식을 보고 그들은 '이게 뭐지?'라고 했던 것입니다. 만나와 같이 예배자는 일상에서 하나님의 공급하심을 맛보게 됩니다.

Q. 예배가 삶의 목적이라는 것에 대해 어떻게 생각하십니까?

———————————————————————
———————————————————————
———————————————————————
———————————————————————

그러면 예배 생활은 어떻게 해야 할까요?

1) 먼저 주일 예배를 드려야 합니다.

신앙생활의 기본이 예배라면, 예배의 기본은 주일 예배입니다. 선배 신앙인들은 그것을 '주일성수'(主日聖守)라고 가르쳤습니다. 어떤 분은 군대 시절 주일 예배에 빠지지 않겠다고 요청하는 바람에 개똥을 먹을 뻔했다고 합니다. 바로 위의 선임자가 개똥을 가지고 와서 교회에 가려면 그 똥을 먹으라고 강요했답니다. 그때 그는 차라리 개똥을 먹고 매 주일 교회에 가는 것이 좋겠다고 생각했답니다. 주변의 병사들이 말려서 개똥은 먹지 않고 예배를 드리게 되었답니다.

이런 각오로 예배드리기를 결단하면 사탄이 손을 듭니다. 그러나 예배 생활에서 양보의 틈새를 보이기만 하면, 사탄은 결코 그 기회를 놓치지 않습니다. 주일 예배에 빠질 이유가 왜 그렇게 많이 생기는지 모릅니다. 왜 주일 아침에 이상하게 몸이 으스스하고, 감기몸살 기운을 느끼게 되는지 아십니까? 왜 주일 아침에 급한 전화를 기다려야 할 일이 생기는지 아십니까? 왜 주일 아침에 예배드리러 오기 전 부부 사이에 말다툼이 일어나는지 아십니까? 왜 주말 TV 프로그램이 그렇게 재미있는지 아십니까? 왜 주일에 꼭 공부해야만 될 것 같은 조바심이 나는지 아십니까? 다 이유가 있습니다. 이것은 사탄이 영혼을 노략질하려는 전략입니다.

미국의 유명 레스토랑 칙필에이(Chic Fil A)의 창업주 트루엣 캐시(Truett Cathy) 명예회장이 별세했습니다. 칙필에이는 현재 미국 전역에 1,400개 매장을 보유한 동종업계 전국 2위의 레스토랑입니다. 칙필에이는 창업한 뒤 지난 16년 동안 매년 두 자릿수의 매출 신장을 이뤘다고 합니다. 그런데 놀라운 점은, 칙필에이는 주일에 모든 매장이 쉰다는 것입니다.[37] 패스트푸드 업계에서 일요일 매출은 전체 매출의 최소 20%를 차지한다고 합니다. 그런데 캐시 회장은 하나님을 위하여 그 20%를 포기했습니다. 1,400개의 매장에서 매출의 20%를 포기한다는 것이 쉬운 일일까요? 그러나 그는 주일은 하나님을 예배하고 쉬는 날이므로, 직원들이 하나님을 예배하고 가족과 함께 시간을 보내도록 주일마다 문을 닫은 것입니다. 아흔을 바라보는 고령까지 캐시 회장은 50년이 넘도록 주일을 성수하고, 교회학교 교사로 섬기며 어린이들에게 성경 과목을 가르쳤다고 합니다. 경제 논리로는 이해가 안 됩니다. 그러나 칙필에이는 주일 매출은 '제로'이지만, 해마다 경이로운 매출 신장을 이어가고 있습니다. 그래서 '칙필에이 신화'라는 말까지 생겨났습니다. 이것이 하나님의 법칙입니다. 주일 예배를 꼭 드리십시오.

2) 예배를 기대하십시오.

어떻게 된 일인지 오늘날 많은 성도가 고작 한 시간 남짓한 예배 시간 내내 따분해하거나, 딴생각하거나, 스마트폰을 만지작거립니다. 마치 오늘은 하나님이 아무런 역사나 감동이나 기적을 일으키시지 않을 거라는 확신에 찬 것처럼 말입니다. 예배에 실패하는 까닭은, 우리가 아무것도 기대하지 않기 때문입니다. 성경은 예배에서 기대하는 것이 얼마나 중요한지 강조합니다.

"하나님이여 사슴이 시냇물을 찾기에 갈급함 같이 내 영혼이 주를 찾기에 갈급하니이다 내 영혼이 하나님 곧 살아 계시는 하나님을 갈망하나니 내가 어느 때에 나아가서 하나님의 얼굴을 뵈올까(시편 42편 1~2절)."

"그가 사모하는 영혼에게 만족을 주시며 주린 영혼에게 좋은 것으로 채워주심이로다(시편 107편 9절)."

"나를 사랑하는 자들이 나의 사랑을 입으며 나를 간절히 찾는 자가 나를 만날 것이니라(잠언 8장 17절)."

"너희가 내게 부르짖으며 내게 와서 기도하면 내가 너희들의 기도를 들을 것이요 너희기 온 마음으로 나를 구하면 나를 찾을 것이요 나를 만나리라(예레미야 29장 12~13절)."

모세의 뒤를 이은 여호수아는, 모세가 선택한 것이 아니라 하나님께서 직접 선택한 지도자였습니다(민수기 27장 18절). 여호수아는 젊은 시절부터 하나님의 임재를 갈망하며, 성막에 거하기를 사모했던 사람입니다. 모세가 성막을 떠난 뒤에도 청년 여호수아는 성막을 떠나지 않고 기도했습니다.

> "사람이 자기의 친구와 이야기함 같이 여호와께서는 모세와 대면하여 말씀하시며 모세는 진으로 돌아오나 눈의 아들 젊은 수종자 여호수아는 회막을 떠나지 아니하니라(출애굽기 33장 11절)."

여호수아는 청년 시절부터 시간 가는 줄 모르고 하나님과 교제하기를 사모했습니다. 항상 하나님의 임재를 갈망했습니다. 그러니 하나님이 이스라엘 민족의 지도자를 뽑으실 때 누구를 택하시겠습니까? 하나님을 열정적인 마음으로 사랑했던 여호수아가 모세의 후계자가 된 것은 지극히 당연하고 자연스러운 일이 아니겠습니까?

2005년 『내려놓음』의 저자 이용규 선교사가 몽골 베흐르 지역의 예배 처소를 방문해서 예배를 드릴 때의 일[38]입니다. 예배 중 '벌러르'라는 자매가 땀으로 뒤범벅이 되어 교회에 뛰어 들어왔습니다. 벌러르는 몇 달 전에 기도팀의 중보 기도로 듣지 못하던 귀가 열린 기적을 체험한 자매였습니다. 어찌 된 일인지 물어보니, 몇 시간 전에 잃어버린 소를 찾으러 뛰어다니다가 예배 시간이 다가오자 소를 포기하고 들판을 가로질러 뛰어왔다는 것입니다. 그때 선교사의 마음에 깊은 감동이 와서, 소가 아닌 하나님을 예배하는 일을 선택한 자매의 믿음을 부끄럽지 않게 해달라고 기도했습니다. 예배를 마치고 나니 놀라운 일이 벌어져 있었습니다. 교회 마당에 잃어버린 소가 와서 어슬렁

거리고 있었습니다. 소가 제 발로 예배당을 찾아온 것입니다. 하나님은 예배에 대한 벌러르 자매의 갈망을 받으셨던 것입니다.

Q. 당신에게는 예배에 대한 간절한 사모함과 기대감이 있습니까?

_____
_____
_____
_____

3) 예배를 열심히, 뜨겁게 드리십시오.

교회가 처음 태동한 자리는 오순절 마가의 다락방이었습니다. 마가의 다락방은 뜨거운 자리였습니다. 그래서 성경은 그 자리를 불로 표현하고 있습니다.

"마치 불의 혀처럼 갈라지는 것들이 그들에게 보여 각 사람 위에 하나씩 임하여 있더니(사도행전 2장 3절)."

이 사실을 근거로 교회가 교회다워지려면 뜨거워야 한다고 확신합니다. 뜨거워야 변화가 일어납니다. 용광로를 보십시오. 용광로는 뜨거우므로 철광석이 녹아 강철도 되고 선철도 됩니다. 뜨거워야 성장이 있습니다. 여름철, 기온이 높은 계절이 없으면 만물은 성장하지 못합니다.

대표 기도 할 때도 내가 기도하는 것처럼 한마디, 한마디를 귀담아 듣고 뜨겁게 '아멘'으로 동의하십시오. 대표 기도란 원래 한 분 한 분이 다 기도드려야 하지만, 시간이 넉넉하지 못하니까 한 사람만 대표로 기도하는 것입니다. 찬송 부를 때에도 뜨겁게 열심히 불러야 합니다. 찬송은 하나님께 드리는 곡조가 있는 기도입니다. 곡조가 있는 사랑의 고백입니다. 따라서 가사를 깊이 생각하고 열심히 찬송을 부르면, 하늘이 열리는 체험을 하게 됩니다. 기도줄을 잡게 됩니다. 가슴이 뜨거워집니다. 두려움이 물러갑니다. 걱정과 염려가 사라집니다.

4. 삶의 적용

하나님이 눈을 크게 뜨고 찾는 사람이 있습니다. 두리번거리면서 찾습니다. 공부 많이 한 사람을 찾는 것이 아니고, 인물 잘난 사람을 찾는 것이 아니고, 권력 있는 사람을 찾는 것도 아닙니다. 하나님은 예배하는 자를 찾습니다. 문제는, 우리가 평생 주일성수를 하겠다고 결심하느냐입니다.

'불의 전차'라는 영화가 있습니다. 에릭 리들이라는 100m 영국 육상 선수, 1920년 파리 올림픽의 강력한 우승 후보가 있었습니다. 그는 영국을 떠나 파리로 가는 선상에서 100m 예선전이 주일에 열린다는 사실을 알게 되었습니다. 그는 많은 생각과 고민 끝에 주일에는 경기에 임할 수 없다고 출전을 포기했습니다. 영국 올림픽 위원회의 회유와 권고, 영국 국민들의 실망과 비난을 감수하고, 그는 하나님의 말씀에 순종하리라고 다짐했습니다. 그런 와중에 동료 선수의 제안에 따라 리들은 400m에 출전하게 되었습니다. 400m는 리들의 주 종목이 아닐 뿐만 아니라 하루에 예선, 준결승, 결승이 다 이루어졌습니다. 체력을 감당할 수 없었습니다. 리들이 우승할 가능성은 거의 없었습니다. 상대 선수들도 리들을 전혀 의식하지 않을 정도였습니다. 그런데

리들이 우승했습니다. 거의 초인적이었습니다. 하나님 말씀의 승리였고, 순종의 승리였습니다. 전 영국이 떠들썩했습니다.

모든 것이 예전과 똑같습니다. 하나님도 예전과 똑같고, 하나님의 말씀도 예전과 똑같고, 사람도 똑같습니다. 그런데 달라진 것이 있습니다. 그것은 우리의 믿음입니다. 리들은 순종했고, 우리는 순종하는 데에 서툽니다. 평생 주일 성수하겠다고 결심하십시오. 그래서 예배에 성공함으로 인생에 성공하는 자들이 되길 바랍니다.

Q. 이번 과를 공부하면서 느낀 점을 적어 보십시오.

CHAPTER 16

그리스도인의 사고

1. 주제 글

사람을 결정짓는 것은 그의 생각(사고)입니다. 생각에서 행동이 나오고, 행동이 반복되면서 습관이 되며, 결국 습관은 인격이 되기 때문입니다. 마찬가지로 그리스도인으로서 어떤 생각을 하고 있는가는 매우 중요한 문제입니다. 이번 과에서는 그리스도인으로서 어떤 사고를 해야 하는지 성경을 통해 알아보겠습니다.

Q. 어제 하루를 돌아볼 때, 당신은 주로 어떤 생각을 했습니까?

2. 들어가는 말

'김영란법'이란 법이 있습니다. 이 법은 2012년 김영란 전 국민권익위원장이 추진했던 법으로 정확한 명칭은 '부정청탁 및 금품 등 수수의 금지에 관한 법률'입니다. 2016년 9월 28일부터 시행되었습니다. 법의 취지는 잘못된 부정청탁 문화를 바꾸어 깨끗한 선진 사회로 가자는 데에 있습니다. 앞으로는 구체적으로 식사비는 3만 원 이하, 선물비는 5만 원 이하, 경조사비는 10만 원 이하로 해야 합니다. 이 법을 좋게 생각하지만 이 법의 취지가 잘 구현될지 염려됩니다. 법도 법이지만 국민의 생각이 바뀌어야 합니다. 다른 방법으로 법망을 피하려고 한다면 얼마든지 피할 수가 있을 것이고, 그렇게 되면 깨끗하고 청렴한 선진 사회는 우리에게서 요원하게 될 것입니다.

복음은 사람을 변화시킵니다. 하나님을 믿는데 변화되지 않는다면 그 믿음을 의심해 보아야 합니다. 바울 사도는 디모데에게 다음과 같이 권면했습니다.

> "경건의 모양은 있으나 경건의 능력은 부인하니 이같은 자들에게서 네가 돌아서라(디모데후서 3장 5절)."

다른 말로, 변화되지 않은 사람들로부터 돌아서라는 말씀입니다. '경건의 모양'이란 겉모습을 통해서 경건하다는 느낌을 주는 것을 말합니다. 예를 들어, 바리새인들은 일주일에 세 번씩 금식하고, 길모퉁이에 서서 기도했기 때문에 사람들은 그런 종교적인 모습을 보고 그들을 경건하다고 생각했습니다. 그러나 '경건의 능력'이란 삶의 변화를 통해서 경건하다고 인정받는 것을 말합니다. 여기서 '경건'이란 헬라어로 '유세베이아스(εὐσεβείας)'로 '삶의 모든 영역에서 하나님을 의식하면서 사는 것'을 의미합니다. 그러니 경건의 모양은 있으나 경건의 능력을 부인하는 사람은 겉모습은 경건한 것 같지만, 실제로는 경건하지 않은 사람을 말하는 것입니다. 하나님을 진정으로 믿는다면, 반드시 변화가 나타나게 되어 있습니다.

어느 집사의 아들은 집에서 자기 어머니를 부를 때 '엄마'라고 부르지 않고 '김 집사님'이라고 부른답니다. 왜냐하면 어머니는 아무리 화가 났더라도 교회에서 '집사님'을 찾으면 음성이 금방 부드러워지기 때문이라는 것입니다. 교우들에게 전화할 때의 목소리는 더 이상 부드러울 수 없을 정도로 부드럽다는 것입니다. 이 집사는 삶의 모든 영역에서 하나님을 의식하면서 사는 것이 아니라 '집사님'이라고 불릴 때만 하나님을 의식합니다.

3. 성경 말씀 나누기

1) 삶이 변화되지 않는 이유

그것은 생각이 변하지 않기 때문입니다.

> "육신을 따르는 자는 육신의 일을, 영을 따르는 자는 영의 일을 생각하나니 육신의 생각은 사망이요 영의 생각은 생명과 평안이니라(로마서 8장 5~6절)."

사람은 무엇을 생각하느냐에 따라 사망의 길을 가기도 하고, 생명과 평안의 길을 가기도 합니다. 생각이 변해야 삶이 변화됩니다.

2) 생각이 중요한 이유

① 생각은 행동의 뿌리가 되기 때문입니다.

생각은 행동을 낳고, 행동이 6번에서 40번 반복되면 습관이 되고, 습관은 인격(삶)을 낳습니다. 좋은 인격은 좋은 생각을 하는 데에서부터 시작됩니다. 과거의 생각이 쌓여서 현재의 모습이 되고, 현재의 생각이 쌓여서 미래의 모습이 될 것입니다.

② 생각은 영적인 전쟁터이기 때문입니다.

마귀가 유혹하는 곳은 생각입니다. "마귀가 벌써 시몬의 아들 가룟 유다의 마음에 예수를 팔려는 생각을 넣었더라(요한복음 13장 2절)." 가룟 유다는 영적인 전쟁터인 생각을 노략 당했습니다.

③ 생각은 죄의 출발지이기 때문입니다.

"나는 너희에게 이르노니 음욕을 품고 여자를 보는 자마다 마음에 이미 간음하였느니라(마태복음 5장 28절)." 죄 된 삶을 피하려면 생각에서부터 피해야 합니다.

④ 생각은 문화 명령을 수행하는 핵심 요소이기 때문입니다.

하나님은 우리에게 두 가지 명령을 하셨습니다. 하나는 선교 명령이고(마태복음 28장 19~20절), 다른 하나는 문화 명령입니다. 문화 명령은 창세기 1장 28절입니다.

> "하나님이 그들에게 복을 주시며 하나님이 그들에게 이르시되 생육하고 번성하여 땅에 충만하라, 땅을 정복하라, 바다의 물고기와 하늘

의 새와 땅에 움직이는 모든 생물을 다스리라 하시니라."

'문화(culture)'라는 단어는 라틴어 '칼뚜라'에서 왔는데, 그 반대말은 '나뚜라'(nature-내버려 두다)입니다. 그런 점에서 문화 명령이란 '내버려 두지 말라.'는 것입니다. 하나님은 왜곡된 문화를 내버려 두지 말고, 하나님의 영향 아래 두라고 문화 명령을 하셨습니다. 그런데 그리스도인은 문화를 그대로 놓아두고 수수방관하고 있습니다. 아니, 이 세상 문화에 지배당하고 있습니다. 문화 명령을 수행하려면 어떻게 해야 합니까? 문화를 바꾸려면 행동 양식을 바꾸어야 하며, 행동 양식을 바꾸려면 사고 체계를 바꾸어야 합니다. 그래서 생각이 중요합니다.

3) 그리스도인의 사고
① 긍정적 사고를 해야 합니다.

사고의 성향으로 볼 때, 긍정적인 사고와 부정적인 사고가 있습니다. 세상에서 이야기하는 긍정적인 사고는 마인드 콘트롤에서 나옵니다. 그래서 '하면 된다.'라는 말을 많이 합니다. 그러나 그리스도인의 긍정적인 사고는 하나님의 말씀에 근거를 둡니다.

> "여호와의 말씀이니라 너희를 향한 나의 생각을 내가 아나니 평안이요 재앙이 아니니라 너희에게 미래와 희망을 주는 것이니라(예레미야 29장 11절)."

> "우리가 알거니와 하나님을 사랑하는 자 곧 그의 뜻대로 부르심을 입은

자들에게는 모든 것이 합력하여 선을 이루느니라(로마서 8장 28절)."

긍정적인 사고를 하는 사람인지, 아니면 부정적인 사고를 하는 사람인지는 말하는 것을 보면 알 수 있습니다. 부정적인 사고를 하는 사람은 '안 돼요, 힘들어요, 못해요.' 등 비판, 원망, 부정적인 말을 많이 합니다. 반면 긍정적인 사고를 하는 사람은 '잘 돼요, 괜찮아요.' 등 긍정적인 언어를 사용합니다. 이렇게 긍정적으로 생각하고 말을 할 수 있는 것은 합력하여 선을 이루시는 하나님에 대한 믿음이 있기 때문입니다.

열두 정탐꾼 이야기를 잘 아시지요? 열 명의 정탐꾼들은 자신들을 '메뚜기'라고 표현했습니다. 열등감의 극치를 보여주는 말입니다. 자신을 그처럼 부정적으로 본 것입니다. 그러나 여호수아와 갈렙의 긍정적인 말을 들어보십시오.

"여호와께서 우리를 기뻐하시면 우리를 그 땅으로 인도하여 들이시고 그 땅을 우리에게 주시리라. 이는 과연 젖과 꿀이 흐르는 땅이니라. 다만 여호와를 거역하지는 말라. 또 그 땅 백성을 두려워하지 말라. 그들은 우리의 먹이라. 그들의 보호자는 그들에게서 떠났고 여호와는 우리와 함께 하시느니라. 그들을 두려워하지 말라 하나(민수기 14장 8~9절)."

여호수아와 갈렙은 '그들은 우리의 먹이라'고 했습니다. 긍정적인 선포입니다. 그들이 그렇게 선포할 수 있었던 이유는 하나님을 믿었기 때문이었습니다. '여호와는 우리와 함께 하시느니라.' 하나님은 긍정적인 사고를 하시는 분이십니다. 예를 들어, 하나님은 천지를 창조하신 다음에 '좋았더라.'라는 말을 얼마나 많이 사용하셨는지 모릅니다. 그래서 하나님은 긍정적인 사고를 하는 사람과 일하기를 좋아하십니다. 그리스도인은 긍정적 사고를 합니다.

② 주도적 사고를 해야 합니다.

사고의 반응을 볼 때, 주도적 사고와 '대응적 사고'가 있습니다. '대응적 사고'란 자극이 오면, 반사적으로 바로 반응하는 것을 말합니다. 그러나 '주도적 사고'는 자극이 오면, 멈춰(stop), 생각하고(think), 선택하고(choose-하나님의 원하시는 것이 무엇인가?), 그 다음에 반응합니다.

주도적 사고를 하는 요셉을 보십시오. 애굽에 팔려간 요셉의 신분은 종이었습니다. 종은 주로 대응적 사고를 합니다. 즉 종은 주인이 하라면 하고, 하지 말라면 하지 않습니다. 종은 주인이 명령한 일만 하고, 그 일을 다 하면 놉니다. 이것이 종입니다. 그러나 요셉은 언제 어디서든지 주도적 사고를 했습니다. 자극이 오면, 멈춰(stop), 생각하고(think), 선택하고(choose), 그 다음에 반응합니다. 그래서 '참 이상한 종놈'으로 살았습니다. 그런 요셉에게 주인인 보디발은 모든 것을 맡겼습니다..

"주인이 그의 소유를 다 요셉의 손에 위탁하고 자기가 먹는 음식 외에는 간섭하지 아니하였더라(창세기 39장 6절)."

요셉은 보디발의 집에서 주도적으로 사고했기에 가정 총무가 되었습니다. 요셉은 감옥에서도 주도적으로 사고했기에 감옥 서기가 되었습니다. 결국 주도적으로 사고했던 요셉은 애굽의 총리가 될 수 있었습니다. 그리스도인은 결코 남을 탓하지 않습니다. 그리스도인은 결코 불행한 환경을 탓하지 않습니다. 그리스도인은 어떤 상황에서도 주도적 사고를 합니다.

③ 단순한 사고를 해야 합니다.

사고의 형태로 볼 때, 단순한 사고와 복잡한 사고가 있습니다. 단순한 사고를 하라는 것은 생각 없이 살라는 말이 아니라 불필요한, 잡다한 생각을 하지 말라는 것입니다. 'Over thinking'이란 말이 있는데, 부정적인 생각에 꼬리를 물고 계속 생각하는 현상을 말합니다. 'Over thinking'은 대부분 '만약에'라는 가정 아래 생각을 합니다. "만약에 이런 일이 생기면 어떻게 할 겁니까?"

오병이어의 기적이 우리에게 던지는 메시지가 무엇입니까? 그리스도인은 어린 아이처럼 단순하게 반응해야 한다는 것이 아닙니까? 예수님이 물으셨습니다. "너희에게 먹을 것이 있니?" 빵 다섯 개와 물고기 두 마리를 도시락으로 가지고 온 어린이가 대답했습니다. "저한테 떡 5개와 물고기 2마리가 있는데요." 어린 아이는 단순해서 예수님이 물으면 대답하고, 달라면 줍니다. 그러나 어른들은 생각이 복잡해서 예수님의 질문에 입을 다물었습니다. '대답했다가 내놓으라고 하면 어떻게 하지? 안 내놓을 수도 없고, 곤란해지잖아.' '내 것을 내놓으면 나는 뭘 먹지? 굶게 되는 것 아니야?' 이렇게 생각이 복잡한 곳에는 이적이 일어나지 않습니다. 어린 아이의 단순한 사고에 오천 명을 먹이는 놀라운 이적이 일어났던 것입니다.

여러분, 예수님이 제자를 선택하실 때 예루살렘의 지식인이 아니라 갈릴리의 어부를 중심으로 선택한 이유를 아십니까? 예루살렘 지식인들은 생각이 복잡했습니다. 그러나 갈릴리 어부들은 생각이 단순했습니다. 이 단순성은 하나님의 말씀 앞에 쉽게 반응하게 합니다. 우리가 하나님의 음성을 듣고, 그것에 단순하게 반응할 때 하나님이 역사하십니다. 복잡한 생각으로 하나님을 제한하지 마십시오. 그리스도인은 단순한 사고를 합니다.

④ 복의 근원적 사고를 해야 합니다.

사고의 목적으로 볼 때, '생존적인 사고'와 '복의 근원적인 사고'가 있습니다. '생존적인 사고'란 '내가 어떻게 살 것인가?' '내가 무엇을 먹을까? 무엇을 입을까? 무엇을 마실까?'에 관심이 있는 것을 말합니다. 반면, '복의 근원적인 사고'란 '나는 어떻게 열방을, 다른 사람을 복되게 할 것인가?'에 관심을 두는 것을 말합니다.

> "여호와께서 아브람에게 이르시되 너는 너의 고향과 친척과 아버지의 집을 떠나 내가 네게 보여 줄 땅으로 가라. 내가 너로 큰 민족을 이루고 네게 복을 주어 네 이름을 창대하게 하리니 너는 복이 될지라. 너를 축복하는 자에게는 내가 복을 내리고 너를 저주하는 자에게는 내가 저주하리니 땅의 모든 족속이 너로 말미암아 복을 얻을 것이라 하신지라(창세기 12장 1~3절)."

이름에는 뜻이 있습니다. 아브람은 '존귀한 자', 사래는 '공주'라는 뜻이 있습니다. 이름의 뜻이 참 좋지요? 어느 날 하나님이 그들의 이름을 바꾸라고 하셨습니다. 아브람을 '아브라함(열국의 아비)'으로, 사래를 '사라(열국의 어미)'로 이름을 바꿔주셨습니다. '열국'이라는 말이 들어갔습니다. 아브람으로 살 것인가? 아브라함으로 살 것인가? 사래로 살 것인가? 사라로 살 것인가? 열국을 위한 아브라함으로, 사라로 사십시오. 분명한 것은 아브라함(열국의 아비)의 삶을 살 때, 아브람(존귀한 자)의 삶을 보너스로 주십니다. 그리스도인은 복의 근원적 사고를 합니다.

Q. 당신은 위와 같은 사고방식을 가지고 있습니까?

4) 어떻게 생각이 변할까요?

생각은 윤리 도덕적인 가르침을 통해서 변하는 것은 아닙니다. 그러면 어떻게 하면 생각이 변할까요? 생각이 변하려면 성령 충만해야 합니다. 생각이 변하려면, 성령께서 마음을 조명하셔서 죄의 뿌리가 얼마나 깊은지, 죄의 영향력이 얼마나 엄청난지, 죄의 결과가 얼마나 참혹한지 밝히 알게 하셔야 합니다. 그리고 성령께서 그 잘못된 생각을 과감히 떨쳐버릴 힘을 주셔야 합니다. 그래야 그리스도인다운 생각을 가질 수 있습니다.

Q. 당신의 생각은 성령의 다스림을 받고 있습니까?

4. 삶의 적용

이렇게 겸손히 기도하십시오.

"성령님, 저는 우둔합니다. 저의 마음을 조명하셔서 죄의 뿌리가 얼마나 깊은지, 죄의 영향력이 얼마나 엄청난지, 죄의 결과가 얼마나 참혹한지 밝히 알게 하옵소서. 그리고 성령님, 저의 의지와 힘은 약합니다. 잘못된 생각을 과감히 떨쳐버릴 힘을 주옵소서."

성령 충만으로 사고방식이 변화되십시오. 변화된 사고방식으로 변화된 삶을 사십시오. 변화된 삶으로 세상에 선한 영향력을 확대하십시오.

Q. 이번 과를 공부하면서 느낀 점을 적어 보십시오.

CHAPTER 17

영적 전쟁

1. 주제 글

살아계신 하나님을 만나고 경험한 사람들은 영적 세계에 눈을 뜨게 됩니다. 하나님을 모를 때는 눈에 보이는 것만 알았지만, 하나님을 알게 되면 눈에 보이지 않는 세계도 있다는 것을 알게 됩니다. 우리가 영적 세계에 관심을 가져야 하는 이유 중 하나는 하나님의 나라를 공격하고, 믿는 자들을 하나님의 뜻대로 살지 못하게 방해하며, 이 세상에 온갖 악을 일으키는 사탄이 있기 때문입니다. 지피지기면 백전백승이라는 말처럼, 적에 대해 잘 알고 대비하여야 합니다. 그래야 승리할 수 있습니다.

Q. 당신은 영적 세계가 있다는 것을 알고 있습니까? 그리고 사탄의 세력과 영적 전쟁에 대해서 어떻게 생각합니까?

2. 들어가는 말

설교를 시작하기 전에 사탄의 활동을 묶는 선포를 공개적으로 합니다. "나사렛 예수님의 이름으로 명하노니 사탄아, 묶임을 받을지어다!" 이렇게 선포하는 것은 의식 절차 때문이 아니라 설교의 환경 조성, 말씀의 능력, 회중의 반응 등에 있어서 현저한 영향력이 있음을 목회 현장에서 경험했기 때문입니다. 이렇게 예수님의 이름으로 선포하면 확실히 영적인 세계에서 사탄의 묶임이 일어납니다.

일상에서 영적 전쟁의 예를 들어보겠습니다. 인간관계(부부, 직장 동료, 친구, 교우 등)에서 이해할 수 없는 분노를 경험할 때가 있습니다. "왜 저 사람이 저렇게 화를 내지? 아무리 생각해도 화낼 일이 아닌데……." 그때 그 사람을 붙잡고 화낸 이유를 따지면 싸움이 일어납니다. 이면에서 그 사람을 조정하는 사탄의 역사를 볼 줄 알아야 합니다. 그리고 조용하고도 단호하게 사탄을 예수님의 이름으로 꾸짖어야 합니다. "나사렛 예수의 이름으로 명하노니 분탕질치는 사탄아, 물러가라." 그러면 이상하게도 상대방의 감정이 누그러지는 것을 경험하게 됩니다.

『하나님을 위하여 도시를 점령하라』의 저자인 존 도우슨은 그의 책에서 이런 말을 했습니다. "내가 얻은 결론은 이러했다. 한 도시에서 사역하려면 그곳에서 속이고 참소하며 지배하는 악한 영들의 방해를 받게 마련이다. 그러므로 먼저 적의 속임수를 파악하고 맞서서 그것

을 묶어야 한다."³⁹

3. 성경 말씀 나누기

바울 사도는 에베소서 1~3장에서 교리(무엇을 믿는가?)에 대하여, 에베소서 4~6장 9절에서 윤리(어떻게 살아야 할까?)에 대하여 설명한 후 6장 10절 이하에서 '영적 전쟁'을 당부함으로 에베소서를 마무리하고 있습니다. 에베소서 6장 10~13절입니다.

"끝으로 너희가 주 안에서와 그 힘의 능력으로 강건하여지고 마귀의 간계를 능히 대적하기 위하여 하나님의 전신 갑주를 입으라. 우리의 씨름은 혈과 육을 상대하는 것이 아니요 통치자들과 권세들과 이 어둠의 세상 주관자들과 하늘에 있는 악의 영들을 상대함이라. 그러므로 하나님의 전신 갑주를 취하라 이는 악한 날에 너희가 능히 대적하고 모든 일을 행한 후에 서기 위함이라."

사도 바울은 우리가 믿어야 할 교리와 우리가 살아야 할 윤리를 말씀한 다음 전신 갑주를 입고 영적 전쟁에 담대히 나설 것을 권면하고 있습니다. 왜 사도 바울은 영적 전쟁으로 에베소서를 마무리했을까요? 그것은 영적 전쟁은 실재이고, 그리스도인은 반드시 영적 전쟁에서 승리해야 하기 때문입니다.

1) 영적 전쟁의 정의

창세기에 보면, 하나님은 자신의 형상대로 사람을 창조하셨습니다.

"하나님이 이르시되 우리의 형상을 따라 우리의 모양대로 우리가 사람을 만들고 그들로 바다의 물고기와 하늘의 새와 가축과 온 땅과 땅에 기는 모든 것을 다스리게 하자 하시고(창세기 1장 26절)."

우리는 여기서 하나님께서 사람을 어떻게 지으셨는지 알 수 있습니다.
① 사람은 하나님의 형상을 따라 창조되었다.
② 사람은 세상을 다스리도록 창조되었다.

하나님은 이렇게 사람을 창조하시고 보시기에 좋았다고 말씀하셨습니다.

"하나님이 지으신 그 모든 것을 보시니 보시기에 심히 좋았더라. 저녁이 되고 아침이 되니 이는 여섯째 날이니라(창세기 1장 31절)."

그것이 바로 에덴이었습니다. 그러나 창세기 3장에 이르러 죄가 들어왔습니다.

"여자가 그 나무를 본즉 먹음직도 하고 보암직도 하고 지혜롭게 할 만큼 탐스럽기도 한 나무인지라. 여자가 그 열매를 따먹고 자기와 함께 있는 남편에게도 주매 그도 먹은지라(창세기 3장 6절)."

죄로 말미암아 다음과 같은 결과가 생겼습니다.
① 하나님의 형상이 파괴되었고, 하나님과의 관계가 단절되었습니다.

② 세상을 다스리는 권세가 마귀에게 넘어가 버리고 말았습니다.

그래서 세상은 마귀의 나라가 되고 말았습니다. 이게 사실인지 아닌지 마귀가 예수님을 시험하면서 한 말을 들어보십시오.

> "마귀가 또 예수를 이끌고 올라가서 순식간에 천하 만국을 보이며 이르되 이 모든 권위와 그 영광을 내가 네게 주리라 이것은 내게 넘겨준 것이므로 내가 원하는 자에게 주노라(누가복음 4장 5~6절)."

'이것은 내게 넘겨준 것이므로' 사탄이 하는 얘기입니다. 원래 세상을 다스리는 권세는 인간에게 있었습니다. 그러나 사람이 죄를 범함으로 세상을 다스리는 권세가 사람으로부터 마귀에게 넘어갔습니다.

하나님께서 에덴을 회복시키기 위하여, 하나님 나라를 회복시키기 위하여 예수님을 이 땅에 보내셨습니다. 그래서 예수님 사역의 핵심은 하나님의 나라입니다.

> "예수께서 이르시되 내가 다른 동네들에서도 하나님의 나라 복음을 전하여야 하리니 나는 이 일을 위해 보내심을 받았노라 하시고(누가복음 4장 43절)."

예수님의 사역은 하나님의 나라로 시작해서 하나님의 나라로 끝납니다.

하나님의 나라란 절대 주권자 되시는 하나님의 다스림(하나님의 통치권)이 있는 곳입니다. 하나님의 나라가 지역에 임하면 어떤 일이 일어날까요? 범죄, 점집, 왕따, 뇌물이 없는 사회가 이뤄지고, 정치가들의 헌신이 일어나게 됩니다. 성경에서 '부흥'이란 교인의 숫자가 늘어가는 것을 말하는 것이 아니라 회개(죄에 대한 각성)가 일어나는 것을 말합니다. 부흥했다고 하면서도 죄에 대한 각성이 일어나지 않는다면, 전부 다 가짜입니다. 미국의 대각성 운동도 그렇고, 우리나라의 1907년 '평양 대부흥 운동'도 그랬습니다. 회개가 일어났습니다. 이처럼 영적 전쟁이란 마귀가 통치하고 있는 곳에 하나님의 나라가 임하게 하는 것입니다.

2) 영적 전쟁의 시기, 주체, 대상
① 영적 전쟁의 시기

영적 전쟁은 우리가 부르심을 받은 순간부터 시작됩니다. 그리고 영적 전쟁은 우리가 하늘나라에 가든지, 예수님께서 재림하셔야 끝납니다. 우리는 주일에 교회에 와서 영적 무장을 하고 한 주간 동안 세상에 나가서 영적 전쟁을 합니다. 따라서 우리가 주일에 영적 무장을 잘하게 되면, 한 주간 동안 마귀를 다스리게 됩니다. 마귀가 못 삽니다. 반면, 우리가 주일에 영적 무장을 못 하면, 한 주간 동안 마귀로부터 흠씬 두들겨 맞게 됩니다. 우리가 못삽니다. 우리는 둘 중의 하나를 반드시 경험하게 됩니다.

② 영적 전쟁의 주체

영적 전쟁의 주체는 성도들입니다. 성도들에게는 하나님의 자녀가 되는 권세를 주셨습니다.

"영접하는 자 곧 그 이름을 믿는 자들에게는 하나님의 자녀가 되는 권세를 주셨으니(요한복음 1장 12절)."

하나님의 자녀라는 것은 신분이고, 그 신분에는 그것에 걸맞은 권세가 따릅니다.

예를 들어보겠습니다. 도로에서 갓 임관한 앳된 여성 경찰관이 호루라기를 불면서 교통 법규 위반 차량을 정지시킵니다. 택시도 섭니다. 승용차도 섭니다. 우락부락한 남성이 운전하는 15톤 트레일러도 섭니다. 왜 멈출까요? 여성 경찰관이 가지고 있는 공권력 때문에 섭니다. 만일 여자라고 무시하고 멈추지 않는다면, 벌금을 내거나 처벌을 받게 됩니다. 이것이 바로 권세입니다. 우리 성도들에게 마귀를 제어할 수 있는 권세가 있습니다.

마귀는 어떻게든지 성도가 이런 권세를 사용하지 못하도록 참소하고 우롱합니다. 때때로 마귀는 우리의 영적 상태를 가지고 속입니다. "기도를 많이 못 하잖아?" "죄를 밥 먹듯이 하는 주제에?" "적어도 마귀에게 명령하려면 40일 금식 기도 정도는 해야지." 또한 때때로 마귀는 우리의 감정의 상태를 가지고 속입니다. "기분이 그렇게 울적해서 무슨 마귀 타령이니?" "그렇게 우울해서 어떻게 마귀를 쫓겠니?" 그러나 성도는 영적인 상태나 감정의 상태와 관계없이 자녀의 신분에 따른 마귀를 다스릴 권세가 있습니다. 내가 어떤 존재인지 알고 예수님의 이름으로 명령할 때, 귀신은 물러가고 환경이 변화됩니다.

"베드로가 이르되 은과 금은 내게 없거니와 내게 있는 이것을 네게 주노니 나사렛 예수 그리스도의 이름으로 일어나 걸으라 하고(사도행전 3장 6절)."

"그 이름을 믿으므로 그 이름이 너희가 보고 아는 이 사람을 성하게 하였나니 예수로 말미암아 난 믿음이 너희 모든 사람 앞에서 이같이 완전히 낫게 하였느니라(사도행전 3장 16절)."

"사도들을 가운데 세우고 묻되 너희가 무슨 권세와 누구의 이름으로 이 일을 행하였느냐 이에 베드로가 성령이 충만하여 이르되……. 너희와 모든 이스라엘 백성들은 알라 너희가 십자가에 못 박고 하나님이 죽은 자 가운데서 살리신 나사렛 예수 그리스도의 이름으로 이 사람이 건강하게 되어 너희 앞에 섰느니라. 이 예수는 너희 건축자들의 버린 돌로서 집 모퉁이의 머릿돌이 되었느니라. 다른 이로써는 구원을 받을 수 없나니 천하 사람 중에 구원을 받을 만한 다른 이름을 우리에게 주신 일이 없음이라 하였더라(사도행전 4장 7~12절)."

그리스도인은 마귀를 제어할 권세를 가졌습니다.

③ 영적 전쟁의 대상

"우리의 씨름은 혈과 육을 상대하는 것이 아니요 통치자들과 권세들과 이 어둠의 세상 주관자들과 하늘에 있는 악의 영들을 상대함이라(에베소서 6장 12절)."

눈에 보이지 않는 싸움에 이겨야 현실의 문제가 해결됩니다. 유물론은 눈에 보이는 세계만 인정하지만, 성경은 눈에 보이는 세계와 눈에 보이지 않는 세계를 모두 말합니다. 두 세계는 밀접한 관계가 있습니다. 눈에 보이는 세계는 눈에 보이지 않는 세계에 의해 영향을 받습니다.

"우리가 주목하는 것은 보이는 것이 아니요 보이지 않는 것이니 보이는 것은 잠깐이요 보이지 않는 것은 영원함이라(고린도후서 4장 18절)."

거룩한 영향력을 끼치려면 보이지 않는 영역을 다루어야 합니다. 예를 들어, 대형쇼핑몰에는 맘몬신이 역사합니다. 물욕에 가득 차 앞뒤 생각하지 않고 구매하게 합니다. 충동구매에는 심리적인 요인이 있긴 하지만, 가정생활을 파탄으로 몰아넣을 정도로 충동구매할 경우 그것은 영적인 이유라고 보아야 할 것입니다. 창녀촌에는 음란의 영이 역사합니다. 어떤 교회에는 분열의 영이 역사합니다. 유독 우리나라에는 분열의 영이 강하게 역사합니다. 작은 나라가 남북으로, 동서로, 세대 간에 분열되어 있습니다. 우리 싸움의 대상은 눈에 보이지 않는 영역에 있습니다. 우리의 원수는 사람이 아니라 영적인 권세를 가진 악한 마귀입니다.

3) 효과적으로 영적 전쟁을 수행하여 승리하려면?
존 도우슨이 쓴 『하나님을 위하여 도시를 점령하라』는 책에 나온 효과적인 영적 전쟁을 수행하는 방법을 알아보겠습니다.

① 경배로 영적 전쟁을 시작하라.[40]
여호사밧 왕 때 하나님은 영적 전쟁에 있어 찬양의 중요성을 보여

주셨습니다. 유다 왕국은 적군을 직접적인 전투가 아닌 찬양을 부름으로써 물리쳤습니다. 놀라운 일이 아닙니까?

"백성과 더불어 의논하고 노래하는 자를 택하여 거룩한 예복을 입히고 군대 앞에서 행진하며 여호와를 찬송하여 이르기를 여호와께 감사하세 그의 인자하심이 영원하도다 하게 하였더니 그 노래와 찬송이 시작될 때에 여호와께서 복병을 두어 유다를 치러 온 암몬 자손과 모압과 세일 산 주민들을 치게 하시므로 그들이 패하였으니(역대하 20장 21~22절)."

하나님께 찬양하고 감사함으로 사탄의 기를 꺾을 수 있습니다. 이와 반대로 원망과 불평은 주변의 상황을 악화시키고, 다른 사람의 믿음을 빼앗아가며 죽음과 실패를 가져옵니다. 이스라엘 백성들이 모세와 아론에 대항해 원망할 때, 14,700명이 염병에 걸려 죽었습니다(민수기 16장 49절). 찬양과 감사 속에 영적 전쟁의 승리가 있습니다.

② 하나님의 음성을 기다리라.[41]
성경은 하나님의 음성을 들으라고 권면하고 있습니다.

"내 양은 내 음성을 들으며 나는 그들을 알며 그들은 나를 따르느니라(요한복음 10장 27절)."

하나님의 음성을 듣는 것은 우리가 이 땅에 살아가면서 경험할 수 있는 최대의 특권 중의 하나입니다. 우리를 위해 마련하신 하나님의 계획은 인간이 머리를 써서 만든 어떤 것보다 훨씬 위대합니다.

"이는 내 생각이 너희의 생각과 다르며 내 길은 너희의 길과 다름이니라. 여호와의 말씀이니라. 이는 하늘이 땅보다 높음 같이 내 길은 너희의 길보다 높으며 내 생각은 너희의 생각보다 높음이니라(이사야 55장 8~9절)."

영적 전쟁에서 승리하려면 하나님의 음성을 들어야 합니다. 하나님의 음성을 듣고 순종할 때만이 영적 전쟁에서 승리할 수 있습니다.

③ 기도의 진통을 겪어라.[42]

어떤 사람들은 '하나님이 나의 필요를 다 아시는데 구태여 기도해야 하는가?'라고 반문합니다. 그렇지 않습니다. 하나님은 반드시 기도하는 사람을 통하여 일하십니다.

"사람이 이르기를 이 땅이 황폐하더니 이제는 에덴 동산 같이 되었고 황량하고 적막하고 무너진 성읍들에 성벽과 주민이 있다 하리니 너희 사방에 남은 이방 사람이 나 여호와가 무너진 곳을 건축하며 황폐한 자리에 심은 줄을 알리라. 나 여호와가 말하였으니 이루리라 주 여호와께서 이같이 말씀하셨느니라. 그래도 이스라엘 족속이 이같이 자기들에게 이루어 주기를 내게 구하여야 할지라……(에스겔 36장 35~37절)."

황폐했던 예루살렘이 회복되는 것은 하나님의 약속입니다. 그러나 그 약속도 사람이 기도해야만 성취됩니다. '그래도 이스라엘 족속이 이같이 자기들에게 이루어주기를 내게 구하여야 할지라……." 기도의 진통 속에 영적 전쟁의 승리가 있습니다.

4. 삶의 적용

우리는 하나님의 뜻대로 살고 싶고, 살려고 노력도 많이 합니다. 그런데도 그렇게 살지 못할 때는 영적인 문제가 있다는 것을 알고, 그 부분에서 승리해야 합니다. 영적인 영역에서 사탄이 활동하기 때문입니다. 영적 전쟁에서 승리해야만 풀리는 문제가 있습니다. 영민한 영적인 분별력으로 영적 전쟁에서 날마다 승리하게 되길 바랍니다.

Q. 이번 과를 공부하면서 느낀 점을 적어 보십시오.

CHAPTER 18

내려놓음

1. 주제 글

오늘 말씀의 주제는, '내려놓음으로 하나님의 능력을 경험하자.'입니다. 『네 신을 벗으라(로렌 커닝햄 저)』[43]라는 책이 있습니다. 이 책은 다음과 같이 질문합니다. "주님의 부르심을 받아 주의 일을 하는데 왜 현장에서 주의 역사하심이 나타나지 않는 것인가?" 그 책의 대답은 이렇습니다. "우리가 우리의 권리를 포기하지 않았기 때문이다." 즉 우리가 내려놓지 않았기 때문에 하나님의 능력을 경험할 수 없다는 것입니다.

2. 들어가는 말

국민일보[44]에 『이름 없어도 괜찮아!』(원용일 지음)라는 책에 대한 소개가 실렸습니다. 글 내용을 그대로 인용하겠습니다.

"요즘 사람들, 이름 내기 너무 좋아한다. 그리스도인이라고 크게 다르지 않다. 일례로 단체 하나를 조직할 때 보면, 총재, 회장, 부회장, 위원, 사무총장 등 얼마나 많은 직함이 있는지 모른다. 예수님은 이름도 없고, 빛도 없는 작고 낮은 자들을 불러 사용하셨는데 말이다. 이 책은 이런 이름 없는 자들의 이야기다. 아기 예수님을 찾아온 동방 박사들, 나아만 장군을 살린 여종, 중풍 병자 친구를 침대에 실어 예수님께 데려온 네 사람, 가나 혼인 잔칫집의 하인들, 오병이어를 드린 한 소년……. 이들의 공통점은 '이름이 없다'는 것이다. 성경 어디에도 그들의 이름은 기록되어 있지 않다. 그러나 아브라함 모세 요셉 다윗 등 성경의 '유명 인사'들 만큼이나 성경은 이들 '무명 인사'의 행적을 자세히 기록하고 있다. 이름보다 더 중요한 것은 하나님 나라의 가치를 실현하는 것이다."

이 글이 매우 인상 깊었습니다. 이름이 드러나지 않는 무명의 사람이 된다는 것은 아쉬움을 넘어 비참하고 두렵기까지 한 일인데, 그 이름을 내려놓고 하나님 나라에 집중하자고 말하고 있기 때문입니다.

Q. 하나님을 위해 무명 인사가 된다는 것은 어떤 의미일까요?

3. 성경 말씀 나누기

1) 내려놓음

이스라엘의 '텔 아랏'에서 솔로몬 성전 이전에 각 지파가 예배를 드렸던 지방 성소(산당)의 흔적을 찾아볼 수 있습니다. 지방 성소를 자세히 관찰해보면, 성소 안에 아세라 신상이 있다는 것을 발견하게 됩니다. 향단도 하나님께 바치는 것뿐만 아니라 아세라 신에게 바치는 것이 있습니다. 이상하지 않습니까? 하나님께 제사 드리는 성소인데, 왜 아세라 신상이 있는 것입니까? 이것이 의미하는 것은 무엇일까요? 이스라엘 백성들은 하나님을 섬기지 않은 것이 아닙니다. 하지만 하나님만 섬긴 것이 아니라 다른 신들도 섬겼다는 것입니다.

에스겔서에 보면, 하나님께서 환상 중에 에스겔을 예루살렘 성전으로 이끄시는 장면이 나옵니다.

Q. 에스겔 8장 16절을 찾아 적어 보십시오.

_____
_____
_____
_____

예루살렘 성전 안에서 여호와가 아닌 태양신에게 예배하고 있었던 것입니다. 하나님께서 보시기에 얼마나 가증하고 더러운 죄악이었겠습니까?

Q. 에스겔 8장 18절을 찾아 적어 보십시오.

_____

_____

_____

그 마음에 하나님 외의 다른 것들이 있으면 '불쌍히 여기지도 않고', '긍휼을 베풀지도 않고', '듣지도 않으신다.'는 것입니다. 신앙생활에서 우리가 정말 중요하게 여겨야 할 것은 '내려놓음'입니다. 다른 우상들을 내려놓고, 하나님만으로 만족해야 합니다. 내 이름을 드러낸다는 것, 내 권리를 주장한다는 것은 '나'라는 우상을 섬기고 있다는 것입니다. '내려놓음'은 우상을 내려놓는 것이라고 볼 수 있습니다. 오직 하나님께만 목마른 것, 마음에 하나님 아닌 것이 단 1%도 없는 것이 바로 내려놓은 성도들의 특징입니다.

Q. 당신이 내려놓아야 할 것은 무엇입니까?

_____

_____

_____

2) 무엇을 내려놓을까요?

누가복음 14장 25~35절은 예수님의 제자가 될 수 없는 3가지 경우를 설명하고 있습니다. 그들은 내려놓지 못했습니다.

① "무릇 내게 오는 자가 자기 부모와 처자와 형제와 자매와 …… 미워하지

아니하면(26절)"

이러한 말씀은 초신자들이 부담스러워합니다. 예수님은 정말 우리가 부모님이나 배우자, 자녀들, 심지어는 우리의 목숨까지도 '미워하기'를 원하시는 것일까요? 아닙니다. 여기서 '미워하다'라는 표현은 문자적인 의미가 아니라 셈족어에서 자주 사용되는 관용어로 실제적으로는 '덜 사랑하다'라는 의미입니다. 따라서 이 말씀은 부모나 처자나 형제나 자매를 미워하라는 의미가 아니라 예수님보다 덜 사랑해야 한다는 의미입니다. 즉 우선순위의 문제입니다. 가족이라고 할지라도 그 누구보다 예수님을 먼저 사랑하지 않는 사람은 예수님의 제자가 될 수 없습니다.

② "누구든지 자기 십자가를 지고 나를 따르지 않는 자도 능히 내 제자가 되지 못하리라(27절)"

십자가는 로마 세계에서 가장 잔인한 사형법의 도구였습니다. 예수님은 '참된 제자는 어떤 고난도 감수해야 한다.'라는 것을 십자가를 지는 것으로 말씀하셨습니다. 작은 시련에도 "에이, 뭐 이래!" 하고 포기하는 자는 제자가 될 수 없습니다. 주님은 우리가 믿는 순간부터 인생이 평탄해지고 형통해지리라고 약속하지 않았습니다. 오히려 고난과 시련을 받게 된다고 말씀하셨습니다. 권투 선수가 올림픽에서 금메달을 따려면 맷집을 키워야 합니다. 맷집은 연습을 통해 많이 맞아야 커집니다. 성도는 시련과 고난으로 믿음의 역량을 키워 인내와 소망을 품게 됩니다. 따라서 시련과 고난을 겪을 때 이상한 일 당하는 것처럼 이상히 여기지 마십시오. 아프가니스탄에서 사역하는 선교사의 보고에 의하면, 2007년 샘물교회 단기 선교단의 순교 사건 이후로

14명의 외국 선교사가 그곳에서 순교했다고 합니다. 고난의 십자가를 질 수 없는 사람은 예수님의 제자가 될 수 없습니다.

③ "이와 같이 너희 중에 누구든지 자기의 모든 소유를 버리지 아니하면 (33절)"

평소에는 신령한 것 같은데 정작 경제적인 이해관계가 걸리면 본색을 드러내는 신자들이 있습니다. 자기의 소유를 내려놓지 않는 사람도 예수님의 제자가 될 수 없습니다.

Q. 예수님의 제자가 되기 위해, 위의 3가지를 버릴 수 있습니까?

좀 더 구체적으로 우리가 내려놓아야 할 것들은 무엇인지 살펴보겠습니다.

① 자녀

자녀는 하나님이 부모에게 주신 선물이고, 젊었을 때는 부모의 기쁨이 되며, 노년에는 부모의 의지처가 됩니다. 그렇지만 하나님은 이러한 귀한 선물을 하나님보다 더 사랑하기를 절대 원하지 않으십니다. 흔히 우상이라 하면 우리는 불상처럼 무엇인가 새겨져 있는 조각을 연상합니다. 그러나 여러분의 자녀도 우상이 될 수 있습니다. "아버지나 어머니를 나보다 더 사랑하는 자는 내게 합당하지 아니하고 아들이나 딸을 나보다 더 사랑하는 자도 내게 합당하지 아니하며(마태복음 10장 37절)" 자녀를 내려놓으십시오. 자녀에 대한 욕심과 걱정을 내려놓으십시오. 자녀는 여러분의 것이 아니라 하나님의 것입니다. 여러분보다 하나님이 여러분의 자녀들에 대하여 더 많이 걱정하십니다. 여러분의 자녀들을 향하여 더 많이 생각하고, 더 많이 걱정하시는 하나님을 믿으십시오.

② 재정

돈은 하나님이 주신 가장 유용하고도 선한 선물 중의 하나입니다. 이 말에 놀랐습니까? '돈은 일만 악의 뿌리라고 했는데…….' 아닙니다. 성경을 다시 읽어보십시오. 디모데전서 6장 10절에서 바울은 "돈을 사랑함이 일만 악의 뿌리가 되나니"라고 말했습니다. 하나님은 결코 '돈을 악'이라고 말씀하지 않고, '돈을 사랑함이 악'이라고 했습니다. 하나님은 우리에게 물질을 소유하고, 개인의 재산을 가질 권리를 주셨습니다. 십계명 가운데 하나인 "도적질하지 말라."는 계명은 하나님이 개인의 소유권을 중요하게 여기신다는 것을 보여주고 있습니다.

그런데 우리는 하나님을 붙드는 대신에 돈을 붙들려는 경향이 있습니다. 재정에 관하여 하나님이 우리에게 원하시는 것은 우리가 꽉 움켜쥐고 있는 것들을 풀어놓고, 하나님이 그분의 계획대로 그것을 사용하실 수 있도록 맡기는 것입니다. "하나님, 제가 가진 모든 것은 당신의 것입니다. 이것을 제가 어떻게 사용하기 원하시죠?" 이렇게 물을 때 비로소 우리의 필요를 채우시기 위해 놀라운 일을 행하시는 하나님을 경험할 수 있습니다.

열왕기상 17장 8~16절에 엘리야와 사르밧 과부의 이야기가 나옵니다. 사르밧 과부는 그녀가 가진 밀가루 한 움큼과 기름 조금을 엘리야에게 드렸습니다. 그녀가 꽉 움켜쥐고 있던 것들을 풀어놓고, 하나님의 계획대로 그것을 사용하실 수 있도록 내어드린 것입니다. 그 결과 비가 지면에 내리는 날까지 기근의 시기에 통의 가루가 떨어지지 않고 병의 기름이 마르지 않는 하나님의 역사를 경험하게 되었습니다.

"이스라엘의 하나님 여호와의 말씀이 나 여호와가 비를 지면에 내리는 날까지 그 통의 가루가 떨어지지 아니하고 그 병의 기름이 없어지지 아니하리라 하셨느니라(열왕기상 17장 14절)."

자신이 가지고 있는 것에 대한 권리를 포기한 그녀는 모든 필요를 채우시는 하나님을 경험하고 흥분했습니다. 돈에 대한 욕심과 걱정을 내려놓으십시오. 여러분의 재정을 내려놓고, 하나님의 공급하심을 체험하십시오.

③ 자기 자신

자기 자신을 하나님이 쓰시도록 주의 제단에 올려드리십시오. 마가복음 16장 15~16절에서 "너희는 온 천하에 다니며 만민에게 복음을 전파하라. 믿고 세례를 받는 사람은 구원을 얻을 것이요 믿지 않는 사람은 정죄를 받으리라."라고 명령하셨습니다. '온 천하에 다니며 만민에게 복음을 전파하라.'라는 예수님의 명령에서 제외된 성도는 아무도 없습니다. 그래서 우리 각자는 하나님의 기대이거나 실망일 수 있습니다. 우리 각자는 하나님 나라의 보배이거나 아니면 하나님 나라의 천덕꾸러기일 수 있습니다. 이런 말이 있습니다. "당신이 지금 그곳에 머물러야 하는 절대적인 이유가 없다면 당신은 다른 어떤 곳으로 부르심을 받은 것입니다." 아주 강력한 도전입니다. 정말 맞는 말이 아닙니까? 삶에 대한 자신의 욕심을 내려놓고 하나님이 쓰시도록 주의 제단에 올려드리십시오.

모세를 보십시오. 모세가 불타는 떨기나무 가운데서 하나님을 처음으로 대면했을 때 하나님이 하신 말씀입니다. "하나님이 이르시되 이리로 가까이 오지 말라. 네가 선 곳은 거룩한 땅이니 네 발에서 신을 벗으라(출애굽기 3장 5절)." 그렇다면 '발에서 신을 벗는다.'라는 말의 의미는 무엇입니까? 그 당시 풍습에서 신발을 벗었다는 것은 곧 노예라는 표시였습니다. 노예는 신발을 신지 못했습니다. 모세는 하나님이 자신에게 신발을 벗으라고 했을 때 그것이 무엇을 의미하는지 알았습니다. 하나님의 노예, 곧 종이 되라는 것입니다. 노예에게는 어떤 권리도 없습니다. 불꽃같이 타오르는 하나님의 임재 앞에서 하나님의 종이 되어 그의 백성을 구원해내는 임무를 수행하기 위해 모세는 하나님으로부터 '네 권리를 포기하라.'라는 부름을 받은 것입니다.

Q. 자녀, 재정, 자기 자신 중에 가장 내려놓지 못한 것은 무엇입니까?

---

3) 내려놓을 때 주어지는 축복은?

하나님이 어떤 것을 포기하라고 하시는 이유는 우리에게 무엇인가 더 큰 것을 주시기 위함입니다. 이것이 하늘나라의 법칙입니다. 즉 어떤 좋은 것을 포기하면 무엇인가 더 귀한 것을 받게 됩니다. 하나님은 여호수아에게 약속하셨습니다.

> "너희 발바닥으로 밟는 곳은 모두 내가 너희에게 주었노니(여호수아 1장 3절)."

'신발을 신고'가 아니라 '발바닥'이라고 말씀하셨습니다. 맨발이 된다고 하는 것은 종이 된다는 의미라는 말씀을 이미 드렸습니다. 즉 나의 모든 권리를 포기했음을 말하는 것입니다. 그때 하나님은 밟는 곳마다 다 너희에게 '주겠다'라고 약속하셨습니다. 실제로 여호수아는 발바닥으로 밟는 곳마다 다 차지하게 되었습니다.

4. 삶의 적용

당신을 움직이게 하고, 끓어오르게 하며, 인생을 살아가는 데 동력이 되는 것은 무엇입니까? 그것이 무엇이든 하나님이 아니라면, 그것은 결코 당신을 채울 수 없을 뿐만 아니라 결국엔 당신을 파멸로 이끌고 말 것입니다.

하나님을 믿는다는 것은 우상 숭배처럼 내가 필요하여 나에게 도움을 줄 수 있는 신을 모시는 것이 아닙니다. 하나님을 믿는다는 것은 오직 하나님만이 나를 움직이게 하고, 끓어오르게 하며, 인생을 살아갈 이유와 힘이 되신다는 것입니다.

자신을 돌아보십시오. 또 위의 질문들에 답하면서 불편했던 것들을 돌아보십시오. 가장 불편한 것일수록 당신의 우상일 가능성이 큽니다. 하나님은 짓궂으셔서 당신이 여전히 놓지 못하는 그것을 끝까지 추격하십니다. 그러나 내려놓고 나면, 당신은 자유와 기쁨과 평안을 누릴 수 있습니다. 그리고 하나님께서 책임지시는 것을 경험할 수 있습니다. 내려놓으십시오. 그 길만이 살 길입니다.

Q. 이번 과를 공부하면서 느낀 점을 적어 보십시오.

CHAPTER 19

하나님과의 친밀함

1. 주제의 글

신앙생활이란 하나님과의 친밀함을 누리는 것입니다. 누가 보더라도 다정다감한 부부가 있습니다. 반면에 해외에 파견되었다가 1년에 한 번씩 휴가 나온 남편 대하듯이 어색하고 거리감이 느껴지는 부부가 있습니다. 하나님과의 관계도 마찬가지입니다. 하나님과의 관계가 친밀한 교우들이 있습니다. 반면 신앙생활을 하긴 하지만, 하나님과의 관계가 어색하고 낯선 교우들도 있습니다.

2. 들어가는 말

부유하다고 해서 행복한 것은 아닙니다. 행복은 환경에 따라 주어지는 것이 아닙니다. 모세는 신명기 33장 29절에서 이스라엘이 행복하다고 말했습니다.

"이스라엘이여 너는 행복한 사람이로다. 여호와의 구원을 너 같이 얻은 백성이 누구냐 그는 너를 돕는 방패시요 네 영광의 칼이시로다. 네 대적이 네게 복종하리니 네가 그들의 높은 곳을 밟으리로다."

당시 이스라엘은 40년 광야 생활을 마치고, 가나안 땅에 들어가서 전쟁을 해야 할 상황입니다. 결코 행복하다고 말할 수 없는 상황입니다. 어떤 사람들은 행복이란 고통이 없는 상태라고 생각합니다. 이 기준으로 보면, 이스라엘은 행복하다고 말할 수 없습니다. 그렇다면 모세가 이스라엘이 행복하다고 말한 이유는 무엇일까요? 다음의 두 가지 고백 때문입니다.

첫째는 신명기 33장 26절의 고백입니다. "여수룬이여. 하나님 같은 이가 없도다." 하나님과 같은 분은 없는데, 그 하나님이 이스라엘을 사랑하시고 다스리시고 이끄시기 때문입니다. 이처럼 하나님을 알고, 그 인도하심을 따라 사는 자들은 행복을 느낍니다.

둘째는 신명기 33장 29절의 고백입니다. "여호와의 구원을 너 같이 얻은 백성이 누구냐." 구원은 하나님과 사람 사이에 가장 중요한 문제입니다. 죽을 수밖에 없는 사람이 살게 되고, 하나님과의 관계가 깨어진 사람이 관계가 회복된 것이 바로 구원입니다. 구원의 축복과 은혜를 아는 자들은 행복을 누리게 됩니다.

이 두 가지 고백을 통해 알 수 있는 것은 하나님과의 친밀함이야말로 행복의 길이라는 것입니다.

하나님과의 친밀함이 이렇게 중요한데, J. 오스왈드 샌더스는 하나님과 우리의 친밀함의 정도는 하나님이 아닌 우리 자신이 결정한다고 말합니다.[45] 우리가 선택하는 것만큼 우리는 하나님과 가까워질 수 있습니다.

Q. 당신과 하나님의 친밀함은 어느 정도입니까?

---

3. 성경 말씀 나누기

1) 성경이 말하는 하나님과의 친밀함

J. 오스왈드 샌더스는 시내 산에 오르는 모세와 예수님의 제자들을 예로 들면서 성경이 말하는 하나님과의 친밀함을 설명하고 있습니다.[46]

① 시내 산 위의 이스라엘

시내 산 위에 하나님께서 이스라엘 백성 중에 임재하신 내용을 보면, 네 가지 친밀함의 교제권이 존재했음을 알 수 있습니다.

첫 번째 교제권은 이스라엘 백성에게 주어진 것입니다.

> "준비하게 하여 셋째 날을 기다리게 하라. 이는 셋째 날에 나 여호와가 온 백성의 목전에서 시내 산에 강림할 것임이니 너는 백성을 위하여 주위에 경계를 정하고 이르기를 너희는 삼가 산에 오르거나 그 경계를 침범하지 말지니 산을 침범하는 자는 반드시 죽임을 당할 것이라(출애굽기 19장 11~12절)."

chapter 19 하나님과의 친밀함

이스라엘 백성은 하나님께서 강림하시는 것을 볼 수 있었지만, 분명한 경계가 있어서 그 이상 하나님께 가까이 갈 수 없었습니다. 언제나 하나님은 나와 멀리 있는 분이라고 느끼는 성도들은 첫 번째 교제권에 속할 것입니다.

두 번째 교제권은 70인 장로들에게 주어진 것입니다.

"모세와 아론과 나답과 아비후와 이스라엘 장로 칠십 인이 올라가서 이스라엘의 하나님을 보니 그의 발 아래에는 청옥을 편 듯하고 하늘 같이 청명하더라. 하나님이 이스라엘 자손들의 존귀한 자들에게 손을 대지 아니하셨고 그들은 하나님을 뵙고 먹고 마셨더라(출애굽기 24장 9~11절)."

70인의 장로는 하나님을 뵙고 먹고 마시는 친밀함을 누릴 수 있었습니다. 그러나 이들은 하나님과 친밀함을 지속하지 못했습니다. 하나님과의 친밀함을 경험한 적은 있지만, 그것을 지속하지 못하는 성도들이 두 번째 교제권에 속할 것입니다.

세 번째 교제권은 여호수아에게 주어진 것입니다.

"모세가 그의 부하 여호수아와 함께 일어나 모세가 하나님의 산으로 올라가며 장로들에게 이르되 너희는 여기서 우리가 너희에게로 돌아오기까지 기다리라(출애굽기 24장 13-14절)."

여호수아는 장로들과 다르게 모세를 따라 하나님께 더 가까이 다가갈 자격을 얻었습니다. 어떻게 여호수아가 그런 자격을 얻을 수 있었을까요? 출애굽기 33장 10~11절에서 실마리를 찾을 수 있습니다.

"모든 백성이 회막 문에 구름 기둥이 서 있는 것을 보고 다 일어나 각기 장막 문에 서서 예배하며 사람이 자기의 친구와 이야기함 같이 여호와께서는 모세와 대면하여 말씀하시며 모세는 진으로 돌아오나 눈의 아들 젊은 수종자 여호수아는 회막을 떠나지 아니하니라."

"여호수아는 회막을 떠나지" 않았습니다. 여호수아의 마음은 여호와의 영광이 머무시는 회막을 늘 향해 있었습니다. 그는 하나님께서 계신 곳에 있고 싶어 했습니다. 여호수아는 비록 모세에게 허락된 곳까지는 미치지 못했지만, 다른 누구보다도 영광으로 덮인 산에 더 높이 올라갔습니다.

네 번째 교제권은 모세에게 주어진 것입니다.

"모세가 산에 오르매 구름이 산을 가리며 여호와의 영광이 시내 산 위에 머무르고 구름이 엿새 동안 산을 가리더니 일곱째 날에 여호와께서 구름 가운데서 모세를 부르시니라. 산 위의 여호와의 영광이 이스라엘 자손의 눈에 맹렬한 불 같이 보였고(출애굽기 24장 15-17절)."

"사람이 자기의 친구와 이야기함 같이 여호와께서는 모세와 대면하여 말씀하시며(출애굽기 33장 11절)."

"그와는 내가 대면하여 명백히 말하고(민수기 12장 8절)."

모세는 하나님을 마치 친구와 친구가 얼굴을 맞대고 말하는 것처럼 친밀했습니다. 모세는 예수님 다음으로 하나님과 가장 깊은 친밀함을 누렸던 사람이었습니다.

하나님과의 친밀함은 우리가 선택하는 것에 따라 다를 수 있습니다. 만일 우리가 출애굽 당시 이스라엘 백성이었다면 몇 번째 교제권에 속했을까요?

② 예수님의 제자들

초기에 예수님을 따르던 사람들은 칠십인이었습니다. 그중에서 예수님은 열둘을 택하사 함께 지내면서 훈련하셨습니다. 그 열둘 중에 베드로, 요한, 야고보가 등장하는데 예수님은 그들과 특별히 친밀하셨습니다. 그 세 명 중에서도 예수님의 품을 차지한 제자가 한 명 있는데 그는 요한이었습니다(요한복음 13장 25절). 만일 우리가 예수님의 시대에 살았다면 칠십, 열둘, 셋, 하나, 중에서 어떤 교제권에 속했을까요?

2) 하나님과의 친밀함을 가지려면?

① 예수의 피로 죄를 씻으라.[47]

아모스 선지자는 "두 사람이 뜻이 같지 않은데 어찌 동행하겠으며 (아모스 3장 3절)"라고 했습니다. 맞는 말입니다. 이 말씀을 깊이 묵상하면 '거룩하신 하나님께서 죄인들과 어떻게 친밀한 교제를 가질 수 있겠는가?'라는 질문이 떠오릅니다. 어떻게 죄를 미워하시고 순결을 요구하시는 하나님께서 죄의 성향을 지닌 인간들과 교류를 계속하실 뿐 아니라 더 깊은 친밀함을 가질 수 있을까요? 해답은 하나님 아들의 죽음 속에 예비 되어 있는 깊고 철저하며 지속적인 정화(cleansing)를 통해 교제를 누릴 수 있다는 것입니다. 하나님과의 친밀함을 불가능하게 하는 나쁜 죄는 없습니다. 생각, 욕망, 동기, 상상의 죄뿐만 아니라 행위의 죄까지도 정결하게 하는 보혈의 샘물에 씻을 수 있습니다.

"하물며 영원하신 성령으로 말미암아 흠 없는 자기를 하나님께 드린 그리스도의 피가 어찌 너희 양심을 죽은 행실에서 깨끗하게 하고 살아 계신 하나님을 섬기게 하지 못하겠느냐?(히브리서 9장 14절)"

② 성령으로 친밀함을 자라게 하라.[48]
보혜사 성령이 하나님과의 친밀함을 자라게 합니다.

"그러나 내가 너희에게 실상을 말하노니 내가 떠나가는 것이 너희에게 유익이라 내가 떠나가지 아니하면 보혜사가 너희에게로 오시지 아니할 것이요 가면 내가 그를 너희에게로 보내리니 그가 와서 죄에 대하여, 의에 대하여, 심판에 대하여, 세상을 책망하시리라(요한복음 16장 7절)."

이에 대하여 제임스 패커는 이렇게 썼습니다.
"보혜사(comforter)라는 개념의 풍부한 의미를 상이한 번역 표현에서 볼 수 있는데, '상담자(RSV)', '돕는 자(Moffatt)', '변호자(Weymouth)', '친구가 되시는 분(Knox)' 등이 그것이다. 격려, 지원, 조력, 돌봄, 타인의 복리를 책임짐 등의 개념들이 모두 이 단어에 담겨 있다. 또 다른 보혜사라는 말은 옳다. 왜냐하면 예수님께서 원래의 보혜사이셨고,

새로 오신 보혜사의 직무는 예수님의 보혜사 사역을 지속하는 것이었기 때문이다."[49]

예수님이 지상에 계셨을 때 지리적으로 제한되셨습니다. 예수님께서 동시에 두 장소에 계실 수가 없었습니다. 그러나 성령은 시간과 장소를 초월하신 존재입니다. 이제 하나님의 백성들은 언제 어디서나 하나님과 제한 없이 교제할 수 있습니다. 성령의 도움으로 하나님과의 친밀함을 자라게 하십시오.

③ 영적 어른으로 성숙하라.[50]

아들이 성인으로 성숙해감에 따라 아버지와 아들 사이에는 친밀함과 교류가 형성되어 갑니다. 서로를 점점 더 깊이 이해하며 생각과 경험을 공유하는 것이 부자지간 의사소통의 특징입니다. 부모가 모든 면에서 성숙한 인격으로 발전해가는 자녀를 보고 기뻐하듯이 하나님께서도 그분의 자녀들 안에 예수 그리스도의 형상이 자라가는 것을 보고 기뻐하십시오. 영적 성숙을 가장 간단한 용어로 표현하면 그리스도를 닮음입니다. 영적 성숙을 모색하는 방법은 위엄과 영광과 사랑과 거룩과 진실과 공의 가운데 계신 그리스도를 꾸준히 바라보는 것입니다. 성경을 통해 항상 그분을 바라보십시오. 그럴 때 우리는 그리스도의 형상으로 변화될 것입니다.

3) 하나님과의 친밀함을 유지하려면?

"이르시되 진실로 너희에게 이르노니 너희가 돌이켜 어린 아이들과 같이 되지 아니하면 결단코 천국에 들어가지 못하리라(마태복음 18장 3절)."

'어린 아이들과 같이 돼라'라는 것은, 유치해지라(childish)는 말이 아니라 어린이처럼(childlike) 되라는 말입니다. 하나님과의 친밀함을 유지하려면 우리의 신앙 자세가 어린이처럼 되어야 합니다. 어린이의 특징은 무엇입니까?

① 튀어 오름(bounce up)

회복이 빠르다는 얘기입니다. 어린이는 금방 울다가 금방 웃습니다. 어떻게 한순간에 그렇게 감정을 회복할 수 있는지 놀랍습니다. 그것이 어린이의 특징입니다. 영적으로, 정서적으로 튀어 오르길 바랍니다. 죄책감에, 고통스러운 감정에 오래 머물지 마십시오. 그것은 좋은 믿음의 태도가 아닙니다. '사람이 양심이 있지, 어떻게 금방……'이라고 생각할 수 있습니다. 그러나 그렇지 않습니다. 공이 튀어 오르듯이 회복되어야 합니다. 빨리 영적인 슬럼프에서, 정서적인 수렁에서 빠져나오십시오. 그래야 하나님과의 친밀함을 유지할 수 있습니다.

② 용서(forgiveness)

어린이는 용서를 잘합니다. 마태복음 18장에 보면, 예수님께서 어린 아이에 대해 말씀을 하신 다음, 이어서 용서에 대해 말씀을 하셨습니다.

"그 때에 베드로가 나아와 이르되 주여 형제가 내게 죄를 범하면 몇 번이나 용서하여 주리이까 일곱 번까지 하오리이까. 예수께서 이르시되 네게 이르노니 일곱 번뿐 아니라 일곱 번을 일흔 번까지라도 할지니라(마태복음 18장 21~22절)."

일곱 번씩 일흔 번은 490번을 말합니다. 이것은 '내게 죄를 범한' 그 사람이 변할 수 있다는 말입니까? 변할 수 없다는 말입니까? 변하지 않는다는 말입니다. 따라서 예수님의 말씀은 전혀 변하지 않는 사람도 용서해주라는 것입니다. '변했기 때문에 용서해준다.'라는 말은 성경적이지 않습니다. 어린이들은 용서를 잘합니다. 원수처럼 싸웠다가도 금방 친구가 되어 사이좋게 놉니다. 용서해도 새까맣게 잊을 정도로 완전히 용서합니다. 하나님과의 친밀함을 유지하려면 용서를 잘해야 합니다.

③ 신뢰(trust)

어린이는 부모님을 신뢰합니다. 아무리 캄캄한 밤길이라 할지라도 어머니의 등에 업히면 잠을 잡니다. 전쟁 중에 포탄이 쏟아져도 어머니 품에 안기면 평안합니다. 이것이 어린이입니다. '내 영혼아 잠잠하라'는 복음성가에 이런 고백이 나옵니다. '주님께서 널 아시니 너의 길을 인도하리 주 은혜에 잠기어서 그의 품에 편히 쉬라.' '내가 너의 길을 알고 너의 길을 인도하리 내 은혜에 잠기어서 나의 품에 편히 쉬라.' 하나님을 신뢰해야 친밀함을 유지할 수 있습니다.

④ 말씀 묵상

하나님과의 친밀함을 지속하려면 말씀 묵상에 목숨을 걸어야 합니다. 말씀 묵상이 없으면 부부싸움을 하고 서로 말하지 않는 것과 마찬가지입니다. 부부 사이에 대화가 없으면 지옥입니다. 무슨 수를 써서라도 부부 사이에 대화를 회복해야 친밀함을 유지할 수 있습니다. 마찬가지로 말씀 묵상이 없으면 주님이 주시는 용서의 말씀, 위로의 말씀을 들을 수 없습니다. 그래서 친밀함이 쉽게 회복되지 않아요. 우리가 진정으로 구해야 할 것은 '하나님의 손'이 아니라 '하나님의 얼굴'입니다. 시편을 읽어보십시오. 시편의 모든 간구는 하나님의 얼굴을 구했습니다. 하나님의 얼굴을 구한다는 것은 하나님과의 친밀함을 구한다는 말입니다.

Q. 하나님과의 친밀함을 유지하기 위해 구체적으로 어떻게 살아야 할까요?

4. 삶의 적용

하나님과 친밀함을 유지할 때 우리가 누리는 축복은 다음과 같습니다.

Q. 에베소서 1장 3절을 적어 보십시오.

'하늘에 속한 신령한 복'이 풍성한데 우리가 영적인 거지로 살아가고 있다면, 그 이유가 무엇입니까? 그 비밀이 4절에 있습니다.

Q. 에베소서 1장 4절을 적어 보십시오.

그 비밀은 바로 '사랑 안에서'라는 구절에 있습니다. 이 '사랑 안에서'라는 구절의 의미는 '신랑과 신부가 나누는 친밀함'을 뜻합니다. 즉 하나님과의 친밀함을 지속하면, 하늘에 속한 모든 신령한 복을 누리고 살게 된다는 것입니다. 하나님과 친밀함을 누리십시오. 그래서 하나님의 풍성함을 누리십시오. 하나님과 친밀함을 누리는 것이 인생의 답입니다.

CHAPTER 20

하나님의 말씀을 묵상하는 삶

1. 주제의 글

그리스도인이 힘을 얻는 비결이 무엇인지 아십니까? 그것은 바로 하나님의 음성을 듣는 것입니다. 인생에는 수많은 역경과 고난이 있는데, 그때마다 사람들은 해답을 찾습니다. 하나님이 없는 사람들은 혼자 힘으로 해결해야 하므로 무거운 짐을 지게 됩니다. 그러나 믿음의 성도들은 하나님 앞에 잠잠히 나아갑니다. 그리고 하나님의 음성을 구하여 듣습니다. 그런데 믿음의 성도라고 하면서 하나님의 음성을 듣지 못한다면, 얼마나 안타까운 일이겠습니까?

2. 들어가는 말

목사가 되어 감사한 일이 많지만, 그중의 하나는 하나님의 말씀을 늘 묵상하게 된다는 것입니다. 설교를 준비하려면 반드시 말씀을 묵상해야 합니다. 설교는 지식만을 전달하는 것이 아니라 사람의 마음을 움직이는 것입니다. 사람의 마음을 움직이려면 말씀을 통해 먼저 설교자가 은혜를 받아야 합니다.

그 예로, 요한 2서 1장을 묵상한 내용을 간단히 나누어보겠습니다. 묵상 중에 이런 '하나님의 음성'을 들었습니다. "사랑하는 아들아. 너는 은혜로 마땅히 받아야 할 심판과 저주로부터 죄의 용서를 받았단다. 이 사실을 믿지? 성만찬 때 예수의 살과 피를 너의 몸에 채우듯이, 이 복음의 말씀을 너의 삶에 꽉 채워라. 사탄의 참소와 속임수에 흔들리지 말고, 너의 생각과 감정에 치우치지 말고, 약속의 말씀을 붙잡아라. 신실한 나를 믿어라."

주님의 음성을 듣고 이렇게 기도했습니다. "주님, 감사합니다. 주님의 세미한 음성을 들려주셔서 감사합니다. 엄마의 소리가 귓가에 들리지 않으면 놀다가도 불안해하는 갓난아이처럼 주님의 음성이 귓가에 들리지 않으면 저의 마음은 왠지 불안해집니다. 늘 주님의 세미한 음성을 들려주옵소서. 그래야 살겠나이다. 아멘." 말씀을 묵상하면서 하나님의 세미하고 잔잔한 음성을 들을 수 있어 행복합니다.

3. 성경 말씀 나누기

요한복음은 예수께서 오신 이유를 다음과 같이 밝히고 있습니다.

> "도둑이 오는 것은 도둑질하고 죽이고 멸망시키려는 것뿐이요 내가 온 것은 양으로 생명을 얻게 하고 더 풍성히 얻게 하려는 것이라(요한복음 10장 10절)."

예수님이 오신 것은 우리가 생명을 얻고, 더 풍성한 삶을 누리도록 하기 위함입니다. 예수님을 믿으면 그 삶이 더 풍성해져야 합니다. 그런데 삶이 곤고해지는 이유가 무엇입니까? 그것은 우리가 살아가면서 하나님의 음성을 듣지 못하기 때문입니다.

"문지기는 그를 위하여 문을 열고 양은 그의 음성을 듣나니 그가 자기 양의 이름을 각각 불러 인도하여 내느니라(요한복음 10장 3절)."

"자기 양을 다 내놓은 후에 앞서 가면 양들이 그의 음성을 아는 고로 따라오되(요한복음 10장 4절)."

"내 양은 내 음성을 들으며 나는 그들을 알며 그들은 나를 따르느니라(요한복음 10장 27절)."

양은 목자의 음성을 듣습니다. 양은 기름진 목초지가 어디인지 아는 목자의 음성을 듣고 따릅니다. 이것이 양이 사는 길입니다. 양들이 목자의 음성을 듣는 것처럼 하나님의 백성들은 하나님의 음성을 들을 수 있고, 들어야 합니다. 하나님의 음성을 듣지 못하여 맑은 물, 푸른 초장을 찾지 못하기에 거칠고 메마른 광야에서 헤매는 것입니다. 그래서 삶이 거칠고 메말라 가는 것입니다.

"주 여호와의 말씀이니라. 보라 날이 이를지라. 내가 기근을 땅에 보내리니 양식이 없어 주림이 아니며 물이 없어 갈함이 아니요 여호와의 말씀을 듣지 못한 기갈이라. 사람이 이 바다에서 저 바다까지, 북쪽에서 동쪽까지 비틀거리며 여호와의 말씀을 구하려고 돌아다녀도

얻지 못하리니 그 날에 아름다운 처녀와 젊은 남자가 다 갈하여 쓰러지리라(아모스 8장 11~13절)."

아름다운 처녀와 젊은 남자가 다 비틀거리며 쓰러진다고 했습니다. 노인만 힘이 쇠잔하여 쓰러지는 것이 아닙니다. 펄펄 날아야 할 젊은 이도 쓰러진다는 것입니다. 왜 쓰러질까요? 성경은 하나님의 음성을 듣지 못했기 때문이라고 말씀합니다. 어쩌면 그 모습은 우리의 모습이 아닐까요?

1) 하나님의 음성을 듣는 최고, 최선의 방법은 무엇입니까?
성경에 보면 하나님의 음성을 들었던 여러 가지 예가 나옵니다.

① 귀로 하나님의 음성을 직접 듣기도 합니다.
Q. 시편 40편 6절을 찾아 적어 보십시오.

_____

_____

_____

② 자연환경을 통하여 하나님께서 말씀하십니다.
Q. 창세기 9장 13절을 찾아 적어 보십시오.

_____

_____

③ 하나님이 직접 글씨를 쓰심으로 말씀하십니다.

Q. 다니엘 5장 24~25절을 찾아 적어 보십시오.

④ 동물을 통하여 지시하기도 합니다.
Q. 민수기 22장 28절을 찾아 적어 보십시오.

⑤ 제비를 통해 하나님의 뜻을 알리기도 합니다.
Q. 여호수아 18장 10절을 찾아 적어 보십시오.

⑥ 환상을 보기도 합니다.
Q. 요한계시록 1장 2절을 찾아 적어 보십시오.

그러나 하나님의 음성을 듣는 최고, 최선의 방법은 기록된 하나님의 말씀, 성경을 통해서입니다. 성경 말씀을 묵상하는 것입니다. 묵상이란 '기록된 말씀 속에서(로고스) 하나님의 음성을 듣고(레마) 그 하나님과 교제하는 것'입니다.

　2) 성경에 말씀 묵상을 권면하는 말씀이 많이 나옵니다.
　시편 119편은 시편의 150편 중에서 가장 긴 말씀입니다. 8절을 한 단위로 하여 22단락(8×22=176절)으로 구성되어 있습니다. 그리고 그 내용을 히브리어 알파벳 순서에 따라 배열해 놓았습니다. 주제는 '하나님의 말씀을 묵상하라'는 것입니다. 본문에서는 묵상을 '읊조린다.'라고 표현하고 있습니다.

　"내가 주의 법도들을 작은 소리로 읊조리며 주의 길들에 주의하며(15절)."

　"고관들도 앉아서 나를 비방하였사오나 주의 종은 주의 율례들을 작은 소리로 읊조렸나이다(23절)."

　"나에게 주의 법도들의 길을 깨닫게 하여 주소서. 그리하시면 내가 주의 기이한 일들을 작은 소리로 읊조리리이다(27절)."

　"또 내가 사랑하는 주의 계명들을 향하여 내 손을 들고 주의 율례들을 작은 소리로 읊조리리이다(48절)."

　"교만한 자들이 거짓으로 나를 엎드러뜨렸으니 그들이 수치를 당하게 하소서. 나는 주의 법도들을 작은 소리로 읊조리리이다(78절)."

"내가 주의 법을 어찌 그리 사랑하는지요. 내가 그것을 종일 작은 소리로 읊조리나이다(97절)."

"주의 말씀을 조용히 읊조리려고 내가 새벽녘에 눈을 떴나이다(148절)."

묵상을 위해서는 예수님의 기도 습관을 본받아야 합니다. 마가복음 1장 35절입니다. "새벽 아직도 밝기 전에 예수께서 일어나 나가 한적한 곳으로 가사 거기서 기도하시더니." '새벽 아직도 밝기 전에'라는 말씀은 예수님이 조용한 시간을 확보했다는 것입니다. '한적한 곳으로 가사'라는 말씀은 예수님이 조용한 장소를 확보했다는 것입니다. 예수님은 기도하시기 위하여 조용한 시간과 장소를 확보하셨던 것입니다. 말씀 묵상도 마찬가지입니다. 하나님과의 내밀하고도 깊은 교제를 위해 묵상을 위한 시간과 장소를 확보해야 합니다. 무슨 일이 있어도 하루 세 끼 식사를 하듯이, '무슨 일이 있어도 말씀 묵상은 해야 한다.'라고 결단해야 성공할 수 있습니다.

고명진 목사가 쓴 『예수님을 닮아가는 삶 20일』이란 책에 나온 글[51]입니다.

"예수님은 하나님의 말씀에 귀를 기울이고, 그분의 뜻에 순종하며 죽기까지 복종하셨습니다. …… 무엇을 바라보느냐가 우리의 미래를 결정합니다. …… 예수님처럼 하나님의 말씀에 귀를 기울이는 승리자의 거룩한 습관을 지니십시오. 그 습관이 인생을 바꿀 것입니다."

그렇습니다. 하나님의 말씀을 묵상하는 거룩한 습관을 지니십시오.

이 습관이 여러분을 예수님처럼 승리자로 만들 것입니다.

3) 말씀 묵상의 실제

어떻게 말씀 묵상을 해야 하는지 실제적인 도움을 드리겠습니다. '걱정'이 '문제'를 자주 생각하는 것이라면, '말씀 묵상'은 '말씀'을 자주 생각하는 것을 말합니다.

① 성령의 도우심을 간구

성경을 읽기 전에 성령의 도우심을 간구하십시오.

"모든 성경은 하나님의 감동으로 된 것으로 교훈과 책망과 바르게 함과 의로 교육하기에 유익하니(디모데후서 3장 16절)."

"오직 하나님이 성령으로 이것을 우리에게 보이셨으니 성령은 모든 것 곧 하나님의 깊은 것까지도 통달하시느니라(고린도전서 2장 10~11절)."

② 죄의 자백

성령께서 기억나게 하는 죄를 자백하고 용서를 구하십시오.

"내가 나의 마음에 죄악을 품었더라면 주께서 듣지 아니하시리라(시편 66편 18절)."

"만일 우리가 우리 죄를 자백하면 그는 미쁘시고 의로우사 우리 죄를 사하시며 우리를 모든 불의에서 깨끗하게 하실 것이요(요한 1서 1장 9절)."

③ 사탄을 대적하기

하나님의 음성 듣기를 방해하는 사탄을 대적하십시오. 사탄은 우리가 하나님을 만나 교제하는 것을 가장 싫어합니다. 따라서 할 수만 있으면 모든 것을 동원하여 말씀 묵상을 방해합니다. '나사렛 예수 이름으로' 묶고 물리치십시오.

④ 모든 선입견을 내려놓기

본문에 대한 전통적인 해석, 고정 관념을 내려놓고 마치 처음 대하는 말씀처럼 대하십시오.

⑤ 성경을 반복하여 읽고, 관찰하기

본문을 서너 번 반복해서 읽으십시오. 현미경적인 시각으로 읽어보십시오. 현미경적인 시각이란 미시적으로 낱말, 절을 살피는 등 숲에서 나무 한 그루씩을 보듯이 살피는 것을 말합니다. 망원경적인 시각으로 읽어보십시오. 망원경적인 시각이란 거시적으로 전후 문맥, 주제를 살펴서 전체 숲을 보듯이 살피는 것을 말합니다.

⑥ 등장인물을 묵상하기

상상력을 동원하여 등장인물의 생각, 감정, 의지, 성품을 그려봅니다.

⑦ 하나님을 묵상

본문에서 하나님의 생각, 감정, 의지, 성품을 묵상합니다. 그래서 본문을 통하여 '이런 하나님이시네!' '이런 예수님이시네!'라고 깨닫고 감탄하게 됩니다.

⑧ 묵상 뷔페

말씀 묵상한 내용을 교우들(속도원, 선교회원)과 나누면 더 큰 은혜를 경험할 수 있습니다.

4. 삶의 적용

하나님의 말씀을 묵상할 때 어떤 축복을 받는지 살펴보겠습니다. 출애굽 지도자 모세가 죽고 새 지도자로 여호수아가 세워졌습니다. 여호수아에게 가나안 정복 전쟁이라는 막중한 과업이 부과되었습니다. 여호수아는 얼마나 두렵고 떨렸겠습니까? 여호수아에게는 하나님을 만났던 모세와 같은 카리스마가 없었습니다. 여호수아에게는 백전노장인 모세와 같은 경험이 없었습니다. 여호수아에게는 모세와 같이 백성들의 전폭적인 지지가 없었습니다. 여호수아는 모세와 같이 나이가 연만하지 않았습니다. 그런 여호수아에게 주신 하나님의 말씀이 있습니다.

"오직 강하고 극히 담대하여 나의 종 모세가 네게 명령한 그 율법을 다 지켜 행하고 우로나 좌로나 치우치지 말라. 그리하면 어디로 가든지 형통하리니 이 율법책을 네 입에서 떠나지 말게 하며 주야로 그것을 묵상하여 그 안에 기록된 대로 다 지켜 행하라. 그리하면 네 길이 평탄하게 될 것이며 네가 형통하리라(여호수아 1장 7~8절)."

하나님은 여호수아에게 "이 율법책을 네 입에서 떠나지 말게 하며 주야로 그것을 묵상하여 그 안에 기록된 대로 다 지켜 행하라. 그리하면 네 길이 평탄하게 될 것이며 네가 형통하리라"(8절)고 말씀합니다. '평탄하다'는 것은 마음이 편하고 고요한 것, 일이 순조롭게 되는 것을 뜻합니다. '형통하다(사칼, לכש)'는 번영, 성공하다를 뜻합니다. 인생의 평탄함과 형통의 비결은 하나님의 말씀을 묵상하는 데에 있다는 것입니다. 여호수아가, 그리고 우리가 가슴에 새겨야 할 승리의 비결인 것입니다. 목사가 말씀 묵상을 안 하면 가짜 목사가 됩니다. 성도가 말씀 묵상을 안 하면 가짜 성도가 됩니다.

CHAPTER 21

성경적
재정 원칙

1. 주제의 글

그리스도의 제자로 산다는 것은 재정 사용에도 철저히 하나님의 다스리심을 받는 것을 의미합니다. 재정에 있어서 주도권 포기는 처음에는 쉽지 않고 부담되는 일이지만, 믿음으로 하나님께 드리고 나면 놀라운 자유와 기쁨을 누리게 됩니다. 성경에서 말하는 재정 원칙을 세우고 산다는 것은 율법에 얽매이는 것이 아니라, 돈 걱정에서 자유를 누리고, 모든 필요를 채우시는 하나님의 공급하심을 실제로 누리게 되는 것입니다.

2. 들어가는 말

우리나라의 개인당 국민 소득이 3만 불에 도달한다고 합니다. 그런데 미래에 대한 불안과 걱정은 여전한 것 같습니다. 오히려 60년대 개인당 국민 소득이 1,000불 때보다 더하는 것 같습니다. 왜 이렇게 되었을까요? 무엇이 문제입니까? 감리교의 창시자인 존 웨슬리는 '메도디즘에 관한 생각'이란 설교에서 다음과 같이 말했습니다.

> "나는 감리교도(Methodist)들이라고 불리는 사람들이 유럽에서나 아메리카에서 사라지는 것을 두려워하지 않는다. 그러나 나는 그들이 능력 없는 종교의 형식만을 가진 일종의 죽은 종파가 될까봐 두려워한다."[52]

존 웨슬리는 감리교가 죽은 종파로 변질할 가능성의 요인을 이렇게 지적했습니다.

> "나는 부가 증가하는 곳에서는, 지극히 소수의 예외가 있긴 하지만, 그 부가 증가하는 만큼 기독교의 본질이 퇴색한다는 사실을 잘 알고 있다. 감리교도들은 근면 검약하므로 지금 이 세상에서 여러 방면으로 성공하여 재물을 쌓아가고 있다. 그러므로 부유해진 감리교도들에게 육체의 정욕과 안목의 정욕과 이생의 자랑도 비례하여 증가했고, 그래서 감리교회의 형식은 남아 있지만, 그 정신은 신속히 사라져버리고 있다. 그렇다면 진정한 감리교회의 쇠퇴를 막을 길은 어디에 있단 말인가? 우리는 사람들이 근면하고 검약하게 사는 것을 막아서는 안 된다. 모든 그리스도인들에게 '할 수 있는 만큼 벌고, 할 수 있는 만큼 저축하고, 그렇게 해서 결과적으로 부자가 돼라.'라고 권면해야 한다. 그다음에 우리의 돈과 재물이 우리를 지옥의 밑바닥으로 떨어지게 만들지 않도록 할 방도가 무엇인가? 단 한 가지 방도가 있으며, 이외에는 하늘 아래 어떤 길도 없다. 할 수 있는 대로 많이 벌고, 할 수 있는 대로 많이 저축하고, 할 수 있는 대로 많이 나눠준다면, 그들은 많이 벌수록 더욱 은혜 안에 성장할 것이며, 더 많은

보물을 하늘나라에 쌓게 될 것이다."⁵³

존 웨슬리는 감리교를 변질시킬 요인으로 돈과 재물을 들었습니다. 존 웨슬리는 경제적인 부유함과 영적 타락이 서로 연관이 있다고 생각한 것입니다. 그는 "기독교인이 부유하게 되는 만큼 세상에 대한 사랑도 증가할 것이다."라고 판단했습니다. 결과적으로 그 돈과 재물이 기독교인을 지옥의 밑바닥으로 떨어지게 만든다는 것입니다. 이런 위험에서 벗어나는 유일한 길은 '할 수 있는 대로 많이 벌고, 할 수 있는 대로 많이 저축하고, 할 수 있는 대로 많이 나눠줘야 한다.'라는 것입니다. 그렇게 된다면, 돈을 많이 벌면 벌수록 더욱 은혜 안에 성장할 것이며, 더 많은 보물을 하늘나라에 쌓게 될 것입니다.

Q. 존 웨슬리의 위 설교에 대해 어떻게 생각합니까?

_____
_____
_____

3. 성경 말씀 나누기

성경에는 돈에 대한 말씀이 3,224번이나 나옵니다. 믿음(215절)과 구원(218절)에 대한 말씀과 비교해볼 때 10배나 많습니다. 예수님의 38개의 예화 중에 22개가 돈에 관한 예화입니다. 성경에 돈에 대한 말씀이 많이 나온 이유는 사람들이 돈에 관심이 많기 때문입니다.

이번 과에서는 그리스도인으로서 어떤 재정 원칙을 가지고 살아야 할지 생각해 보고자 합니다. 성경적인 재정 원칙을 지키지 않으면, 재정적인 혼란과 압박, 재정으로 오는 스트레스와 빈곤을 겪게 됩니다. 반대로 성경적인 재정 원칙을 지키면, 재정적인 안정과 확신, 미래의 축복을 기대하게 됩니다.

1) 맘몬의 영을 주의하라.
성경은 재물을 영적인 실체인 맘몬으로 가르치고 있습니다.

> "한 사람이 두 주인을 섬기지 못할 것이니 혹 이를 미워하고 저를 사랑하거나 혹 이를 중히 여기고 저를 경히 여김이라. 너희가 하나님과 재물을 겸하여 섬기지 못하느니라(마태복음 6장 24절)."

우리말 성경에서는 '재물'이라고 번역되었지만, 영어 성경에서는 '맘몬(Mammon-KJV)'이라고 번역되어 있습니다. 대문자로 쓴 '맘몬'이란 돈으로 우리에게 영향을 주고, 우리를 다스리는 악한 영적인 실체를 말합니다. 그러면 맘몬의 목적은 무엇일까요?

① 맘몬은 우리가 하나님을 떠나게 만듭니다.
> "돈을 사랑함이 일만 악의 뿌리가 되나니 이것을 탐내는 자들은 미혹을 받아 믿음에서 떠나 많은 근심으로써 자기를 찔렀도다(디모데전서 6장 10절)."

맘몬은 사람을 믿음에서 떠나게 합니다. 사람이 하나님의 다스림이 아니라 돈의 다스림을 받게 합니다. 사람들은 돈을 벌기 위해 하나님을 예배하는 것을 쉽게 포기합니다. 맘몬은 이처럼 우리를 하나님과 멀어지게 합니다.

② 맘몬은 우리가 재정에 대해 걱정을 하게 합니다.

재물을 신뢰하기 시작하면 걱정과 두려움이 생기기 시작합니다. 맘몬은 부자에게는 가진 것을 잃을까 봐 늘 걱정하게 만들고, 가난한 사람에게는 쓸 것이 모자랄까 봐 늘 걱정하게 만듭니다.

③ 맘몬은 우리를 불만족하게 합니다.

맘몬은 우리가 가진 것으로 만족하지 못하게 합니다. 사도 바울은 자족하기를 권면했습니다.

"내가 궁핍하므로 말하는 것이 아니니라. 어떠한 형편에든지 나는 자족하기를 배웠노라. 나는 비천에 처할 줄도 알고 풍부에 처할 줄도 알아 모든 일 곧 배부름과 배고픔과 풍부와 궁핍에도 처할 줄 아는 일체의 비결을 배웠노라 내게 능력 주시는 자 안에서 내가 모든 것을 할 수 있느니라(빌립보서 4장 11~13절)."

그리스도인은 어떠한 형편에서도 자족해야 합니다. 그러나 맘몬은 우리를 불만족하게 합니다.

④ 맘몬은 우리를 인색하게 만듭니다.

늘 모자랄 것 같은 두려움이 있어서 베푸는 것에 인색하게 됩니다. 나눔에 인색한 것은 재정의 형편과는 상관이 없습니다. 돈이 없으므로 인색한 것이 아닙니다. 돈이 있는 사람도 인색하고, 돈 없는 사람도 인색할 수 있습니다. 맘몬은 우리로 인색하게 만듭니다.

2) 하나님이 공급자임을 믿어라.

하늘을 나는 새가 걱정하는 것을 본 적이 있습니까? 새들이 처마 끝 빨랫줄에 앉아 이마에 주름을 잡아가며, 무엇을 먹을까 걱정하는 것을 본 적이 있습니까? 나를 사랑하시는 하나님이 나의 필요를 채우실 것이라는 절대적인 확신을 하고, 철저하게 하나님만을 의지하라는 것입니다. 누가 공급자입니까? 하나님이 공급자입니다. 고용주나 투자, 은행 계좌, 배우자는 나의 쓸 것을 공급하는 통로에 불과합니다. 이것을 확신하면 일자리를 잃었거나 경제 불황이 닥친다고 할지라도 공급자는 여전히 하나님이시기 때문에 두려워하지 않게 됩니다. 하나님은 단지 공급의 통로를 바꾸고 계실 뿐입니다. 하나님이 나의 공급자라는 확신을 가질 때, 무엇을 먹을까 무엇을 마실까? 무엇을 입을까에 대한 두려움은 사라집니다. 그러나 이런 믿음이 없는 사람은 증권시장이 폭락하면 '쫄딱 망했다.'라고 절망합니다.

Q. 당신은 재정에 대해 얼마나 하나님을 인정하고 있습니까?

---

3) 살림살이의 규모를 한정하라.

살림살이의 규모를 한정하지 않으면 결코 이기심을 부추기는 맘몬의 영향을 벗어날 수 없습니다. 사람의 욕심은 한이 없습니다. 통장에 400만 원이 있으면 500만 원을 만들고 싶어 합니다. 600만 원이 되면 "하나님 감사합니다. 500만 원이 넘었으니까 100만 원은 구제하겠습니다."라고 말합니까? 아닙니다. "400만 원만 더 있으면 1,000만 원 아귀를 맞출 수 있는데……." 하고 아쉬워합니다.

주택을 예로 들어볼까요? 사글세를 살던 사람이 말합니다. "전세에 살면 무슨 걱정이 있을까. 소원이 없을 텐데……." 그 사람이 돈을 벌어 전세로 옮겨갔습니다. 그러면 "하나님 감사합니다. 이제 소원이 없습니다."라고 고백합니까? 아니지요. 어느새 "하나님 초가삼간이라도 좋으니 내 집을 쓰고 살도록 해주십시오."라고 기도합니다. 은행 대출을 받아 집을 마련합니다. 빚을 갚을 때쯤이면 또 대출을 받아 더 큰 집을 마련합니다. 내 집 마련이 끝나면 첫째 아들의 집을 위하여 대출을 받습니다. 그게 끝나면 또 둘째 아들의 집을 마련합니다. 또 빚을 집니다. 그러다가 한평생 의미 있는 돈 한 번 써보지 못하고 죽음을 맞습니다. 이것이 맘몬이 인간을 다스리는 방법입니다. 욕심에 이끌리지 말고, 살림살이의 규모를 한정하십시오.

4) 빚지기를 두려워하라.

『그리스도인의 재정 원칙』(크래그 힐. 얼 피츠)에 보면, "빚을 진다는 것은 성도의 삶에서 하나님의 나라의 질서가 붕괴한 것이다."[54]라고 언급하고 있습니다. 얼마나 심각한 말입니까? 미국 가정의 이혼 사유 중 50%가 빚 문제 때문이라는 통계가 있습니다. 빚을 지면 빚이 그 사람의 주인이 됩니다. 빚을 지면 아무리 믿음이 좋은 성도라고 할지라도 빚이 주인이지 예수 그리스도가 주인이 되기 어렵습니다. 아무리 돈이 많은 사람일지라도 빚을 지면 자유롭게 남을 위해 물질을 사용할 수 없습니다. 빚을 지면 선교할 수 없습니다. 빚을 지면 구제할 수 없습니다. 뭐 좀 하려고 하면, "아이고, 내 빚이 얼만데……"라는 생각이 들어 손을 거두게 됩니다. 빚을 지지 마십시오. 빚을 안 지려면 생활의 절제가 있어야 합니다. 단순한 삶(simple life)을 사십시오. 빚에서 벗어나는 방법을 소개해드리겠습니다.

① 신용카드의 사용을 절제하라. 현금으로 물건을 사도록 하십시오. 신용카드를 꺾으십시오. '하나님의 재정 원칙'을 가르치는 강의에서 강조하는 것이 신용카드를 꺾으라는 것입니다. 신용카드를 사용하면 빚을 지는 생활에서 벗어날 수 없기 때문입니다. 빚을 지지 않고 가진 만큼 소비하려면 신용카드를 버려야 합니다. ② 번 만큼만 써라. 수입보다 지출이 많으면 필요의 원을 줄이십시오. 그렇게 함으로 빚 지지 말아야 합니다. ③ 빚 갚기를 포기하지 말라. 빌린 사람은 잊었을지 모르지만 빌려준 사람은 기억하고 있습니다. 빚 갚는 것은 신앙 인격과 관계가 있습니다. 꼭 갚으십시오. 빚지기를 두려워하십시오.

5) 많이 심어라

그리스도인은 흘려보내기(flowing) 위하여 부름을 받았습니다. 아브라함을 보십시오.

> "……땅의 모든 족속이 너로 말미암아 복을 얻을 것이라 하신지라(창세기 12장 3절)."

마찬가지로 우리는 자꾸 흘려보냄으로 다른 사람을 유익하게 하려고 부름을 받았습니다. 성경은 '흘려보내는 것'을 '심는다.'라는 농사 개념으로 말하고 있습니다. 헌금을 농사 개념으로 설명하는 성경을 몇 군데 찾아보겠습니다. 십일조에 대한 가르침입니다.

Q. 말라기 3장 10절을 찾아 적어 보십시오.

_____
_____
_____
_____

이어서 하신 말씀이 농사일을 비유로 하신 말씀입니다.

Q. 말라기 3장 11절을 찾아 적어 보십시오.

_____
_____
_____

모두 농사일에 관련된 말씀입니다. 바울 사도가 고린도 교회의 구제 연보에 대하여 하신 말씀도 마찬가지입니다.

"그러므로 내가 이 형제들로 먼저 너희에게 가서 너희가 전에 약속한 연보를 미리 준비하게 하도록 권면하는 것이 필요한 줄 생각하였노니 이렇게 준비하여야 참 연보답고 억지가 아니니라. 이것이 곧 적게

> 심는 자는 적게 거두고 많이 심는 자는 많이 거둔다 하는 말이로다
> (고린도후서 9장 5~6절)."

바울 사도도 이처럼 연보하는 것을 농사짓는 일로 설명합니다.

하나님이 창조하신 모든 곡식은 심으면 최소한 30배, 60배, 100배의 결실을 거둡니다. 볍씨도 한 톨을 심으면 최소한 30배, 60배, 100배의 결실을 거둡니다. 옥수수도 한 알을 심으면 최소한 30배, 60배, 100배의 결실을 거둡니다. 은행에 넣어두면 이자는 연 5% 정도입니다. 그러나 하나님께 심으면 3,000%, 6,000%, 10,000%의 결실을 거둡니다. 이것이 하나님의 경제 원칙입니다. 그래서 하나님이 우리에게 보상하는 방법은 '넘치게' 하는 것입니다.

> "주라 그리하면 너희에게 줄 것이니 곧 후히 되어 누르고 흔들어 넘치도록 하여 너희에게 안겨 주리라. 너희가 헤아리는 그 헤아림으로 너희도 헤아림을 도로 받을 것이니라(누가복음 6장 38절)."

> "하나님이 능히 모든 은혜를 너희에게 넘치게 하시나니 이는 너희로 모든 일에 항상 모든 것이 넉넉하여 모든 착한 일을 넘치게 하게 하려 하심이라(고린도후서 9장 8절)."

심으면 반드시 넘치게 거둡니다. 왜 가난합니까? 심지 않고 다 자기가 먹어치우기 때문입니다. 필리핀 선교사가 말했습니다. 빈민촌의 빈민들이 가난을 세습하는 이유는, 받는 데는 '도사'인데 주는 데에는 '백치'이기 때문이랍니다. 부모가 줄 줄 모르고 받기만 했으니까 자식

들도 줄 줄 모르고 받기만 하더라는 것입니다. 그러니까 가난이 세습되더라는 것입니다. 넘치게 받을 것을 기대하면서 많이 심으십시오.

4. 삶의 적용

부(재물)에는 세 종류의 부가 있습니다. 그것은 현재의 재물, 미래의 재물, 그리고 영원한 재물입니다. 우리가 가지고 있는 재물은 그 돈을 쓰기에 따라서 현재를 풍요롭게 할 뿐만 아니라, 미래의 내 삶과 자식들의 삶을 보장합니다. 영원한 재물로 천국의 상급이 됩니다.

"네가 이 세대에서 부한 자들을 명하여 마음을 높이지 말고 정함이 없는 재물에 소망을 두지 말고 오직 우리에게 모든 것을 후히 주사 누리게 하시는 하나님께 두며 선을 행하고 선한 사업을 많이 하고 나누어 주기를 좋아하며 너그러운 자가 되게 하라. 이것이 장래에 자기를 위하여 좋은 터를 쌓아 참된 생명을 취하는 것이니라(디모데전서 6장 17~19절).

성경적 재정 원칙을 지켜 안정과 보람, 그리고 자손만대에 축복을 누리게 되길 바랍니다.

Q. 이번 과를 공부하면서 느낀 점을 적어 보십시오.

CHAPTER 22

기도 응답의 원칙

1. 주제의 글

기도는 하나님의 자녀가 누리는 대표적인 특권입니다. 마태복음 7장 7절 이하의 말씀[55]을 비롯하여 성경 곳곳에서 하나님은 기도할 때 응답하시겠다고 말씀하셨습니다. 그런데 막상 기도를 해보면, 모든 기도가 다 응답받는 것은 아니라는 것을 알게 됩니다. 왜 어떤 기도는 응답받고, 또 어떤 기도는 응답받지 못하는 것일까요? 기도 생활을 하다가 실망하여 낙심하지 않기 위해서는 기도 응답의 원칙을 알아야 합니다.

2. 들어가는 말

기도 생활을 하다가 빠질 수 있는 두 가지 수렁이 있습니다.

첫째는 '어찌하여?'라는 수렁입니다. 하나님을 진정으로 신뢰할 때는 기도 중에 '어찌하여?'라고 묻지 않습니다. '어찌하여'라는 질문을 던지기 시작하면 하나님을 향한 신뢰를 점차 잃게 됩니다. 그리고 하나님을 향한 원망과 서운함으로 가득하게 됩니다. "뭘 그렇게 잘못했다고 내게 이런 고통을 주십니까?"라는 식입니다. 이러한 수렁에 빠지지 않기 위해서는 도저히 받아들일 수 없는 일이 우리 삶에 일어난다 해도 의식적으로 다음과 같이 고백해야 합니다. "하나님이 옳으십니다!" 이 고백을 하는 순간 원망이 사라지고 감사함이 밀려옵니다. 이 고백을 하는 순간 핏발 선 눈에서 눈물이 쏟아집니다.

둘째는 '언제까지니까?'라는 수렁입니다. 때로는 고난의 강도보다는 고난의 기간이 우리를 힘들게 합니다. 그러다 보니 그 고난이 언제 끝날지에만 집중하게 됩니다. '나의 고난이 언제나 끝날까?', '언제까지 실업자로 지내야 하는 걸까?', '사업은 언제나 회복될까?', '언제쯤 건강해질 수 있을까?'라는 것입니다.

시편 13편을 보면, 다윗은 이 조바심에서 벗어났습니다. 어떻게 조바심에서 벗어났을까요? 다윗은 양파 껍질을 벗기듯이 하나님과의 관계에서 불확실한 것들을 하나둘씩 벗겨냈습니다. 그랬더니 확실한 것이 하나 남았습니다. 그것은 바로 '그가 여전히 하나님의 축복 속에 있다.'라는 사실이었습니다. 다른 것은 몰라도 그 사실은 부정할 수 없었습니다. 그 순간 다윗의 영혼에 빛이 비쳐 들어왔습니다. 이제 '하나님이 언제 응답하실까?' 하는 문제는 다윗에게 중요하지 않게 되었습니다. 기도 응답이 빨라도, 늦어도 상관이 없었습니다. 결국, 하나님께서 자신을 인도하실 것을 믿었기 때문입니다.

Q. 기도 응답을 기다리다가 실망하거나 좌절한 경험이 있습니까?

3. 기도 응답의 확신은 언제 얻습니까?

그것은 우리가 하나님의 뜻대로 구할 때입니다.

Q. 요한일서 5장 14~15절을 찾아 적어 보십시오.

'그의 뜻대로 무엇을 구하면 들으심이라.' 하나님의 뜻에 무지하거나 관심이 없으면 아무리 기도를 열심히 해도 응답에 대한 확신을 가질 수 없습니다. 기도하고 있는 제목이 하나님의 뜻이라는 확신이 없으면, 기도하다가도 힘이 빠지고, 포기하기 쉽습니다. 사도 바울이 골로새 교우들을 위해 드린 간구를 묵상해 보십시오.

> "이로써 우리도 듣던 날부터 너희를 위하여 기도하기를 그치지 아니하고 구하노니 너희로 하여금 모든 신령한 지혜와 총명에 하나님의 뜻을 아는 것으로 채우게 하시고(골로새서 1장 9절)."

하나님의 뜻을 아는 것이 기도 응답의 길로 들어서는 관문입니다.

자기 뜻보다 하나님의 뜻을 더 소중하게 여기고, 기꺼이 그 뜻에 순종할 마음을 가질 때, 놀랍게 응답에 대한 확신이 생깁니다. 그렇다면 나의 기도가 하나님의 뜻에 일치하는지 어떻게 분별할 수 있을까요?

1) 성경의 약속을 붙잡고 기도하라.

우리는 구약성경 곳곳에서 위대한 기도들을 찾아볼 수 있습니다. 그중에서도 다니엘의 기도는 우리를 놀라게 합니다. 그의 기도가 우리에게 주는 교훈은 하나님의 약속을 붙잡고 기도해야 한다는 것입니다. 다니엘이 살던 시대는 이스라엘 백성이 바벨론의 포로로 잡혀간, 절망적인 상황이었습니다. 예루살렘 성이 무너지고, 성전은 파괴되었으며, 율법을 가르치던 제사장들과 학자들은 다시는 하나님의 말씀을 가르칠 수 없었습니다. 모든 사람이 하나님의 말씀을 들을 수 없어, 하나님의 약속을 잊고 살아가고 있을 때였습니다. 이때 다니엘은 하나님의 말씀을 읽다가 놀라운 발견을 하게 됩니다.

> "메대 족속 아하수에로의 아들 다리오가 갈대아 나라 왕으로 세움을 받던 첫 해 곧 그 통치 원년에 나 다니엘이 책을 통해 여호와께서 말씀으로 선지자 예레미야에게 알려 주신 그 연수를 깨달았나니 곧 예루살렘의 황폐함이 칠십 년만에 그치리라 하신 것이니라(다니엘 9장 1~2절)."

다니엘은 예레미야에게 주신 하나님의 말씀을 기록한 책을 읽다가 하나님의 놀라운 약속을 발견했습니다. 그것은 "예루살렘의 황폐함이 칠십 년만에 그치리라"라는 약속이었습니다. 다니엘은 이 약속을 붙잡고 금식 기도에 들어갔습니다.

"내가 금식하며 베옷을 입고 재를 덮어쓰고 주 하나님께 기도하며 간구하기를 결심하고(다니엘 9장 3절)."

다니엘은 성경을 통해 하나님의 약속을 알게 되었고, 그 약속을 붙잡고 기도를 시작했습니다. 하나님의 약속만큼 기도 응답을 확신할 수 있는 보증은 없습니다. 기도 생활의 가장 큰 문제는 말씀의 빈곤입니다. 성경은 하나님의 백성에게 주시는 약속 그 자체입니다. 그 안에 구원, 축복의 비결, 회복과 미래에 대한 모든 약속이 담겨 있습니다. 성경을 가지고 있으면서도 읽지 않고, 하나님은 약속하셨지만 믿지 못한다면 확신 있는 기도를 할 수 없습니다.

선물꾸러미를 푸는 아이의 얼굴을 바라본 적이 있습니까? 하나님의 말씀과 약속을 가진 사람은 선물꾸러미를 푸는 아이처럼 기대감으로 가득 차 있습니다. 성경은 선물꾸러미이고, 기도는 선물꾸러미를 푸는 것과 같습니다.

2) 성령의 내적 인상을 분별하라.

신약 시대는 구약 시대와 달리 예수 그리스도를 믿는 모든 성도의 마음속에 성령이 내주하십니다. 예수님은 보혜사 성령을 다음과 같이 소개하십니다.

Q. 요한복음 16장 13절을 찾아 적어 보십시오.

"그가 너희를 모든 진리 가운데로 인도하시리니……." 성령께서 성도들을 진리 가운데로 인도하신다는 말씀입니다.

바울은 빌립보서에서 기도와 관련해 성령의 내적인 인상을 판단할 수 있는 두 가지 기준에 관해 설명하고 있습니다.

> "아무것도 염려하지 말고 다만 모든 일에 기도와 간구로 너희 구할 것을 감사함으로 하나님께 아뢰라. 그리하면 모든 지각에 뛰어난 하나님의 평강이 그리스도 예수 안에서 너희 마음과 생각을 지키시리라(빌립보서 4장 6~7절)."

두 가지 기준이란 마음과 생각의 두 영역에서 평강이 일어난다는 사실입니다. 마음은 주로 감정적인 느낌을 통해 감지됩니다. '평강'이란 불안이나 두려움이 없는 마음의 고요함을 의미합니다. 이는 하나님과의 관계가 올바르게 되었을 때 찾아오는 안정된 상태입니다. 생각의 평안은 논리가 모순되지 않을 때 갖게 됩니다. 생각은 마음과 달리 어떤 논리나 체계를 갖습니다. 예를 들어, 자신의 기도가 하나님의 나라에 얼마나 이바지할 수 있는지, 도덕적으로 옳은지, 자신의 신앙생활에 얼마나 실제적인 유익을 가져올 수 있는지를 논리적으로 따져볼 수 있습니다. 생각에 모순이 없어야 평강이 찾아옵니다. "이번 밀수를 성공하게 해 달라."고 떳떳하게 기도할 수는 없습니다. 기도하지만 논리적으로 모순되고 명분도 없다면, 그의 생각은 심각한 혼란을 겪을 것입니다. 마음과 생각에 평강이 있을 때, 그 기도가 하나님의 뜻과 일치할 수 있습니다.

3) 하나님으로부터 온 소원을 유지하라.

불신자들에게도 소원은 있습니다. 그러나 그리스도인들에게 있어 소원은 다른 의미를 가집니다. 불신자들의 소원은 자신의 야망과 꿈에서 시작되지만, 그리스도인들의 소원은 하나님의 소원에서 비롯됩니다. 우리는 이것을 비전이라고 합니다.

바울은 빌립보서 2장 13절에서 이렇게 이야기합니다.

> "너희 안에서 행하시는 이는 하나님이시니 자기의 기쁘신 뜻을 위하여 너희에게 소원을 두고 행하게 하시나니."

하나님의 기쁘신 뜻은 성도들의 소원으로 나타납니다. 성령의 인도를 따라 사는 그리스도인에게는 하나님께서 두신 소원이 있습니다.

느헤미야를 예로 들어보겠습니다. 느헤미야의 이야기는 이렇게 시작됩니다.

> "하가랴의 아들 느헤미야의 말이라. 아닥사스다 왕 제이십 년 기슬르월에 내가 수산 궁에 있는데 내 형제들 가운데 하나인 하나니가 두어 사람과 함께 유다에서 내게 이르렀기로 내가 그 사로잡힘을 면하고 남아 있는 유다와 예루살렘 사람들의 형편을 물은즉 그들이 내게 이르되 사로잡힘을 면하고 남아 있는 자들이 그 지방 거기에서 큰 환난을 당하고 능욕을 받으며 예루살렘 성은 허물어지고 성문들은 불탔

다 하는지라. 내가 이 말을 듣고 앉아서 울고 수일 동안 슬퍼하며 하늘의 하나님 앞에 금식하며 기도하여(느헤미야 1장 1~4절)."

예루살렘 성이 허물어지고 성문들은 불탔으며, 남아 있는 자기 백성들은 큰 환난과 능욕을 당했다는 사실은 느헤미야에게 엄청난 충격을 주었습니다. 이 소식을 접하자마자 느헤미야의 영혼 속에 뜨거운 소원이 일어나기 시작했습니다. 즉 무너진 예루살렘 성을 재건해야겠다는 소원이었습니다. 느헤미야는 하나님께서 두신 소원을 가지고 기도합니다.

"주여 구하오니 귀를 기울이사 종의 기도와 주의 이름을 경외하기를 기뻐하는 종들의 기도를 들으시고 오늘 종이 형통하여 이 사람 앞에서 은혜를 입게 하옵소서(느헤미야 1장 11절)."

여기 나오는 '이 사람들'은 아닥사스다 왕을 비롯한 페르시아 제국의 관리들을 가리킵니다. 느헤미야는 아닥사스다 왕 제이십 년 기슬르월에 예루살렘의 소식을 접한 후에 곧바로 기도에 들어갔습니다. 그리고 그가 술 관원이 될 때까지, 그해 닛산 월까지 40일 동안 기도를 드렸습니다. 그가 어느 정도 금식했는지는 모르지만, 상당 기간 금식한 것은 틀림없습니다. 예루살렘 성을 재건하고자 하는 느헤미야의 소원은 40일 금식 기도의 출발이 되었습니다. 이 소원은 하나님이 느헤미야의 마음속에 두신 위대한 비전이며 기도의 제목이었습니다. 오늘 우리 마음속에는 어떤 소원이 일어나고 있습니까? 앉을 때마다, 일어설 때마다 어떤 생각이 여러분의 마음을 사로잡고 있습니까? 소원

속에는 이미 하나님의 응답이 포함되어 있습니다.

Q. 당신에게는 느헤미야와 같은 소원이 있습니까?
_____
_____
_____
_____

4) 하나님의 나라와 그의 영광을 구하라.

예수님은 우리가 필요한 모든 것을 구하기 전에 먼저 그의 나라와 그의 의를 구하라고 말씀하셨습니다. 그래서 하나님의 나라와 그의 의를 구하는 것은 우리의 필요를 얻게 하는 열쇠와도 같은 것입니다 (마태복음 6장 33절).

1540년, 루터의 친한 벗인 프레드릭 미코니우스가 중병에 걸렸습니다. 어느 날 저녁, 그는 떨리는 손으로 극진히 사랑하는 루터에게 작별의 편지를 썼습니다. 루터는 그의 편지를 받고 즉시 다음과 같은 회답을 써서 보냈습니다. "나는 교회를 개혁하는 일에 있어서 아직도 자네가 필요하기 때문에 하나님의 이름으로 자네에게 살 것을 명령하네. 나는 이것을 위해 기도하네. 이것이 나의 뜻이네. 이 뜻이 이루어지길 비네." 놀랍게도 말할 기운조차 없었던 미코니우스는 루터의 편지를 받고 회복되었습니다. 이것은 루터가 종교개혁을 한창 진행할 당시 일어난 사건입니다. 루터의 기도는 매우 단순한 원칙에서 출발하고 있습니다. 하나님의 이름을 영화롭게 하는 것입니다. "나는 교회를 개혁하는 일에 있어서 아직도 자네가 필요하므로 하나님의 이름으로 자네에게 살 것을 명령하네."

우리는 이 문장 안에서 루터가 어떤 근거에서 그러한 확신에 찬 기도를 드렸는지 짐작할 수 있습니다. 루터는 자기 뜻이 하나님의 영광을 구하는 것임을 조금도 의심하지 않았습니다. 이 원칙은 오늘날 회복되어야 할 가장 중요한 기도의 정신입니다. 하나님의 나라와 그의 영광! 만약 이 정신이 우리 마음 가운데 일어난다면, 우리의 기도는 하나님의 보좌를 움직일 것입니다. 우리의 기도가 하나님의 영광을 구하는 데에 초점이 맞춰져 있다면, 그 기도는 하나님의 뜻과 일치할 수 있습니다.

4. 삶의 적용

기도는 우리의 희망입니다. 기도는 우리의 힘입니다. 기도는 우리 삶에 하나님의 일하심을 경험하는 것입니다. 기도는 축복입니다.

Q. 이번 과를 공부하면서 느낀 점을 적어 보십시오.

CHAPTER 23

속회(소그룹)

1. 주제의 글

초대 예루살렘 교회는 주일 예배라는 대그룹 모임과 가정 교회라는 소그룹 모임을 함께 가지고 있었습니다. 예루살렘 교회가 주일 대그룹 모임을 통해서 예배와 교육이라는 두 가지의 유익을 얻었다면, 주중 각 가정에서 모이는 소그룹 모임 통해서 돌봄과 교제, 새가족의 동화라는 세 가지 유익을 얻었습니다.

> "……집에서 떡을 떼며 기쁨과 순전한 마음으로 음식을 먹고 하나님을 찬미하며 또 온 백성에게 칭송을 받으니 주께서 구원 받는 사람을 날마다 더하게 하시니라(사도행전 2장 46~47절)."

Q. 당신은 대그룹 모임과 소그룹 모임을 통해 풍성한 신앙적 공급을 받고 있습니까?

_____

_____

_____

2. 들어가는 말

속회(소그룹)가 죽으면 교회가 죽습니다. 흔히 속회를 셀(cell-세포)이라고 합니다. 우리 몸에는 수많은 세포가 있습니다. 그런데 그중의 하나에 문제가 생기면, 몸 전체에 문제가 생깁니다. 사람은 머리부터 발끝까지 모두 병들어서 죽는 것이 아니라, 일부가 병들어 죽습니다. 마찬가지로 속회가 건강하지 못하면, 교회도 병이 듭니다. 속회가 죽으면, 교회도 죽습니다. 속회가 힘이 없으면, 교회도 힘이 없습니다. 속회가 부흥하면 교회가 부흥합니다.

그런데 우리 교회의 속회 현실은 어떠합니까? "요즘 사람들이 얼마나 바쁘고 생활이 복잡한데 주일 예배 한 번이면 됐지 또 모이라고 하는가?" "현대인들이 사생활을 얼마나 중요하게 생각하는데 집을 개방하라고 하는가?" 이러한 태도들로 속회가 형식화되거나 유명무실화 되어 가고 있습니다.

3. 성경 말씀 나누기

1) 속회는 무엇인가?

기독교 대한 감리회 『교리와 장정』에 기록된 속회 조직[56]은 다음과 같습니다.

교인들의 신앙 훈련과 친교, 교회의 봉사 활동을 위하여 속회를 조직한다. 속회의 직무는 다음과 같다.

① 속회는 교인들의 거주지와 관심사에 따라 5~9세대로 조직한다.
② 속회는 인도자의 지도로 성경을 연구하며 예배와 중보 기도를 드린다.
③ 속회는 속장의 주선하에 교인 가정을 살피고 돌보는 일을 한다.
④ 이웃을 전도하는 일에 힘쓴다.
⑤ 속회는 교회 사업이나 속회 활동을 위하여 헌금한다.
⑥ 속회는 속회원 간의 친교를 도모하며, 생활 개선을 위해 힘쓴다.

2) 속회(소그룹)의 역할

속회를 통해 생산, 양육, 교제가 일어납니다.

① 생산

ㄱ. 속회는 소중한 생명의 산실입니다(고린도전서 9장 22절).

속회에서 생산이 일어나려면, 먼저 사랑의 관계가 형성되어야 합니다. 생명은 사랑의 결과입니다. 두 사람이 만나서 사랑하고, 한 몸을 이룰 때 생명이 잉태됩니다. 똑똑하고 뛰어난 사람들이 만나야만 생명이 생기는 것이 아닙니다. 평범하고 부족한 사람들이 만나도 생명이 창조됩니다. 문제는 사랑입니다. 마찬가지로 속회에서 가장 중요한 것은 사랑의 관계입니다. 속회에는 형식, 의무감이 사라지고 사랑의 관계가 형성되어야 합니다. "권사가 되어서, 집사가 되어서 안 모일 수 없고, 모이자니 귀찮고……." 이렇게 되면 속회가 부담이 됩니다. 속회는 사랑의 이끌림 때문에 모이는 공동체가 되어야 합니다.

『끈』[57]이란 책이 있습니다. 이 책은 2005년 1월, 산악인 박정현 씨와 후배 최강식 씨가 해발 6,440미터 히말라야 촐라체 북벽 등반에 성공하고, 하산하던 중 조난을 하여 구조되기까지의 과정을 기록한 등반기입니다. 두 사람은 로프로 서로를 묶고 내려오고 있었습니다. 후배 최강식 씨가 빙벽 사이로 추락하게 되었습니다. 최강식 씨가 외마디 비명을 지르는 순간 박정현 씨는 반사적으로 몸을 땅에 붙이고 얼음을 찍자 미끄러지는 로프는 간신히 멈추었습니다. 그러나 아무리 끌어올리려 해도 최강식 씨가 끌려 올라오지 않았습니다. 그가 떨어질 때의 충격으로 두 발이 부러져 벽을 기어오를 수 없었기 때문이었습니다. 위에 있던 박정현 씨도 로프의 충격으로 갈비뼈가 부러졌습니다. 이렇게 삶과 죽음 사이에서 사투를 벌인 시간이 3시간이었습니다. 박정현 씨는 끈을 끊어버리고 싶은 생각이 수없이 들었다고 했습니다. 그러나 그럴 수 없었습니다. 끈으로 두 사람의 몸을 묶는 순간, 두 사람의 생명은 하나였음을 알았기 때문입니다. 3시간의 사투 끝에 최강식 씨가 간신히 절벽을 기어 올라왔습니다. 안경을 잃어버려 시력이 0.3밖에 안 되는 박정현 씨가 두 발목이 부러진 최강식 씨를 끌고 내려오는 데에 5일이 걸렸습니다. 결국, 동상으로 박정현 씨는 여덟 손가락과 두 발가락을 잘라내야만 했습니다. 최강식 씨는 아홉 손가락과 발가락 대부분을 잘라내야 했습니다. 그렇지만 서로를 버릴 수는 없었습니다.

  속도원들 사이에는 이렇게 서로를 묶는 사랑의 끈이 있습니다. 때때로 힘든 일을 만나, 때로는 귀찮아서, 때로는 섭섭해서, 이 끈을 끊고 싶어도 그동안의 기도, 격려, 사랑, 눈물을 생각하면 끊을 수 없는 끈입니다.

ㄴ. 생산이 일어나려면, 잉태되어야 합니다.

전도는 농부가 농사짓듯이 해야 한다는 말이 있습니다. 하루아침에 결실을 볼 수 없습니다. 씨앗을 뿌리고, 물을 주고, 잡초를 뽑아주고, 거름을 주고, 그리고 가을을 기다려야 곡식을 얻을 수 있습니다. 농사를 잘 지으려면 씨가 좋아야 하고, 밭이 좋아야 합니다. 전도도 마찬가지입니다. 전도 농사를 잘 지으려면 씨가 좋아야 하고, 밭이 좋아야 합니다. 씨란 복음을 말합니다. 세상에서 이보다 더 좋은 씨앗은 없습니다. 우리가 들고 나가는 씨앗은 문제가 없습니다. 문제는 복음의 씨앗을 뿌리는 마음 밭입니다. 어떤 마음 밭은 길가와 같고, 어떤 마음 밭은 돌밭과 같고, 어떤 마음 밭은 가시 떨기나무밭과 같습니다. 이런 마음 밭들을 옥토로 일궈야 합니다. 그래야만 전도의 열매를 30배, 60배, 100배 맺을 수가 있습니다. 마음 밭을 옥토로 일구기 위해서는 섬겨야 합니다. 김치 한 포기, 반찬 한 그릇, 시골에서 가져온 고구마 5개……. 이런 작고, 지속적인 섬김에 사람들은 감동합니다. 한두 번으로는 안 됩니다. 지속해서 섬겨야 합니다. 새가족들에게 '어떻게 교회에 나오게 되었습니까?'라는 설문 조사를 한 적이 있습니다. 제일 많이 나온 대답은 "저분이 너무 잘 해줘서"였습니다. 속회에는 생산을 위하여 이런 잉태의 수고가 있어야 합니다.

② 양육

ㄱ. 속회는 생명이 자라는 요람입니다(사도행전 2장 43~47절).

육체가 자라지 않는 아이를 '발육부진아'라고 합니다. 그 부모의 마음이 얼마나 아플까요? 생각이 자라지 않는 아이를 '정신지체아'라고 합니다. 그 부모의 마음이 얼마나 아플까요? 성도가 영적으로 성장하지 않으면 그것은 하나님의 아픔입니다.

목사는 기껏해야 주일날 30분 정도 설교합니다. 그것도 일방적입니다. 그러나 속회 인도자와 속도원의 만남은 최소한 일주일에 두세 번은 됩니다. 필요하면 그때마다 만날 수 있습니다. 그리고 그 만남은 쌍방적입니다. 속회에서 성경을 어떻게 찾는지, 기도를 어떻게 하는지, 헌금을 어떻게 드리는지 배웁니다. 속회 인도자가 말씀의 은혜를 받으면 속도원들이 말씀을 읽기 시작합니다. 속회 인도자가 기도 응답을 체험하면 속도원들이 기도하기 시작합니다. 속회 인도자가 헌금을 통하여 축복을 받으면 속도원들이 헌금하기 시작합니다. 속회 인도자는 속도원들의 거울입니다. 속도원들은 속회 인도자란 거울을 보고 자기 신앙을 가꿔갑니다.

ㄴ. 속도원이 양육되는 속회는 과연 어떤 곳이어야 할까요?

속도원이 양육되는 속회는 깨끗해야 합니다. 만나기만 하면 남을 욕하고, 교회를 비판하는 속회가 있습니다. 이런 속회는 모임이 끝나고 나면 왠지 마음이 개운하지 않고 찝찝합니다. 괜히 왔다는 생각이 듭니다.

속도원이 양육되는 속회는 말씀의 꿀이 풍성해야 합니다. 말씀 앞에 앉을 때마다 그동안 몰라서 자백하지 못한 죄들을 깨닫게 됩니다. 말씀 앞에서 자신들의 죄를 고백하며 눈시울이 붉어지고, 자신들을 깨끗하게 하는 보혈의 은혜를 깨닫고 감격하여 훌쩍거리는 교우들의 모임은 더할 나위 없는 최고의 속회입니다.

Q. 생명력 있는 속회가 되기 위해 달라져야 할 것이 있다면 무엇입니까?

_____
_____
_____

③ 교제

속회는 웃고 우는 안방입니다. 새가족이 교회에 정착하기 위해서는 교회에 들어온 지 6개월 이내에 최소 6명의 친구를 사귀어야 한다고 합니다. 만약 새가족이 교회 내에서 교우들과 친구 관계를 형성하지 못한다면 그들은 떠나고 말 것입니다. 속회가 아니면 어디에서 이런 친구 관계를 형성하겠습니까?

릭 웨렌의 『목적이 이끄는 교회』에 나오는 이야기입니다.

> "라일 쉘러는 폭넓은 연구 결과, 한 개인이 교회 안에 친구가 더 많으면 많을수록 비활동적이거나 교회를 떠날 확률이 적다는 결론을 내렸다. 이와 반대로 나는 교회를 떠난 400명에게 왜 그들이 자기 교회를 떠났는가를 묻는 설문 조사의 결과를 읽은 적이 있다. 75%가 '내가 거기 있든지 말든지 아무도 상관하는 것 같지 않았습니다.'라고 대답했다."[58]

속회에서 참된 교제를 나누기 위하여 아래와 같은 방법을 고려해 보십시오.

ㄱ. 삶 나누기

참된 교제를 위하여 '사람들이 내 마음을 들여다볼 수 있도록 창문을 열어주는 것'이 필요합니다. 인간관계에 있어서 선글라스를 계속 쓰고 있으면 참된 교제가 일어나지 않습니다. 기꺼이 선글라스를 벗어야 남들이 나를 잘 볼 수 있습니다. 그런데 부끄러움, 두려움, 자존심, 귀찮음 때문에 자기방어체계인 선글라스를 쓰고 있는 한 참된 교제가 일어나지 않습니다. 가장 중요한 것은 속회 인도자(리더)가 먼저 자신을 보호하는 선글라스를 벗고 속도원들 앞에 나설 때 비로소 속도원들도 자신을 보호하는 선글라스를 벗는다는 사실입니다.

참된 교제를 위한 마음 열기를 위하여 QQ(Quakers' Questions)라는 프로그램을 소개합니다. 퀘이커 교도들은 다음과 같은 질문들로 서로의 마음을 열었다고 합니다.

- 신앙 배경- 생년월일, 고향, 가족 관계
- 자기 인생 중에 가장 추운 시기는 언제였는가?
- 자기 인생 중에 가장 따뜻한 시기는 언제였는가?
- 언제 예수 그리스도를 인격적으로 만났는가?

이렇게 지난 한 주간의 삶을 나누다 보면, 속도원들은 일상생활에서 하나님의 임재(임마누엘)를 연습할 수 있습니다. 속도원들이 자신의 삶을 나누다가 하나님의 은총에 감격하여 눈언저리가 촉촉해지는 것을 많이 목격했습니다.

ㄴ. 말씀 묵상 나누기

건강한 가족은 이야기가 넘쳐납니다. 가족들이 모이면 이야기꽃

이 활짝 피어납니다. 아버지의 이야기도 재미있고, 어머니의 이야기도 감동적입니다. 아이들도 신나게 자신들의 이야기를 합니다. 가족 모두가 자기 이야기의 주인공입니다. 그러다 보면 이야기하는 사람도 신이 나고, 가족 관계도 두터워집니다. 그러나 건강하지 않은 가족에는 이야기가 거의 없습니다. 대신 규칙, 훈계, 명령, 순종만 있을 뿐입니다. 누가 이야기해도 귀담아듣지 않습니다.

속회도 마찬가지입니다. 속회가 일방적으로 되면 속회는 건강해질 수 없습니다. 아니 모이지 않습니다. 인도자는 일방적으로 설교하려고 하지 말고, 속도원들이 말씀 묵상을 통해 받은 은혜를 서로 나눌 수 있도록 모임을 인도해야 합니다.

ㄷ. 중보 기도 나누기

누가 나를 위하여 진정으로 기도해주겠습니까? 반드시 속도원들의 문제를 내놓고 함께 기도하십시오. 속도원들의 고통을 나의 고통으로, 속도원들의 아픔을 나의 아픔으로, 속도원들의 문제를 나의 문제로 받아들이고 속도원들을 대신하여 '주님, 살려주세요!' 하늘 아버지께 호소할 때, 그 기도를 들은 속도원은 절대로 속회를 떠나지 않습니다.

> "진실로 다시 너희에게 이르노니 너희 중의 두 사람이 땅에서 합심하여 무엇이든지 구하면 하늘에 계신 내 아버지께서 그들을 위하여 이루게 하시리라(마태복음 18장 19절)."

성경에 '긍휼'이라는 말이 많이 나옵니다. 중보 기도란 긍휼의 마음으로 기도하는 것을 말합니다. 긍휼을 영어로 'compassion'이라고 합니다. '함께 고통을 당함'이지요. 히브리어로 '라함'(ᴄᴍ)이라고 합니다. '라함'은 '여자의 자궁'을 의미합니다. 자궁만큼 '하나 됨'을 절실하게 나타내는 말이 어디 있겠습니까? 중보 기도란 이런 '하나 됨'으로 기도하는 것을 말합니다. 이 세상 어느 누가 다른 사람의 문제를 내 문제로 끌어안고 중보 기도 하겠습니까?

3) 속회(소그룹) 운영 시 주의 사항

① 속회 분위기는 영적이어야 합니다. 속도원들은 속회 안에서 영적인 도움을 받아야 합니다. 그래야 지속해서 모일 수 있습니다. 세상의 재미로는 오래 못갑니다.

② 속회 인도자는 그 주에 있을 속회의 말씀을 미리 준비하십시오. 공과 준비에 대한 부담을 덜 수 있습니다. 공과 준비가 안 되면 모이기 싫어집니다. 분명한 사실은, 은혜 받지 않은 말씀으로는 결코 속도원들에게 은혜를 끼칠 수 없습니다.

③ 속회 인도자와 속장의 역할을 잘 구분하십시오. 속회는 속회 인도자에게 전적으로 위임되었습니다. 속회 인도자에게는 속회를 세울 권세도 있고, 말아먹을 권세도 있습니다. 속장은 속회 인도자의 헬퍼입니다. 속도원들에게 연락하고, 속도원 돌보는 일을 속회 인도자와 함께합니다.

④ 속도원들의 특별한 기도 제목이 외부로 누설되지 않도록 하십시오.

⑤ 속회 인도자는 말을 많이 하지 말고, 지나친 농담과 거친 말을 삼가 언행에 모범이 되어야 합니다.

⑥ 속회 모임 장소와 시간을 확정하고, 한 사람만 출석해도 제시간

에 시작하는 습관이 중요합니다.

4. 삶의 적용

속회(소그룹)의 성공에 있어서 가장 중요한 요소는 속회 지도자입니다. 속회 인도자, 선교회 회장의 헌신이 소그룹의 성공 여부를 결정합니다.

도종환 시인의 산문집 『그때 그 도마뱀은 무슨 표정을 지었을까』에 나오는 이야기[59]입니다. 3년 전 목수의 실수로 몸에 못이 박힌 채 죽어가는 도마뱀이 있습니다. 친구 도마뱀은 몸에 못이 박힌 도마뱀을 위하여 끼니때마다 먹이를 물고 나타납니다. 그리고 해가 지면 얼굴을 맞대고 함께 두려움을 견뎌냅니다. 그 친구 도마뱀의 사랑으로 못이 박힌 도마뱀이 3년의 고통을 이겨내고 살아갑니다. 두 도마뱀은 어떤 관계일까요?

친구일까요, 모자지간일까요, 아니면 부부일까요? 저는 속회 인도자가 아닐까 생각합니다. 이 세상의 모든 사람은 어쩌면 못이 박힌 채 죽어가는 도마뱀과 같을지 모릅니다. 가난한 이들에게는 재물이, 병약한 이들에게는 아픈 몸이, 아이들에게는 시험의 공포가, 예수님을 모르는 이들에게는 죄의 짐이 그들을 꼼짝 못 하게 누르는 못일 것입니다. 힘들게 살아가고 있는 속도원들 곁에서 기도하는 영적인 어버이인 속회 인도자의 모습이 아름답습니다.

CHAPTER 24

교회를 섬기는 법

1. 주제의 글

하나님을 사랑하면 교회를 섬기고자 하는 마음이 생깁니다. 성령께서 성도 안에 역사하셔서 교회를 사랑하게 하시고, 헌신과 열정을 부어주시는 것입니다. 그러나 교회를 섬기는 법을 제대로 배우지 않으면, 사역을 하면서 어려움을 겪게 됩니다. 이런 이유로 교회 일을 하다가 시험에 들고 낙심하는 교인들이 꽤 있습니다.

공동체를 이루는 것은 결코 쉬운 일이 아닙니다. 그리스도의 몸 된 지체로서 조화를 이루며 하나 되는 것은 주님 오시는 그날까지 완성해가야 할 일입니다. 비록 교회가 완전하지 않을지라도, 우리는 주님의 몸 된 교회를 섬길 때 큰 기쁨과 축복을 누리게 됩니다.

Q. 당신에게 교회를 섬기는 일은 어떤 것입니까? 솔직한 심정을 적어 보십시오.

---

2. 들어가는 말

오가감리교회에 전설처럼 회자되는 이정숙 권사님이란 분이 계십니다. 이 권사님은 오가교회를 건축하고 봉헌하신 분입니다. 남편은 부면장으로 퇴직했습니다. 퇴직하면서 과수원을 장만했습니다. 망했습니다. 둘째 아들은 골수염으로 어려움을 겪었습니다. 통증을 느끼기 시작하면 교회 마룻바닥에서 데굴데굴 굴었습니다. 이정숙 권사는 "주 안에 있는 나에게 딴 근심 있으랴. 십자가 밑에 나아가 내 짐을 풀었네." 이렇게 찬송하면서 기도하다 보면, 골수염으로 고통당하던 둘째는 어느새 풍금 위에 올라가 연주하고 있었습니다. 아무도 가르쳐 주지 않은 건반을 두드리고 있었습니다. 권사님 가정은 견디다 못해 빚잔치를 하고 고향을 떠났습니다. 고향 떠나는 날 뒤통수가 뜨끈뜨끈하더랍니다. "예수 믿다가 저렇게 망하고 가는구나."

그러나 결코 이 가정은 망하지 않았습니다. 이정숙 권사님의 첫째 아들은 고 나원용 감독(감리교 서울연회)으로서 훌륭한 목회자로 일평생 사역했습니다. 둘째 아들은 연세대 음대 학장이었던 나인용 장로입니다. 병이 나았을 뿐 아니라 풍금을 연주하던 것을 시작으로 탁월한 음악가가 되었습니다. 막내딸 나정옥은 김영헌 감독(감리교 서울연회)의 부인이 되었습니다. 하나님은 그 가정을 놀랍게 축복하셨습니다. 선수는 자기가 뛴 운동장에서 상을 받습니다. 우리도 삶의 현장에서 축복을 확인하게 될 것입니다.

3. 제자의 정체성

'제자'라는 말은 복음서와 사도행전에 250회 이상 나옵니다. 제자란 예수님을 닮아가고, 예수님처럼 사는 자들을 말합니다. 그리고 예수님을 위하여 죽기까지 순종하는 자들입니다.

1) 전적인 위탁자

"무릇 내게 오는 자가 자기 부모와 처자와 형제와 자매와 더욱이 자기 목숨까지 미워하지 아니하면 능히 내 제자가 되지 못하고 누구든지 자기 십자가를 지고 나를 따르지 않는 자도 능히 내 제자가 되지 못하리라(누가복음 14장 26~27절)."

2) 증인

제자에게 위임된 궁극적인 사명은 예수님을 전하는 일입니다. 입으로 말하는 것이 생활로써 뒷받침되지 않는 한 결코 효과를 거둘 수 없습니다. 그러나 우리가 한 가지 잊지 말아야 할 것은 아무리 훌륭한 행동이라도 말이 없이는 불충분하다는 것입니다. 이것이 왜 예수의 제자가 말의 증거를 생활의 증거보다 우선에 두고 있는가를 설명하는 이유입니다. 구원의 능력은 전파하는 말씀에서 나타납니다. '전하는 자가 없이 어찌 들으며, 듣지 못한 자가 어찌 믿을 수 있겠는가?'라는 바울 사도의 반문은 그리스도인에게 있어 말의 증거가 얼마나 중요한

가를 바로 보여주고 있습니다.

성령이 교회에 임하신 것은 무엇보다도 교회를 예수의 증인이 되게 하는 데 목적이 있습니다.

"그레데인과 아라비아인들이라. 우리가 다 우리의 각 언어로 하나님의 큰 일을 말함을 듣는도다 하고(사도행전 2장 11절)."

"그런즉 이스라엘 온 집은 확실히 알지니 너희가 십자가에 못 박은 이 예수를 하나님이 주와 그리스도가 되게 하셨느니라 하니라(사도행전 2장 36절)."

"우리는 보고 들은 것을 말하지 아니할 수 없다 하니(사도행전 4장 20절)."

3) 종

예수님의 제자는 종이 되어야 합니다. 예수님은 종으로 섬기는 본을 보이셨습니다. 요한복음 13장을 보십시오. 섬기려고 한다면 어떤 태도를 보여야 할까요?

- 자존심 내려놓기- 머리를 숙여야 합니다.
- 용납-상대방의 발을 싸안아야 합니다.
- 희생-물, 대야, 수건들이 필요합니다.

바울 사도는 자기 자신을 '종'으로 여기고 교회를 섬겼습니다.[60] 지위로서 종의 위치에 선 것이 아니라 종의 마음을 가진 것입니다. 종으로서 희생을 각오하고 기꺼이 다른 사람들의 필요를 채우려는 마음을 가졌습니다. 종은 눈에 띄지 않지만, 조만간 사람들은 그를 의지하게 되고, 그를 찾게 됩니다. 그래서 그는 사람들에게, 공동체에 선한 영향을 미치는 존재가 됩니다.

4) 한 몸의 다른 지체

교회는 그리스도의 몸입니다. 교회를 몸이라고 비유하는 것은 교회는 단순히 조직이 아니라 생명을 가진 유기체이기 때문입니다. 성도는 그리스도의 몸의 일부로서 지체입니다.

> "만일 한 지체가 고통을 받으면 모든 지체가 함께 고통을 받고, 한 지체가 영광을 얻으면 모든 지체가 함께 즐거워하느니라. 너희는 그리스도의 몸이요 지체의 각 부분이니라(고린도전서 12장 26~27절)."

몸의 각 지체는 다 소중합니다. 사람이 죽는 것은 인체의 모든 기관의 기능이 정지되어서 죽는 것이 아니라, 수많은 기관 중 하나가 기능을 발휘하지 못하기 때문입니다. 심장마비는 심장으로 이어진 핏줄 한 가닥만 막히면 일어납니다. 뇌출혈은 뇌의 수많은 모세혈관 중 하나가 터져서 일어납니다.

- 성도는 한 몸 의식을 가져야 합니다.
- 성도는 지체 의식을 가져야 합니다.
- 성도는 주인 의식을 가져야 합니다.

4. 바람직한 교회 임원

1) 문제를 해결하는 임원

목회를 하다 보면, 문제를 만드는 임원과 문제를 해결하는 임원을 만나게 됩니다.

> "우리가 들은즉 너희 가운데 게으르게 행하여 도무지 일하지 아니하고 일을 만들기만 하는 자들이 있다 하니(데살로니가후서 3장 11절)."

일련의 문제가 내 눈에 보인다는 것은, 하나님께서 내가 그 문제를 해결하기 원하신다는 의미입니다. 문제를 내가 해결하겠다고 마음먹으면 기도를 하게 되고, 기도하면 지혜를 얻게 되고, 마침내 문제 해결 방법을 찾게 됩니다. 문제를 해결하는 임원이 되십시오.

2) 물질을 깨끗이 다루는 임원

임원들은 물질생활이 깨끗해야 합니다. 교회는 신앙생활을 하는 곳이지 경제 활동을 하는 곳이 아닙니다. 어느 교회는 계주인 권사가 잠적하여 발칵 뒤집힌 적이 있습니다. 또 돈을 빌려줬다가 받지 못하여 빌려준 교인이 상처받고, 빌려 간 교인도 상처받는 경우가 왕왕 있습니다. 살다 보면 급한 나머지 가까운 사람(선교 회원, 속도원)에게 돈을 빌릴 수 있습니다. 가용할 돈이 있으면 그냥 구제하십시오. 그러면 하나님께 꾸어드리는 것이 됩니다. 이자까지 받을 생각을 하고 돈을 빌려주지 마십시오. 반드시 시험에 들게 됩니다. 그리고 어쩌다 돈을 빌렸으면 성의껏 갚으십시오. 돈을 빌려준 사람이 '저 상황에서도 최선을 다하는구나!'라는 느낌을 받도록 하십시오.

임원들은 정직한 십일조 생활로 교우들의 본이 되어야 합니다. "십일조 생활 철저할수록 빚 없고 경제력 더 넉넉해"라는 기사[61]를 본 적이 있습니다. 미국 기독교인 4413명을 조사한 결과인데, 십일조 생활을 철저히 한 크리스천들이 그렇지 않은 교인들에 비해 경제 사정이 낫다는 조사 결과입니다. '십일조 준수 80%가 카드빚이 없다.' '28%는 어떤 종류의 부채도 없다.' '20살 이전에 십일조 시작 63%는 나이 들어서도 경제적인 여유 가져' 이것이 물질생활에 대한 하나님의 법칙입니다. 공수훈련은 지상 교육과 낙하산을 메고 뛰어내리는 강하훈련으로 구성됩니다. 지상 교육의 마지막은 11m 모형 탑에서 뛰어내리는 것입니다. 여기에 서면 지상 400m의 공포심을 느낀다고 합니다. 그래서 '공포의 11m'라고 부릅니다. 모형 탑 훈련은 안전합니다. 몸과 안전 케이블이 연결돼 있기 때문입니다. 그래서 창군 이래 모형 탑에서 죽은 군인은 한 명도 없습니다. 그런데 이상하게도 모형 탑에 서면 다들 무서워합니다. 인간이 가장 극심한 공포를 느끼는 높이이기 때문입니다. 신앙생활에도 공포의 11m가 있습니다. 바로 십일조입니다. 어떤 사람은 십일조를 하면 죽는 줄 압니다. 그러나 십일조를 하면 신앙의 새로운 세계를 경험합니다. 그건 바로 하나님께서 내 인생의 주인이 되시며, 주께서 베푸시는 은총을 경험하는 것이기 때문입니다.

3) 모범이 되는 임원

교회는 모범이 되는 일꾼을 필요로 합니다.

"너는 또 온 백성 가운데서 능력 있는 사람들 곧 하나님을 두려워하

> 며 진실하며 불의한 이익을 미워하는 자를 살펴서 백성 위에 세워 천
> 부장과 백부장과 오십부장과 십부장을 삼아(출애굽기 18장 21절)."

월남전에서 장교 중에 가장 많이 죽은 계급은 소위였다고 합니다. 베트콩 저격병들이 노린 군인은 소대장이었습니다. 그래서 월남전에서 날아다니는 총알은 '쏘이, 쏘이'라고 소리를 냈다고 합니다. 소대장을 저격하려고 하는 이유는 소대장이 모범을 보여 먼저 적진에 뛰어들지 않으면 아무도 뛰어들지 않기 때문입니다. 교회 임원이란 바로 군대의 소대장과 같은 존재입니다. 임원들이 모범을 보여야 교우들이 따릅니다.

모범이 되는 일꾼의 특징은 무엇입니까?

> "형제들아 너희 가운데서 성령과 지혜가 충만하여 칭찬 받는 사람 일
> 곱을 택하라. 우리가 이 일을 그들에게 맡기고(사도행전 6장 3절)."

ㄱ. 성령 충만해야 합니다.

교회가 사회에 영향을 줄 때는 성령 충만할 때입니다. 사회가 교회를 두렵게 여기는 것은 교회의 크기 때문이 아니고, 교인 수가 많기 때문도 아닙니다. 사회가 교회를 두렵게 여길 때는 성령 충만할 때입니다. 교회 일꾼들이 성령 충만하지 않으면 피해 의식에 사로잡힐 수 있습니다. '내가 얼마나 바쁜 사람인데 교회에 와서 이렇게 허송세월을 해.' '내가 누군데 저런 사람들한테 아쉬운 소리를 해.' '왜 내가 이런 손해를 봐야 해.' 이렇게 피해 의식에 사로잡히게 되면 불평하게 되고, 원망하게 됩니다. 이런 모습은 전혀 교회를 섬기는 임원의 모습

이 아닙니다. 성령 충만하면 주의 일을 하면서 감사하고, 기쁨을 느끼게 됩니다. '나 같은 사람이 뭐 길래 이런 거룩하고 귀한 주의 일을 할 수 있을까?' 이런 감격이 순교의 자리에까지 나아가게 합니다. 주의 일을 하면서 하늘의 상급이 쌓이는 환상을 보게 되고, 축복이 하늘로부터 너풀너풀 함박눈이 오듯이 내려오는 것을 느끼게 됩니다. 교회 일꾼들은 성령 충만하기를 열망해야 합니다.

ㄴ. **지혜가 충만해야 합니다.**

교회가 시험에 드는 것은 틀린 말을 해서가 아니라 옳은 말을 하기 때문입니다. 정확히 말하면 옳은 말을 지혜롭게 하지 않기 때문입니다. 지혜의 반대말은 어리석음입니다. 어리석은 자는 열심히 일하는 것 같지만, 결국 문제를 일으키게 되고 공동체를 힘들게 만듭니다. 교우들과 부딪혔을 때 내가 옳다고 주장하지 말고 하나님 앞에 잠잠히 나아가 기도하십시오.

4) 질서를 지키는 일꾼
"사도들 앞에 세우니 사도들이 기도하고 그들에게 안수하니라(사도행전 6장 6절)."

엄청난 부흥으로 인한 거룩한 무질서. 이것이 초기 예루살렘 교회의 모습이었습니다. 이제 예루살렘 교회에 질서가 필요했습니다. 그래서 일꾼들을 세울 때 그냥 하지 않고 사도들은 안수를 주어 일꾼들을 세웠습니다. '안수를 준다.'라는 것은 교회 임원은 사도들의 권위 아래 있어야 한다는 의미가 있습니다.

Q. 바람직한 임원으로서 잘하는 것과 부족한 것이 무엇인지 적어 보십시오.

_____
_____
_____
_____

5. 삶의 적용

기러기는 월동을 위하여 4만 킬로를 날아갑니다. 기러기가 날 때는 항상 V자 대형으로 비행합니다. 앞서 날아가는 기러기가 양력을 만들어주면 뒤에서 날아가는 기러기는 혼자 날아가는 힘의 71%만으로도 날아갈 수 있습니다. 기러기들은 비행할 때 끊임없이 소리를 내는데 그것은 앞에서 바람을 헤치고 힘들게 날아가는 기러기를 격려하기 위한 것입니다. 교회의 임원은 앞서가는 목회자를 힘껏 격려하는 사람입니다.

교회가 바로 서는 데에 임원의 역할이 얼마나 중요한지 모릅니다. 눈에 띄지 않지만, 조용히 공동체를 세우는 겸손한 종이 되어 주님의 몸 된 교회를 건강하게 세우는 데에 쓰임 받기를 바랍니다.

Q. 이번 과를 공부하면서 느낀 점을 적어 보십시오.

_____
_____
_____
_____

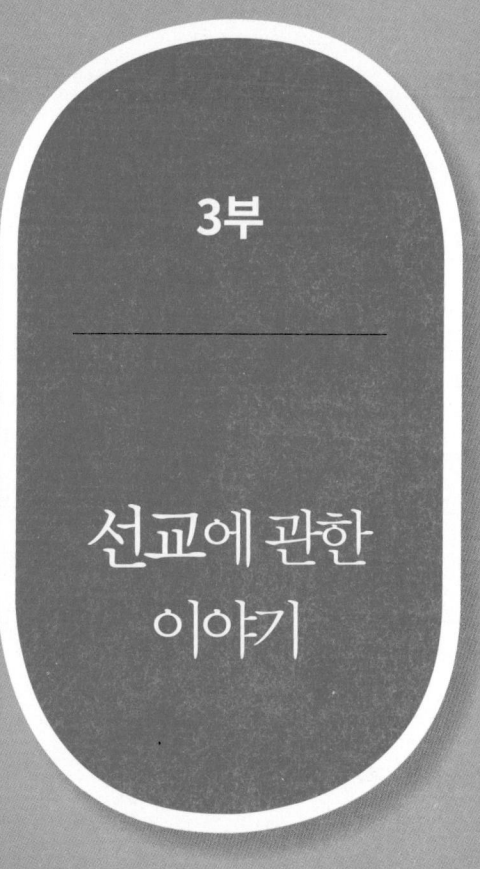

3부

선교에 관한 이야기

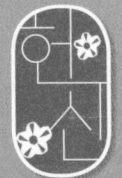

CHAPTER 25

선교 지향적인 교회

1. 주제의 글

우리 주변에는 수많은 교회가 있습니다. 그런데 교회라고 다 같은 교회가 아닙니다. 은혜가 충만해 다니고 싶은 교회도 있지만, 너무 메마르고 어두워 다시는 가고 싶지 않은 교회가 있습니다. 요한계시록에는 소아시아의 일곱 교회에 대한 말씀이 나옵니다. 어느 교회는 인내한 것으로 칭찬을 받았으나 처음 사랑을 잃어버려 책망을 받기도 하고, 또 어느 교회는 우상의 제물을 먹은 것과 음행을 회개하지 않은 것으로 책망을 받았습니다. 반면에 환난과 궁핍 가운데도 충성되게 주를 따라 칭찬받은 교회도 있었습니다.

그렇다면 과연 우리가 함께 꿈꾸고 이루어가야 할 교회의 모습은 어떤 것일까요? 결론부터 말씀드리자면, 교회다운 교회는 '선교 지향적인 교회'라고 믿습니다. '선교 지향적'이란 교회의 구성원인 교우들을 예수 그리스도께 그들의 삶을 드리는 '헌신자'로 세우는 것을 말함니다. 즉 선교를 삶의 목표로 삼고, 직업을 그 목표를 위한 수단으로 여길 줄 아는 그리스도인으로 세우는 것을 의미합니다.

Q. 어떤 교회가 좋은 교회라고 생각합니까?

_____
_____
_____

2. 들어가는 말

신라 불교는 400년간 민족의 종교였습니다(법흥 왕 불교 공인 528년). 고려 불교는 500년간 우리 민족의 마음을 다스렸습니다(918년~1392년). 그러므로 불교는 근 1,000년 동안 우리 민족에게 영향을 준 것입니다. 또한 조선 시대의 유교는 500년간 우리 민족의 정신을 다스렸습니다(1392년~1910년). 그런데 개신교가 전래한 지(1885년) 200년도 채 안 된, 130여 년만에 이 땅의 사람들로부터 외면당하기 시작했습니다. 사회학자들은 공공연하게 개신교의 퇴조를 말하고 있습니다. 왜 이렇게 교회가 이 사회로부터 외면당하기 시작했을까요? 교회가 교회다움을 잃어버렸기 때문입니다.

3. 성경 말씀 나누기

1) 교회론

우리는 사도행전을 통해 교회가 무엇인지 배울 수 있습니다. 초대 교회가 어떻게 시작되었는지 또 어떤 모습인지 볼 수 있습니다. 진정한 교회를 세우기 위해서는 반드시 사도행전을 주목해야 합니다. 다음은 사도행전에 나오는 교회의 특징입니다.

① 성령 공동체

예수님의 마지막 명령 중 첫 번째는 '성령을 기다리라.'라는 것입니다.

> "예루살렘을 떠나지 말고 내게서 들은 바 아버지께서 약속하신 것을 기다리라(사도행전 1장 4절)."

예수님께서 성령을 보내시겠다고 한 약속을 요한복음에서 다음과 같이 찾아볼 수 있습니다.

> "내가 아버지께 구하겠으니 그가 또 다른 보혜사를 너희에게 주사 영원토록 너희와 함께 있게 하리니(요한복음 14장 16절)."

> "보혜사 곧 아버지께서 내 이름으로 보내실 성령 그가 너희에게 모든 것을 가르치고 내가 너희에게 말한 모든 것을 생각나게 하리라(요한복음 14장 26절)."

> "내가 아버지께로부터 너희에게 보낼 보혜사 곧 아버지께로부터 나오시는 진리의 성령이 오실 때에 그가 나를 증언하실 것이요(요한복음 15장 26절)."

"그러나 내가 너희에게 실상을 말하노니 내가 떠나가는 것이 너희에게 유익이라. 내가 떠나가지 아니하면 보혜사가 너희에게로 오시지 아니할 것이요 가면 내가 그를 너희에게로 보내리라(요한복음 16장 7절)."

"그러나 진리의 성령이 오시면 그가 너희를 모든 진리 가운데로 인도하시리니 그가 스스로 말하지 않고 오직 들은 것을 말하며 장래 일을 너희에게 알리시리라(요한복음 16장 13절)."

성령은 성자이신 예수 그리스도만이 아니라 성부 하나님께서도 보내시겠다고 약속하셨습니다.

Q. 요엘 2장 28~29절을 찾아 적어 보십시오.

_____
_____
_____
_____

이처럼 교회는 성부와 성자 예수님께서 약속하신 성령이 임재하심으로 시작되었습니다. 교회는 성령이 없이는 세워질 수 없습니다. 교회는 성령이 없이는 존속할 수 없습니다. 성령이 없는 교회, 성령이 없는 성도, 성령이 없는 예배는 단지 허울뿐입니다. 우리가 진정한 교회를 이루기 위해서는 성령의 다스림과 인도를 받아야 합니다. 그리스도인들은 반드시 성령 충만해야 합니다.

사도행전을 통해 성령의 구체적인 사역을 보면, 성령은 교회를 탄생시키고, 교회를 선교의 전선에 세우시고, 교회에 실제로 선교할 수 있는 능력을 부어주셨습니다. 선교는 교회 공동체의 많은 인적 자원이나 풍성한 재정에 의존하지 않고 성령께 절대적으로 의존합니다. 선교는 교회가 성령의 포로가 되어 온전히 순종할 때 가능합니다. 선교는 사람이 많다고, 돈이 많다고 되는 것이 아닙니다. 엄밀한 의미에서 선교는 성령의 역사로만 가능합니다. 성령을 모르는 공동체는 자선 사업을 할 수 있을지 모르지만, 선교는 불가능합니다.

Q. 우리 교회는 성령 공동체입니까? 성령 공동체가 되기 위해서는 어떻게 해야 할까요?

② 선교 공동체
사도행전의 두 번째 명령은 '내 증인이 돼라'라는 것입니다.

"오직 성령이 너희에게 임하시면 너희가 권능을 받고, 예루살렘과 온 유대와 사마리아와 땅끝까지 이르러 내 증인이 되리라 하시니라(사도행전 1장 8절)."

사도행전을 기록한 누가는 초대 교회가 처음부터 '선교 공동체

(church as mission)'였음을 강조하고 있습니다. 성령과 교회가 아주 밀접하듯이, 선교와 교회도 마찬가지입니다. 교회는 선교를 위해 태어났고, 선교함으로 존재하였습니다. 즉 세상으로 들어가 선교 사역을 실천하는 공동체만이 참된 교회라는 말입니다.

예수께서 부활하셔서 제자들에게 처음 하신 말씀이 무엇인지 아십니까? 그것은 선교 명령이었습니다.

> "예수께서 또 이르시되 너희에게 평강이 있을지어다. 아버지께서 나를 보내신 것 같이 나도 너희를 보내노라(요한복음 20장 21절)."

이 말씀은 교회의 사명을 보여주는 중요한 말씀입니다. 이것은 교회 공동체의 모든 지체가 선교사가 되어야 한다는 것입니다. 그러므로 교회는 단지 선교사 몇 명을 대표로 파송했다고 선교의 사명을 잘 감당했다고 말할 수 없습니다. 교회 공동체 안의 모든 구성원이 선교사가 되어야 합니다. 교회는 지상에서 언제나 선교 공동체로서 존재할 뿐입니다.

초기 예루살렘 교회는 주님께서 명령하신 선교 명령을 망각하고 있었습니다. 하나님은 사명을 망각한 예루살렘 교인들을 강제로 흩으시기로 작정하셨습니다. 그것이 바로 스데반의 순교로 시작된 박해였습니다.

> "그 날에 예루살렘에 있는 교회에 큰 박해가 있어 사도 외에는 다 유대와 사마리아 모든 땅으로 흩어지니라(사도행전 8장 1절)."

교회는 선교 사명을 감당하지 못하면 큰 시험을 당한다는 사실을 값비싼 대가를 치르고 나서야 알게 되었습니다. 문자 그대로 사도행전 1장 8절의 선교 명령에 순종하지 않았더니 사도행전 8장 1절의 박해와 흩어짐의 역사가 나타난 것입니다. 주님의 촛대는 선교 사명을 망각한 예루살렘 교회를 떠나 선교 지향적인 교회인 안디옥 교회로 옮겨가기 시작했습니다(사도행전 13장 1~3절). 그때부터 기독교의 중심은 예루살렘 교회가 아니라 안디옥 교회가 됩니다.

Q. 우리 교회는 선교 공동체입니까? 선교 공동체가 되기 위해서는 어떻게 해야 할까요?

---

2) 선교적 교회에 주시는 축복과 영광

① 선교하면 건강한 교회가 됩니다. 교회는 그리스도의 몸입니다. 그리스도의 몸인 교회는 크다고 건강한 것이 아닙니다. 교회는 크든 작든 우선 건강해야 합니다. 건강하지 못한 교회가 크는 것은 부흥, 성장이 아니라 비대해지는 것입니다. 교회가 비대해지는 것은 작은 것보다 더 심각한 문제를 초래합니다. 세속화되기 쉽고, 타락하기 쉽습니다. 병든 교회는 많은 문제를 배태하게 됩니다. 내부적인 소모전이 생기고, 심한 경우 갈등과 분열의 비극을 초래합니다. 육체적으로 건강해지려면 운동을 하고 에너지를 발산해야 하는 것처럼, 교회도

건강해지려면 선교 사역에 힘을 쏟아야 합니다. 선교에 열중하면 그리스도인 개개인의 신앙이 성숙해질 뿐만 아니라, 교회도 건강해지고 화평한 교회, 은혜가 넘치는 교회가 됩니다.

② 선교하면 지속해서 부흥하는 교회가 됩니다. 흔히 교회가 부흥해야 선교할 수 있다고 생각합니다. 그러나 교회가 부흥하면 선교에 집중할까요? 내부지향적인 교회는 규모가 커질수록 내적인 일에 더 집중하게 됩니다. 갈수록 내적인 씀씀이도 커집니다. 그러므로 교회가 작을 때부터 선교 지향적인 구조로 정립되어야 합니다.

지난 1997년 우리나라에 IMF 금융 위기가 닥쳤을 때 안타까운 일들이 벌어졌습니다. 많은 교회가 갈팡질팡하며 선교사를 소환하고, 선교비를 중단하고, 파송을 보류하게 된 것입니다. 선교는 여유 있으면 열심히 하다가 어려우면 슬그머니 그만두는 유행이 아닙니다. 어려움 가운데서도 선교 사명을 포기하지 않으면, 하나님께서 반드시 교회를 축복하시고 계속 부흥하게 하십니다. 1930년대 경제 대공황 시절 미국은 극한 어려움 가운데서도 우리나라에 계속 선교사를 파송하고 후원해 주었습니다. 자신들은 토스트 한 조각과 커피 한잔으로 끼니를 때울지라도 최선을 다해 선교 사명을 다했던 것입니다. 그런 미국이 많은 축복을 받았음은 주지의 사실입니다. 한국의 미래에 대해 염려하고, 한국교회의 성장 둔화에 대해 걱정하는 우려의 소리가 없지 않지만, 선교 사명을 충실하게 감당하는 한, 대한민국과 한국교회의 미래는 하나님께서 반드시 책임져 주실 것입니다.

③ 선교하면 영광스러운 교회가 됩니다. 어떤 교회가 위대한 교회

입니까? 위대한 선교 명령에 전적으로 헌신하는 교회가 위대한 교회입니다. 그러므로 목회자나 성도들이나 선교 지향적인 교회에 속한다는 것은 대단히 중요한 일입니다. 왜냐하면 위대한 교회의 일원으로서 하나님께서 예비하신 영광에 동참하게 되기 때문입니다.

선교는 비유하건대 단체 경기와 같습니다. 월드컵 축구대회에서 우승한 팀은 금메달을 45개나 받는다고 합니다. 운동장에서 뛴 선수들 외에 벤치를 지킨 후보 선수들과 감독, 코치, 의료진, 지원 요원 등 우승을 위해 함께 헌신한 사람들 모두가 함께 받기 때문입니다. 선교도 마찬가지입니다. 현지에 나가서 수고하는 선교사는 물론이고, 선교하는 교회의 일원으로 선교를 위해 함께 수고했다면 함께 영광도 누리게 될 것입니다. 이 얼마나 놀라운 일입니까? 선교하는 교회의 일원으로 신앙생활을 한다는 것, 선교하는 교회를 만들어간다는 것은 정말로 신나는 일이며, 귀한 일이며, 영광스러운 일입니다. 장차 주님 앞에 설 때, 세상의 그 무엇이 자랑이 될 수 있겠습니까? 오직 우리가 선교를 통해 얻은 영혼들이 자랑이요 영광이 될 것입니다. 바울의 고백을 들어보십시오.

"우리의 소망이나 기쁨이나 자랑의 면류관이 무엇이냐 그가 강림하실 때 우리 주 예수 앞에 너희가 아니냐 너희는 우리의 영광이요 기쁨이니라(데살로니가전서 2장 19~20절)."

4. 삶의 적용

도종환 시인의 '담쟁이'라는 시입니다.

"저것은 벽 어쩔 수 없는 벽이라고 우리가 느낄 때
그때 담쟁이는 말없이 그 벽을 오른다.
물 한 방울 없고 씨앗 한 톨 살아남을 수 없는
저것은 절망의 벽이라고 말할 때
담쟁이는 서두르지 않고 앞으로 나아간다.
한 뼘이라도 꼭 여럿이 함께 손을 잡고 올라간다.
푸르게 절망을 다 덮을 때까지
바로 그 절망을 잡고 놓지 않는다.
저것은 넘을 수 없는 벽이라고 고개를 떨구고 있을 때
담쟁이 잎 하나는 담쟁이 잎 수천 개를 이끌고
결국 그 벽을 넘는다."

시인의 통찰력도 눈부시고, 자연이 주는 교훈도 경이롭습니다. "저것은 넘을 수 없는 벽이라고 고개를 떨구고 있을 때 담쟁이 잎 하나는 담쟁이 잎 수천 개를 이끌고 결국 그 벽을 넘는다."

상황이 아무리 어렵다 하더라도 '선교 명령에 전적으로 헌신하는 교회'로 함께 나아갑시다.

Q. 이번 과를 공부하면서 느낀 점을 적어 보십시오.

CHAPTER 26

선교를 실천하는 교회

1. 주제의 글

거의 모든 교회는 선교가 교회의 가장 본질적인 사역이라고 생각합니다. 그러나 선교를 실천하는 교회는 많지 않습니다. 모든 일이 그렇듯이 아는 것도 중요하지만, 결국 실천해야 의미가 있습니다. 안타깝게도 선교가 중요하다는 것도 알고, 언젠가 선교하리라 생각하지만, 여러 가지 제약 때문에 선교를 실천하지 못하는 교회가 적지 않습니다. 잘 준비되었든 덜 준비되었든 순종의 발걸음을 내딛는 것이 중요합니다. 하나님의 말씀에 순종하여 한 걸음씩 나아갈 때, 함께 일하시는 하나님을 경험하게 될 것입니다. 내가 일하는 것보다 성령께서 일하시는 것이 훨씬 더 많다는 것을 알게 될 것입니다. 복음을 전하는 것을 주저하게 하는 수많은 장애물을 넘어 선교를 실천하는 교회가 되기를 소원하며, 이번 과를 시작하고자 합니다.

Q. 선교한 경험이 있습니까? 그 경험을 적어 보십시오.

---

2. 들어가는 말

혹시 한국 선교 200주년에 우리 후손들은 무엇을 기념할지 생각해 보신 적이 있습니까? 지난 2007년, 한국교회는 1907년 '평양 대부흥 운동' 100주년을 기념하는 행사를 성대하게 치렀습니다. 한국교회의 역사를 뒤돌아볼 때 가장 의미 있는 사건 중 하나로 '평양 대부흥 운동'을 빼놓을 수가 없었던 것입니다. 이렇게 생각해 볼 때, 한국 선교 200주년이 될 때 우리 후손들은 어떤 일을 가장 의미 있는 것으로 기억하고, 기념하게 될까요? 하나님을 기쁘시게 하고 후대의 신앙인들이 자랑스러워할 일들을 많이 만들어갔으면 좋겠습니다.

예수 그리스도의 지상 명령은 세월이 지나도 변하지 않습니다.

> "그러므로 너희는 가서 모든 민족을 제자로 삼아 아버지와 아들과 성령의 이름으로 세례를 베풀고 내가 너희에게 분부한 모든 것을 가르쳐 지키게 하라. 볼지어다 내가 세상 끝날까지 너희와 항상 함께 있으리라 하시니라(마태복음 28장 19~20절)."

우리가 예수님을 주님으로 고백하는 한 이 명령을 외면하거나 거부할 수 없습니다.

3. 성경 말씀 나누기

바울에게는 생명보다 복음이 더 소중했습니다. 사도행전 20장 24절의 고백을 들어보십시오.

"내가 달려갈 길과 주 예수께 받은 사명 곧 하나님의 은혜의 복음을 증언하는 일을 마치려 함에는 나의 생명조차 조금도 귀한 것으로 여기지 아니하노라."

이 세상에 자기 생명보다 더 귀한 것이 무엇이겠습니까? 지위가 생명보다 귀하겠습니까? 권력이 생명보다 귀하겠습니까? 누가 재물을 자기 생명과 바꾼다고 하겠습니까? 다 생명이 있을 때 추구하는 것들입니다. 그런데 바울은 복음을 생명보다 더 귀한 것이라고 고백합니다. 무지한 사람은 복음을 돈 몇 푼보다 하찮게 여길지 모릅니다. 그래서 "교회가 밥 먹여 주느냐?"라고 비아냥거립니다. 우리는 심판 날에 알게 될 것입니다. 오직 복음만이 구원임을, 그 복음은 온 천하를 다 준다고 해도 바꿀 수 없는 소중한 것임을 알게 될 것입니다.

사도행전을 통해 선교를 실천하는 초대 교회의 특징을 살펴보겠습니다.

1) 초대 교회는 모든 성도가 보냄을 받은 선교사였음을 자각했습니다.

"오직 성령이 너희에게 임하시면 너희가……(사도행전 1장 8절)."

여기서 '너희에게', '너희가'라는 말은 선교 사명을 받은 몇 명의 선교사들을 지칭하는 단어가 아니었습니다. 그 단어는 초대 교회 성도 모두를 의미했습니다. 초대 교회 구성원 전체가 선교사로 부름을 받았습니다. 그리스도인의 존재 목적은 선교를 실천하는 것입니다.

베드로가 자식을 몇이나 두었는지 아십니까? 베드로의 자녀들이 어디에서 공부했는지 아십니까? 베드로의 가족들이 몇 평의 주택에서 살았는지 아십니까? 사도행전은 오늘 우리가 중요하게 여기는 그런 사실들을 밝히지 않았습니다. 여백에도 표기해놓지 않았습니다. 왜 그런 사실들이 성경에 나오지 않았을까요? 그것들은 초대 교회 성도들의 관심사가 아니었기 때문입니다. 그들의 관심은 오직 선교에 있었습니다. 그렇습니다. 성도의 존재 목적은 하나님의 보내심을 받아 각자의 삶의 영역(직장, 학원, 가정, 군대 등)에서 선교를 실천하며 살아가는 것입니다.

2) 초대 교회는 예수 그리스도가 유일한 구원의 길임을 선포했습니다.

> "다른 이로써는 구원을 받을 수 없나니 천하 사람 중에 구원을 받을 만한 다른 이름을 우리에게 주신 일이 없음이라 하였더라(사도행전 4장 12절)."

이 말씀은 베드로와 요한이 산헤드린 공회 앞에서 선포한 것입니다. 그 당시 산헤드린은 생살여탈권을 쥔 권력 기관이었습니다. 그런 곳에서 베드로와 요한은 공회가 혐오하는 예수님을 유일한 구원자라고 선포한 것입니다. 다원화된 현대에는 '구원의 유일성'을 선포하기 어렵다고들 말합니다. 그러나 그것은 초대 교회 때도 마찬가지였습니다다. 1세기의 그리스와 로마, 그리고 고대 근동 지방의 종교 상황은 다원적이었습니다. 성경에도 아르테미 여신, 아폴로 신, 황제 숭배, 영지주의 등 다양한 종교가 나옵니다. 그러한 시대에 '예수만이 유일한 구원자'라고 선포하는 것은 결코 쉬운 일이 아니었습니다.

오늘날 우리 시대의 사상을 포스트모더니즘(근대 후기)이라고 합니다. 포스트모더니즘의 특성 중의 하나가 종교 다원주의입니다. 종교 다원주의란 한마디로 진리에 이르는 길은 하나가 아니라 다양하다는 것입니다. 구원론으로 표현하면, 구원은 어느 한 종교에만 있는 것이 아니라 모든 종교에 있다는 것입니다. 이런 시대에 여러분의 신앙적인 입장은 무엇입니까? 오직 예수 그리스도만이 여러분의 구세주입니까? 초대 교회는 종교 다원주의적 환경에서도 예수 그리스도만이 유일한 구원자임을 선포했습니다.

Q. 주변에 믿지 않는 사람들에게 예수만이 유일한 구원자라고 어떻게 선포할 수 있을까요?

---

3) 초대 교회는 성도를 선교 전사로 양육하고 파송했습니다.
Q. 사도행전 4장 29절을 적어 보십시오.

이 기도가 어떤 기도인지 아십니까? 베드로와 요한이 산헤드린에서 '다시는 예수 그리스도에 대하여 말하지 말라.'는 위협적인 경고를 받고 돌아온 직후 교우들과 함께 드린 기도입니다. 초대 교회 성도들은 목숨의 위협을 받았지만, 겁에 질리지 않았고, 오히려 담대하게 기도한 것입니다. 인간적으로 다음과 같이 기도할 수도 있지 않았을까요? "우리를 불쌍히 여겨주옵소서. 우리가 복음을 전하다가 이렇게 죽게 되었습니다. 이럴 수가 있습니까? 우리를 살려주옵소서. 이렇게 죽으면 우리 자식들을 어떻게 합니까?"라고 말입니다. 그러나 초대 교회 성도들은 종교의 천막 아래에 누워서 징징거리는 종교적인 부상병이 아니었습니다. 선교 전사였습니다.

우리도 그 모습을 본받아야 합니다. 이제 팔과 다리를 동여맸던 붕대를 풀고, 기대고 있던 목발을 던져버리고, 복음을 들고 적진을 향해 돌격하는 선교 전사가 되어야 합니다. 언제까지 종교적인 부상병이 되어 "상처받았다." "시험 들었다."는 넋두리를 할 것입니까? 이 땅에 살아가면서 상처가 없는 사람이 누구겠어요? 일제 식민 통치, 한국 전쟁으로 인한 씨 다르고 배다른 가족 관계, 세계에서 제일 가난했던 경제 환경, 가난하여 배울 기회를 놓친 지적 열등감, 급한 산업화로 인한 빈부격차, 상대적인 박탈감 등으로 상처가 없는 사람이 없을 것입니다. 그러니까 '상처받았다'라는 말을 하지 맙시다.

존 스토트 목사는 성경은 결국 두 동산 이야기를 하고 있다고 말합니다.[62] 두 동산이란 에덴 동산과 겟세마네 동산입니다. 에덴 동산에서 아담과 하와는 하나님의 뜻을 거부하고 자기의 뜻을 관철했습니다. 반면 겟세마네 동산에서 예수님은 자기의 뜻을 거부하고 하나님의 뜻을 관철했습니다. 그래서 에덴 동산은 불순종, 겟세마네 동산은 순종의 동산입니다. 문제는 에덴 동산의 결과는 저주와 형벌이었고, 겟세마네 동산의 결과는 구원과 생명이었다는 것입니다. 예수 그리스도의 제자가 된다는 것은 겟세마네 동산을 선택한다는 말입니다. 예수 그리스도의 제자가 된다는 것은 '다르게' 살기로 결심한다는 말입니다. 예수 그리스도의 제자는 세상의 풍조를 따라 살지 않고 세상과 다르게 삽니다. 문제는 이 세상이 다르게 살기로 다짐한 성도들을 가만히 내버려 두지 않는다는 데에 있습니다. 왜냐하면 세상은 다르게 살아가는 사람이 한 사람만 있어도 불편하기 때문입니다. 그래서 괴롭힙니다. 이런 핍박을 기쁨으로 감당해 나가는 제자들이 됩시다. 초대 교회는 교인을 종교적 부상병으로 취급하지 않고, 선교 전사로 양육하고 파송했습니다.

Q. 교회가 돌봄의 장소만이 아니라 훈련하고 파송하는 곳이라는 점이 당신에게 주는 도전은 무엇입니까?

---

4) 초대 교회는 본질적인 사명에 집중해야 함을 알았습니다.

부흥하는 초대 교회에 문제가 생겼습니다. 구제 때문이었습니다. '헬라파 유대인들이 자기의 과부들이 매일의 구제에 빠지므로 히브리파 사람들을 원망했다'(행 6:1)라는 것이었습니다. 헬라파 유대인이란, 팔레스타인 땅에서 살지 못하고 이방 지역(터어키, 그리스, 로마, 이집트)에 사는 사람들로서 헬라어를 주로 사용하는 유대인이었습니다. 반면 히브리파 유대인이란 팔레스타인에서 생활의 근거를 잡고 아람어를 주로 하는 유대인이었습니다. 헬라파 유대인들이 볼 때 자기들을 차별대우한다는 것이었습니다. 말하자면 타관에서 온 사람과 본토박이 사이의 갈등이었습니다. 이제 막 시작된 초대 교회로서는 시험 중에서도 큰 시험이고, 문제 중에서도 큰 문제였습니다. 어떻게 초대 교회 지도자들이 이 문제를 해결했습니까? 초대 교회 지도자들은 그들의 본질적인 사명을 생각했습니다. 그래서 초대 교회 지도자들은 단순히 교회를 관리하는 '관리자(maintainer)'가 아니라 세상을 향해 꾸준히 침투하는 '선교사(missionary)'가 되기로 했습니다.

"열두 사도가 모든 제자를 불러 이르되 우리가 하나님의 말씀을 제쳐 놓고 접대를 일삼는 것이 마땅하지 아니하니(사도행전 6장 2절)."

비로소 초대 교회는 선교라는 교회 본질적인 사명을 망각하고 교회의 핵심 역량이 교회 관리, 행정에 집중될 때 문제가 야기됨을 알았습니다. 오늘 교회 지도자들에게 주는 교훈이 큽니다.

4. 삶의 적용

조선 선교를 실천했던 한 가정을 소개합니다. 양화진 선교사 묘역에서 만난 윌리암 제임스 홀 선교사와 로제타 선교사의 삶을 나누려고 합니다. 로제타 선교사는 한국에 여자 의사가 절실히 필요하다는 정보를 듣고, 조선에 선교사로 가기 위하여 의과대학을 졸업하고, 뉴욕에서 병원 실습을 하고 있었습니다. 그때 같은 병원에서 근무하는 윌리암 제임스 홀 선교사를 만나게 되었고, 윌리암 제임스 홀 선교사는 로제타의 미모와 성품과 성실성에 반해, 한평생 함께 사역하기를 원하여 프러포즈하였습니다. 닥터 홀 선교사는 평양 선교를 위해 개척 책임자로 임명되어 평양 선교를 시작하게 됩니다. 그해 7월에 일어난 청일 전쟁으로 평양은 전쟁터가 되었고, 닥터 홀 선교사는 그곳에서 수많은 사람을 치료하다가 자신이 병(발진티푸스)에 걸리게 되었습니다. 일본군 패잔병과 함께 서울에 도착한 홀은, 아내 로제타와 아들 셔우드 홀의 손을 붙잡고, 마지막 기도와 유언을 하고 끝내 숨을 거두게 됩니다. 한국에 온 지 2년 만에 그는 한국 땅에 묻히게 되었습니다. 로제타는 어린 아들 셔우드를 데리고 복중에 있는 아이를 낳기 위해 미국으로 건너가게 되었습니다. 귀여운 딸 에디스가 태어났고, 얼마 후, 남편 윌리암 제임스 홀의 고향 교회를 방문하게 되었습니다. 제임스 홀의 모습을 닮은 셔우드 홀과 딸 에디스를 본 모든 교우는 눈물로 그들을 반겼습니다. 그때 로제타는 주님의 음성을 듣습니다. "사랑하는 딸아, 네 남편 윌리암 제임스 홀이 이루지 못한 조선 사랑을 네가 이루어라." 로제타는 아들과 딸을 데리고 다시 조선으로 왔습니다. 조선에 오자 얼마 되지 않아 사랑하는 딸이 또 풍토병을 이기지 못하고 죽게 됩니다. 그 딸을 남편 묘 옆에 묻으면서 다시 한 번 결심하게 됩니다. "하나님, 사랑하는 내 아들 셔우드 홀과 한국에서 사역하겠습니다." 로제타 선교사는 남편과 딸을 잃었지만, 어린 셔우드를 키우면서 조선 사랑을 실천해갔습니다. 그는 평양에 홀 기념병원에서 근무하면서, 또한 여자 환자를 위한 광혜여원을 개원하였습니다. 김점동이라는 한국 여자를 유학시켜 한국 최초의 여의사를 만들었고, 지금 서울 동대문 옆 이화여대 부속병원을 세웠으며, 서울에 경성여자 의학 전문학교를 설립하게 되는데, 그 병원이 지금의 고려대학교

의과대학 전신이 되었습니다. 또한 인천에 간호대학과 인천의 기독병원이 모두 로제타가 세운 병원입니다. 43년간의 한국 사역을 통해 하나님은 큰일을 이루셨습니다. 미국은 그의 사역을 인정하였고, 로제타 선교사는 미국이 뽑은 200대 여인 중의 한 분이 되었습니다. 85세의 나이로 숨을 거두면서, 양화진의 남편과 딸이 묻혀있는 곳에 함께 안장되었습니다. 아들 셔우드 홀도 부모님의 조선 사랑을 이어갔습니다. 미국으로 건너가 의사가 된 셔우드 홀은 결혼하여 부인 메리 안과 다시 한국에 들어오게 됩니다. 그는 한국 최초로 결핵협회를 창설하였고, 한국 최초의 크리스마스실을 만들어 판매하였습니다(이모로 여겼던 김점동 여의사가 결핵으로 사망하였기 때문에 결핵퇴치에 남다른 소명을 가졌습니다.). 아버지와 어머니의 조선 사랑을 이어가던 셔우드 홀에게 어려움이 닥쳤습니다. 일본과 미국의 태평양 전쟁이 일어나면서, 일본 정부는 셔우드 홀을 헌병대에 연행하였고, 재판에서 징역 3년과 5,000엔 벌금형을 선고했습니다. 가재도구와 집을 팔아 끝까지 한국에 남아 있기를 원했으나, 결국 추방되었습니다. 그러나 셔우드 홀 부부는 선교를 포기하지 않았습니다. 한국에서 쫓겨난 셔우드 홀 부부는 인도로 건너가 마지막 힘을 다해 선교에 힘을 쏟았습니다. 은퇴하여 캐나다에서 쉬고 있던 어느 날, 그는 한국에서 온 편지를 받았습니다. 결핵협회와 아버지가 세운 광성고등학교에서 보내온 초청장이었습니다. 91세의 나이로 사랑하는 한국 땅을 밟은 셔우드 홀 부부의 감회는 남달랐습니다. 그는 양화진에 묻혀있는 아버지와 어머니, 여동생의 묘를 방문하고, 광성고등학교 예배 시간에 눈물을 글썽이며 이렇게 유언을 남깁니다. "I still love Korea(저는 여전히 한국을 사랑합니다.)……. 제가 죽거든 나를 절대로 미국이나 캐나다 땅에 묻지 마시고, 내가 태어나서 자랐던 사랑하는 이 나라, 또한 내 사랑하는 어머니와 아버지 누이동생이 잠들어 있는 한국 땅에 묻어 주시기를 바랍니다." 그는 98세의 나이로 숨을 거두었고, 그의 부인과 함께 아버지인 윌리암 제임스 홀과 어머니 로제타, 누이동생 에디스가 있는 양화진에 묻혔습니다. 한번 왔다가 한번 가는 것이 인생입니다. 그러나 선교를 위해 산 사람은 영원합니다. 윌리암 제임스 홀, 로제타, 셔우드 홀, 그들은 우리와 똑같은 인간입니다. 우리도 선교를 실천하는 자가 됩시다.

Q. 홀 선교사 가족의 이야기를 보면서 든 생각과 느낌을 적어 보십시오.

CHAPTER 27

부르심 (소명)

1. 주제의 글

하나님께서 이 세상을 창조하실 때 그의 목적과 계획대로 지으셨습니다. 온 우주는 하나님께서 지으신 목적대로 운영되고 있습니다. 우리 각 사람을 향한 하나님의 세밀한 계획과 부르심도 있습니다. 그 목적이란 궁극적으로 하나님께 예배하고 영광을 돌리는 것입니다.

하나님께서 자유 의지를 주셨기 때문에 우리는 두 가지 선택의 갈림길에 서 있습니다. 하나는 나를 창조하신 하나님의 목적과 계획을 따라 순종하는 삶이고, 또 다른 하나는 하나님의 뜻과는 상관없이 살아가는 것입니다.

2. 들어가는 말

우리의 출생은 결코 우연이 아닙니다. 우리의 출생은 실수도 불운도 아닙니다. 부도덕한 부모는 있을지라도 부적절한 자식은 없습니다. 많은 아이가 부모의 계획과 상관없이 태어날 수 있지만, 하나님의 계획 없이 태어날 수는 없습니다. 하나님은 어떤 일도 우연히 하지 않으시고, 절대 실수하지 않으시기 때문입니다. 부모님이 우리를 잉태하기 훨씬 이전부터 하나님께서 우리를 계획하셨습니다.

에베소서 2장 10절에서 바울 사도는 "우리는 그가 만드신 바라. 그리스도 예수 안에서 선한 일을 위하여 지으심을 받은 자니."라고 했습니다. 여기서 '그가 만드신'이라는 말은 헬라어로 '포이에마(ποίημα, poiema)'입니다. 이 말은 예술적 작품 혹은 걸작품을 말합니다. 이 '포이에마'라는 단어에서 '시(poem)'라는 단어가 나왔습니다. 우리는 하나님이 연습 삼아 만들어 본 습작이 아닙니다. 하나님의 손이 온 정성을 다해서 빚어낸 걸작품입니다. 우리는 한 편의 시처럼 정제된 최고의 언어입니다. 놀랄만한 이야기가 아닙니까? 그런데 이런 높은 자존감을 얻게 되는 것은 하나님을 만날 때입니다. 우리는 '선한 일을 위하여' 하나님이 지으시고, 택한 그릇들입니다.

Q. 하나님께서 당신을 태초에 계획하시고, 아름답게 빚으셔서 당신이 이 세상에 존재한다는 것을 믿으십니까? 그렇다면, 그것이 당신에게 주는 의미는 무엇입니까?

---

3. 성경 말씀 나누기

사울이라는 청년이 있었습니다. 기독교 역사상 오순절 성령 강림

이후 최대의 사건은 사울이 예수님을 만난 사건이었습니다. 복음이 이방 세계로 전파되어 전 인류가 축복을 받게 된 일이 바로 이 청년 사울이 예수님을 만나는 사건으로부터 시작되었습니다. 이렇게 말하는 것은 결코 과장이 아닙니다. 사도행전에서 바울의 회심을 기록한 9장과 함께 그의 선교 활동을 전하는 13~28장은 모두 바울에 관한 것입니다. 그러니까 사도행전 전체 28장 중에서 17개의 장이 바울과 그의 활동에 관한 기록입니다.

오늘 우리는 하나님이 사울을 선택한 사건을 묵상하면서, 선교를 위하여 나를 선택하신 하나님의 놀라운 일을 나누고자 합니다.

1) 예수님을 만나기 전의 사울

사울은 예수님을 알기 전에 엄격한 바리새파 유대인이었습니다. 그는 나면서부터 할례를 받았고, 유대 전통과 히브리 율법에 아주 정통한 사람이었습니다. 또한 그는 '다소'라는 곳에서 자랐습니다. 그 당시 다소는 헬라 문화와 철학의 중심지였기 때문에 '다소' 출신이라는 것 자체가 헬라 문화에 상당한 식견을 가졌다는 것을 알려줍니다. 그리고 그는 태어나면서부터 로마 시민권을 가지고 있었습니다. 그 당시 로마 시민권이란 오늘 미국 시민권과는 비교도 안 될 정도로 높은 지위를 부여하는 자격이었습니다. 그뿐만 아니라 그는 당대 석학이라고 일컬어졌던 가말리엘 선생의 문하생이었습니다. 그는 지성인의 자격을 갖췄습니다. 더욱이 사울은 행동하는 지성인이었습니다. 사실 행동하는 지식인은 많지 않습니다. 머리는 뛰어나고, 판단력은 빠르고, 비판력도 있는데, 결정적인 순간에 행동하지 못하는 것이 보통 지성인이 가진 약점입니다. 행동하는 양심이나 실천하는 지성이 못 된다는 것입니다. 하지만 사울이라는 청년은 자기가 옳다고 생각하는 일에 목숨을 걸 줄 아는 지성인이었습니다.

그러면 왜 사울은 기독교인에 대한 증오심으로 불타고 있었을까요? 그것은 '예수' 때문이었습니다. 33세의 젊은 나이로 로마 황제의 반역자요, 유대 민중의 선동가가 되어 십자가에 죽은 예수를 하나님의 아들이요, 선택받은 유대 민족이 기다리는 메시아라고 기독교인들이 주장했기 때문입니다. 유대 지식인들에게 그것은 받아들일 수 없는 모욕이었습니다. 율법에 따르면, 나무에 달려 죽은 자는 저주받은 자였기 때문입니다. 신명기 21장 23절을 보십시오.

"그 시체를 나무 위에 밤새도록 두지 말고 그날에 장사하여 네 하나님 여호와께서 네게 기업으로 주시는 땅을 더럽히지 말라. 나무에 달린 자는 하나님께 저주를 받았음이니라."

'나무에 달린 자는 하나님께 저주받은 자'라고 분명히 말씀하고 있습니다. 그렇다면 나무에 달려 하나님께 저주받았다는 예수를 어떻게 유대 민족이 기다리는 거룩한 메시아라 할 수 있겠습니까? 사울은 이런 불경한 기독교 무리를 박살내는 것은 여호와 하나님을 믿는 유대인의 의무라고 생각했습니다.

Q. 예수 믿기 전의 사울처럼, 당신도 기독교를 비방하고 핍박한 적이 있습니까?

----

2) 바울의 개종

바울의 개종 이야기가 사도행전에 세 번이나(사도행전 9:1~19, 22:6~16, 26:13~18) 반복해서 나옵니다. 그런데 세 이야기를 읽어보면, 각각 강조점이 다르다는 것을 발견할 수 있습니다. 9장과 22장은 '바울의 회심'에 강조점을 두는 반면, 26장은 '바울의 소명'에 강조점을 두고 있습니다. 누가는 바울이 다메섹 도상에서 예수를 만나기 전까지 초대 교회의 가장 대표적인 적대자라고 소개하였습니다.

> "사울이 주의 제자들에 대하여 여전히 위협과 살기가 등등하여 대제사장에게 가서 다메섹 여러 회당에 가져갈 공문을 청하니 이는 만일 그 도를 따르는 사람을 만나면 남녀를 막론하고 결박하여 예루살렘으로 잡아 오려 함이라(사도행전 9장 1~2절)."

여기에 "사울이 주의 제자들에 대하여 여전히 위협과 살기가 등등하여"라고 사울의 모습을 묘사하고 있습니다. '등등하여'라는 말은 헬라어로 '숨을 내쉰다.'라는 의미입니다. 즉 분노하여 씩씩거리며 숨을 거칠게 내쉬는 흥분된 모습을 보여줍니다. 그러나 놀랍게도, 아니 이상하게도 갑자기 모든 것이 바뀌고 말았습니다.

사울이 다메섹으로 향하는 길에 접어들었을 때, "홀연히 하늘로부터 빛이 그를 둘러 비추고", 사울은 "땅에 엎드려졌습니다(사도행전 9장 3~4절)." 누구에게도 고개를 숙이지 않는 사울의 교만한 지성이 완전히 깨어지는 순간입니다. 그렇게 사납게, 자신 있게, 당당하게 걸어왔던 사울이 예수 그리스도의 빛 앞에 쓰러졌습니다. 자아가 깨어지고, 겸손하게 엎드리는 순간에 주님의 음성이 들려왔습니다.

우리도 마찬가지입니다. 주님의 뜻을 분별하고, 주님의 음성을 듣기 위해서는 무릎을 꿇고, 이마를 땅에 대고, 겸손하게 엎드려야 합니다. 사도행전 9장 8절에 보면, "사울이 땅에서 일어나 눈은 떴으나 아무것도 보지 못하고 사람의 손에 끌려 다메섹으로 들어가서."라는 말씀이 있습니다. 이렇게 해서 사울은 그가 계획했던 것과는 아주 다른 방법으로 다메섹에 들어갔습니다. 즉 남녀 그리스도인들을 끌어다가 감옥에 집어넣는 대신 자신이 눈까지 먼 채 예수 그리스도에게 붙잡힌 자가 되어 이끌려가게 된 것입니다. 그리스도인들을 잡으러 가던 그가 이제 예수 그리스도의 사랑의 손에 붙잡혀 버린 것입니다. 그는 증오와 혈기의 노예였습니다. 그런데 주님은 그를 사랑의 포로로 만들어버렸습니다.

사도행전 9장 9절을 보십시오.

"사흘 동안 보지 못하고, 먹지도 마시지도 아니하니라."

이 기간에 사울은 실존적인 고민에 사로잡히게 됩니다. 고민이 깊어지면 밥맛도 입맛도 떨어지게 됩니다. 먹고 싶은 마음이 없어집니다. 그래서 '먹지도 마시지도 아니하리라.'라고 능동태를 사용했습니다. 깊은 내면의 갈등이 시작된 것입니다. '여태까지 걸어왔던 길이냐? 아니면 이제 새롭게 발견한 예수 그리스도의 길이냐?' 그에게 선택과 결단이 필요했습니다. 그러나 쉽지 않았습니다. 그는 부와 명예와 안락과 지위와 특권, 그리고 세상 친구들의 기대와 의리를 쉽게 떨처버릴 수 없었습니다. 어떻게 이것들을 쉽게 포기할 수 있겠습니까? 그렇지만 세상의 모든 것을 끌어모아 쌓아도 저울추는 예수 그리스도에게로 기웁니다. 그는 결단했습니다. 빌립보서 3장 7~9절에서 후에 사울은 그때의 결단을 이렇게 표현합니다.

"그러나 무엇이든지 내게 유익하던 것은 내가 그리스도를 위하여 다 해로 여길뿐더러 또한 모든 것을 해로 여김은 내 주 그리스도 예수를 아는 지식이 가장 고상하기 때문이라. 내가 그를 위하여 모든 것을 잃어버리고 배설물로 여김은 그리스도를 얻고 그 안에서 발견되려 함이니."

Q. 당신은 어떻게 회심하게 되었습니까?
_____
_____
_____
_____

3) 회심 후 사울의 변화
① 보는 것이 달라졌습니다(시각 변화).

"즉시 사울의 눈에서 비늘 같은 것이 벗어져 다시 보게 된지라(사도행전 9장 18절)……."

사울의 눈에서 비늘이 벗어지면서 시각이 변화되었습니다.

하나님을 만난 사람은 시각이 변합니다. 세상의 가치로 살던 사람이 하늘의 가치로 살게 됩니다. 동물처럼 본능만으로 살던 사람이, '누가 앞서느냐, 누가 좀 더 버느냐, 누가 좀 더 욕망을 만족시키느냐, 누가 좀 더 좋은 옷을 입고 사느냐, 누가 좀 더 많은 땅을 차지하느냐?'라는 가치관에 살던 사람이 하나님 나라의 가치관을 배우고 따르게 되는 것입니다. 거룩하게 살고자 하고, 영원한 삶을 소망하며, 하나님과 이웃을 사랑하는 모습으로 변화됩니다.

그리스도가 내 마음에 들어오고 영의 눈이 열리면 눈에 보이는 사람들이 그렇게 사랑스러울 수가 없습니다. 세상이 그렇게 밝고 아름다울 수가 없습니다. 왜 그런지 과거에 그렇게 잘 보이던 남의 허물과 시빗거리가 보이지 않게 됩니다. 은혜를 받으면 시각 변화가 먼저 일어납니다.

② 말하는 것이 달라졌습니다(고백의 변화).

"즉시로 각 회당에서 예수가 하나님의 아들이심을 전파하니(사도행전 9장 20절)."

그리스도의 대적이었던 사울은 지금 그리스도를 인정하고 전파하고 있습니다. '예수는 하나님의 아들이고, 우리의 그리스도이시라.' 하나님을 만난 사람, 성령 세례를 받은 사람들에게 공통점이 있습니다. 그것은 예수님에 대하여 늘 이야기한다는 것입니다. 밥을 먹든, 공부하든, 잠을 자든, 강의하든, 장사하든, 김을 매든지 언제나 그의 입에는 '예수 그리스도'로 가득 차 있습니다. "너는 예수밖에 모르니?"라는 핀잔을 들으면서도 입만 열면 예수 그리스도에 관한 이야기를 합니다.

③ 사명의 사람이 되었습니다(삶의 목적 변화).

바울이 가이사랴에서 아그립바 왕에게 변명할 때, 자기 자신의 회심에 관하여 증언합니다. 그의 증언은 이렇습니다.

> "일어나 너의 발로 서라. 내가 네게 나타난 것은 곧 네가 나를 본 일과 장차 내가 네게 나타날 일에 너로 종과 증인을 삼으려 함이니(사도행전 26장 16절)."

사울은 예수님을 만난 후에 사명을 발견했습니다. 살아갈 이유를 발견했습니다. 그는 복음의 증인으로서, 이방인에게 파송된 선교사로서 자신을 인식하게 되었습니다. 사울은 이 사명을 발견한 후로 순교하는 순간까지 이 일에 정진했습니다. 한순간도 좌우로 곁눈질하지 않았습니다. 달려가다가 한순간도 후회하거나 회의에 빠진 적이 없었습니다. 앞을 바라보다가 한순간도 뒤를 돌아보거나 멈칫하지 않았습니다. 예수 그리스도를 만나게 되면, 왜 사는지를 알게 됩니다.

Q. 예수를 믿기 전과 후에 달라진 것이 있습니까?

_____
_____
_____
_____

4. 삶의 적용

여러분은 바울처럼 선교를 위해 하나님이 선택한 사람입니다. 부인하지 마십시오. 하나님은 여러분을 사랑하십니다. 하나님은 여러분에게 특별한 계획을 가지고 있습니다. 하나님은 여러분을 기대합니다. 여러분은 선택받은 하나님의 소중한 그릇입니다. 여러분의 삶의 자리가 어디든 '선택받은 그릇'으로 사십시오. 이제 가슴을 펴고, 하나님의 음성을 들으십시오. '너는 택한 나의 그릇이다.'

Q. 이번 과를 통해 바울을 향한 하나님의 계획과 부르심을 보면서 당신을 향한 하나님의 계획은 무엇인지 생각해 보고 적어 보십시오.

CHAPTER 28

선교의 새바람을 일으키는 교회

1. 주제의 글

선교의 새바람을 일으키는 교회는 성령께 자신을 온전히 내어드리고 순종함으로 쓰임 받는 교회를 말합니다. 선교의 새바람을 일으킬 정도의 사건은 교회가 주체적으로 이룰 수 있는 것이 아니라, 오직 성령께서 역사하실 때 가능한 일입니다. 우리 교회는 성령의 일하심에 깨어 있어 반응함으로 선교의 새바람을 일으키는 교회가 되길 바랍니다.

2. 들어가는 말

기독교의 역사는 곧 선교의 역사라고 말해도 과언이 아닙니다. 20세기만 하더라도 선교의 중심이 옮겨지는 것을 볼 수 있습니다. 20세기 초에 선교사를 파송했던 서구는 현재 침체를 겪고 있지만, 선교의 대상이었던 아프리카, 아시아, 그리고 남미에서는 놀라운 부흥이 일어나고 있습니다. 비서구 지역에서 신학적인 창조성이 발현되고, 선교사들이 많이 배출되고 있습니다.

그런데 이런 현상은 이미 사도행전에 나타났습니다. 선교의 중심이 예루살렘 교회로부터 안디옥 교회로 옮겨졌습니다. 이후 안디옥 교회를 통해 바울과 바나바가 선교사로 파송되고, 복음은 소아시아와 로마로 급속히 전파되었습니다.

하나님은 복음이 한 곳에만 머물러 있기를 원하지 않습니다. 예수님께서 말씀하셨듯이, 복음은 온 유대와 사마리아와 땅끝까지 이르러 전해져야 합니다. 성령의 역사는 지금도 진행 중입니다. 우리가 영적으로 깨어 있어 성령의 인도하심에 순종한다면, 안디옥 교회처럼 선교의 새바람을 일으켜 하나님께 쓰임 받는 교회가 될 것입니다.

3. 성경 말씀 나누기

안디옥은 주전 300년경에 건립되어 인구가 약 50만이나 되는 당시 로마 세계에서는 세 번째로 큰 도시였습니다. 이곳은 로마의 부와 헬라의 미, 그리고 동방의 사치로 풍요롭지만, 타락한 도시였습니다. 이 도시로부터 5마일 떨어진 곳에는 아폴로 신과 아르테미 신 숭배의 중심지인 다프네(Daphne) 숲이 있었습니다. 성행위를 하는 이교 우상 숭배는 필연적으로 안디옥에 방탕과 방종, 그리고 성적 문란을 가져왔습니다. 그래서 로마 세계에서 안디옥은 부도덕한 도시로 널리 알려졌습니다. 그런데 하나님은 바로 이곳에 이방 선교의 기지를 세우셨습니다.

안디옥 교회가 어떤 교회였는지 살펴보도록 하겠습니다.

1) 무명의 개척자들이 세운 교회였습니다.
Q. 사도행전 11장 20절을 적어 보십시오.

성경은 개척자들의 이름을 밝히지 않고 다만 '구브로와 구레네 몇 사람'이라고만 적고 있습니다. 안디옥 교회를 개척한 사람은 이름 없는 '무명의 사람들'이었습니다. 최초로 선교사 바울과 바나바를 파송한 교회, 유대인만이 아니라 이방인인 헬라인에게 복음을 전해 준 진취적인 교회, 복음의 새바람을 일으킨 교회, 그 안디옥 교회가 놀랍게도 이름조차 알 수 없는 무명의 사람들에 의해서 세워졌습니다. 우리는 고고학이 발달한 오늘날에도 안디옥 교회를 세운 무명의 몇몇 사람들의 이름을 찾아낼 수 없습니다. 그러나 하나님은 그 이름들을 기억하시고, 또렷하게 생명록에 기록하셨을 것입니다.

선교의 새바람을 일으킨 교회라고 할지라도 그 이름이 남지 않을 수 있습니다. 예수 그리스도를 위해 생명을 아끼지 않고 헌신했다고 해도 사람들이 알아주지 않을 수도 있습니다. 그때 인간적으로 서운한 마음이 들 수도 있을 것입니다. 그런데 중요한 것은 우리의 헌신을 사람들이 기억하고 알아줄 수 없다는 것입니다. 시간이 지나면 사람의 기억은 지워지고 사라질 것입니다. 하나님이 알아주면 그것으로 충분합니다. 하나님이 알아주는 것이 영원한 것입니다.

"사람들에게 어떻게 비칠까?"에 관심을 두기 시작하면, 그때부터 그 사람은 천해지기 시작합니다. 사람들이 잘한다고 손뼉을 쳐주면 좋아하고, 사람들의 칭찬과 박수가 없으면 슬퍼지고 우울해진다면,

불행한 일입니다. 그리스도인의 시선은 언제나 사람이 아닌 하나님께 고정되어 있어야 합니다. 하나님이 알아주는 것으로 기뻐해야 합니다. 하나님이 내 삶을 인정해주신다는 사실로 기뻐해야 합니다. 그래야만 진정으로 하나님 앞에 충성스럽게 살 수 있습니다. 그리고 사람들의 시선으로부터 자유로워질 때, 하나님과 사람들로부터 존귀하게 여김을 받습니다.

70년대 교회에서 가장 많이 부른 찬송가 중의 하나는 323장(부름 받아 나선 이 몸)입니다. 참 많이 부르면서 눈물을 흘렸고, 가사 대로 살겠노라고 결단했습니다. 그런데 요즘은 이 찬송이 부담스러워서 잘 부르지 않는다고 합니다. 다음의 가사를 보십시오.

(2절) 아골 골짝 빈들에도 복음 들고 가오리다. 소돔 같은 거리에도 사랑 안고 찾아가서 종의 몸에 지닌 것도 아낌없이 드리리다. 종의 몸에 지닌 것도 아낌없이 드리리다.

(3절) 존귀 영광 모든 권세 주님 홀로 받으소서. 멸시 천대 십자가는 제가 지고 가오리다. 이름 없이 빛도 없이 감사하며 섬기리다. 이름 없이 빛도 없이 감사하며 섬기리다.

'종의 몸의 지닌 것도 아낌없이 드리는' 것과 '이름 없이 감사하며 섬기는' 것은 실제로는 매우 어려운 일입니다. 이 찬송의 가사가 부담스러워서 부르기를 꺼린다면, 아무런 생각 없이 부르는 것보다는 진중한 태도입니다. 그러나 우리는 이 찬송가의 가사를 마음에 새기면서 뜨겁게 부르게 되기를 바랍니다. 바로 안디옥 교회의 개척자들과 같이 '하나님이 알아주는 것으로 기쁘게 여기는' 성도들이 되길 바랍니다.

Q. 깊이 헌신했는데, 아무도 모르게 지나간 경험이 있습니까?

_____
_____
_____

2) '그리스도인'이란 이름을 얻은 교회였습니다.

> "만나매 안디옥에 데리고 와서 둘이 교회에 일 년간 모여 있어 큰 무리를 가르쳤고 제자들이 안디옥에서 비로소 그리스도인이라 일컬음을 받게 되었더라(사도행전 11장 26절)."

안디옥 교회에서 처음으로 '그리스도인'이라 불리게 되었습니다. 유대인들이 예수 믿는 사람들을 '나사렛 이단'이라고 부른 것과 마찬가지로 '그리스도인'이란 경멸조로 불린 이름이었습니다. 우리나라에서는 처음 기독교가 전파되었을 때, '예수쟁이'라고 천하게 불린 것과 마찬가지였습니다.

그런데 안디옥 교회는 별로 명예스럽지 못한 이 이름을 고귀한 이름으로 바꿔 놓았습니다. 안디옥 교인들은 도덕적으로 타락한 안디옥 시민과는 확실히 달랐습니다. 안디옥 교인들은 예수님을 닮아갔습니다. 점차 그리스도인들은 사람들로부터 경멸받고 조롱받던 처지에서 고귀한 사람으로 인정되기 시작했습니다. "저 사람들은 예수 믿는 사람들이지, 우리와는 분명히 달라." 비판자들은 안디옥 교인들의 신앙 내용에 대해서 가타부타 비판했습니다. 그러나 그들을 비판할 수 없었습니다. 안디옥 교인들이 성결한 삶을 살았기 때문입니다. 교회는 안디옥 교회를 통해 영광스러운 이름을 얻게 되었습니다.

예수님을 믿는 것 때문에 사람들로부터 조롱과 핍박을 받을 수 있습니다. 그것은 이상한 것이 아니라 당연합니다. 요한복음 15장 19절 말씀입니다.

"너희가 세상에 속하였으면 세상이 자기의 것을 사랑할 것이나 너희는 세상에 속한 자가 아니요 도리어 내가 너희를 세상에서 택하였기 때문에 세상이 너희를 미워하느니라."

사람은 그리스도께 속할 수도 있고, 세상에 속할 수도 있습니다. 우리가 그리스도께 속하면 세상은 우리를 미워한다고 말씀합니다. 우리에게 세상이 미워하는 흔적이 있습니까? 예수님 때문에 손해를 본 적이 있습니까? 만약 그런 기억이 없다면 혹시 세상에 속한 자가 아닙니까? 우리가 세상의 미움을 받을지라도 끝까지 주님을 붙잡고 살다 보면, 조롱하고 핍박하던 사람들이 우리로 인해 살아계신 하나님을 발견하게 될 것입니다.

Q. 예수 때문에 비방을 당한 경험이 있습니까?

----

3) 성령의 역사하심에 순종한 교회였습니다.

'성령의 역사하심에 순종한 교회'란 안디옥 교회를 묵상할 때 가장 큰 관심을 불러일으킨 문제였습니다. 안디옥 교회는 성령의 역사하심에 순종함으로써 선교의 새바람을 일으켰습니다. 성령께서 요청하셨습니다.

> "주를 섬겨 금식할 때에 성령이 이르시되 내가 불러 시키는 일을 위하여 바나바와 사울을 따로 세우라 하시니(사도행전 13장 2절)."

이 요청에 안디옥 교회가 즉각적으로 반응합니다.

> "이에 금식하며 기도하고 두 사람에게 안수하여 보내니라(사도행전 13장 3절)."

이 말씀을 묵상하면서 제 자신에게 질문을 해봤습니다. "만일 내가 그 현장에 있었다면 선교를 주도하는 성령의 역사하심에 대하여 어떻게 반응했을까?" 즉 '성령의 부르심에 대한 반응으로 바나바와 사울을 세우고, 안수하고, 파송하는 일에 대하여 즉각적으로 동참했을까?' 아니면 '선교사를 파송할 때 드는 비용과 감당해야 할 희생을 계산하면서 머뭇거리고 있었을까?' 하는 것입니다.

안디옥 교회는 당시 개척된 지 얼마 되지 않은 상황이었습니다. 그리고 바나바와 바울은 안디옥 교회에서 가장 중요한 교사였습니다(사도행전 11장 26절). 만약 개교회주의와 교회성장주의에 빠져 있던 교회였다면, 성령의 요청을 거부했을 것입니다. "지금 교회가 막 부흥하려고 하는데, 무슨 말씀이세요? 조금만 기다려 주세요. 교회가 더 성장하고 자리가 잡히면 선교사를 파송하겠습니다."

분명 쉬운 결정은 아니었지만, 안디옥 교회는 성령의 요청하심에 순종했습니다. 우리 교회도 성령께서 원하시는 것이 어려운 일이라 할지라도 순종하기를 바랍니다. 만약 우리 교회가 성령의 요청을 거부한다면, 당장은 어려움이 없겠지만 결국 침체하는 교회가 되고 말 것입니다. 그러나 성령의 요청에 순종하면 당장은 어려워 보여도 결국에는 선교의 새바람을 일으키는 교회가 될 것입니다. 모든 것을 하나님의 주권에 맡기고 성령의 인도하심에 전적으로 내어 맡기는 교회가 되기를 소원합니다.

한 의료 선교사 부인의 간증을 아직도 기억하고 있습니다. 네팔로 떠나기 전, 그 선교사님은 40세의 외과 의사로서 돈을 참 잘 벌고 있었습니다. 그가 선교사로 헌신했을 때 간호사였던 그의 부인은 결사적으로 반대했습니다. 남편이 하도 말을 안 들으니까 부인은 남편이 효자라는 생각에 부모님 핑계를 대면서 설득했다고 합니다. "어머니가 곧 돌아가실 텐데 돌아가시면 홀가분하게 가시면 되잖아요?" 그러나 남편의 대답은 그래도 가야 한다는 것이었습니다. 아무리 반대해도 안 되니까 부인은 "아들이 고3이니까 아들 대학 시험만 치르고 갑시다."라고 만류하였습니다. 그때 이분이 이렇게 얘기했답니다. "내 나이 40살은 외과 의사로서 제일 실력을 발휘할 수 있는 시기요. 나는 내 인생의 황금기를 주님께 드리고 싶소." 그 부인은 결국 손을 들고 남편의 의견을 따랐다고 했습니다. '자기 인생의 황금기를 드리겠다.'라는 그 의사의 고백을 듣고 하나님은 얼마나 기뻐하셨겠습니까? 한 젊은 외과 의사의 순종이 놀랍고 부럽습니다.

Q. 어떻게 성령의 요청에 순종하며 살 수 있을까요?

_____

_____

_____

4. 삶의 적용

양화진에 가면 루비 켄드릭 선교사[63]를 만날 수 있습니다. "내게 천 개의 생명이 주어진다면, 그 모든 생명을 조선을 위해 바치리라." "If I had a thousand lives to give, Korea should have them all." 양화진 묘비에 적힌 이 글은 루비 켄드릭 선교사의 조선에 대한 사랑을 표현한 글입니다. 그녀의 편지를 읽노라니 26세 난 그녀의 조선에 대한 사랑이 너무 감격스럽고, 복음에 빚진 자의 심정이 사무칩니다.

루비 켄드릭 선교사는 1907년 9월 텍사스 주 엡윗 청년회(감리교 청년회)의 후원을 받아 남감리회 해외 여선교회의 파송을 받아 한국 선교사로 내한하였습니다. 처음 임지는 개성으로, 한국어를 배우면서 사역을 시작했습니다. 어학 공부를 하던 중 애석하게도 내한한 지 9개월이 못 되는 1908년 6월 19일 맹장염으로 별세하여 양화진 외국인 묘지에 안장되었습니다. 미국 고향의 엡윗 청년 회원들이 모금한 경비로 비석을 세웠는데, 그 비문에는 "만일 내게 1천 개의 생명이 있다 해도 그것을 모두 한국에 주겠노라."라는 말이 새겨져 있습니다. 이 문구는 그녀가 죽기 전에 고향의 엡윗 청년회에 보낸 편지 속에 있던 글입니다. 이 편지를 텍사스 엡윗 청년회가 받았을 때는 마침 연합

대회가 열리고 있었습니다. 자신들의 후원으로 은둔의 나라 조선에서 뜨거운 사명감으로 사역하고 있는 켄드릭의 편지는 대회 참석자들의 가슴을 뜨겁게 했습니다. 그런데 편지를 받고 난 다음 날, 그 청년회는 켄드릭이 하나님의 부름을 받았다는 전보를 받게 되었습니다. 그 부음은 대회에 참석한 모두를 충격에 빠뜨렸지만, 몇몇 청년들은 선교사로 헌신하게 되었고, 또 켄드릭을 기념한 기금이 조성되었습니다. 하나님께서 켄드릭 선교사를 통해 선교의 새바람을 일으킨 것입니다.

Q. 선교의 새바람을 일으킨 루비 켄드릭 선교의 삶을 보면서 느낀 점은 무엇입니까?

CHAPTER 29

선교를 위해 고난을 감수하는 교회

1. 주제 글

복음의 행진에는 고난이 있습니다. 선교 여정은 탄탄대로라기보다 가시밭길입니다. 선교는 하나님께서 기뻐하시는 일이지만, 그렇다고 선교의 모든 과정이 술술 풀리는 것은 아닙니다. 오히려 선교를 통해 우리는 고난과 희생을 겪게 됩니다. 선교는 결코 낭만적인 것이 아닙니다. 그런데 역설적으로 고난 때문에 복음은 더욱 영롱한 빛을 발합니다. 고난 때문에 하나님의 역사는 더 뚜렷이 나타납니다.

2. 들어가는 말

이집트에서 15년간 선교 사역을 하면서 선교의 현실을 모르고 낭만적으로 생각했다가 너무나 쉽게 선교를 포기하는 사람들을 보았습니다. 실제로 선교하기 위해서는 그 길이 좁은 길, 고난의 길, 십자가의 길이라는 것을 분명히 알고 시작해야 합니다. 선교는 현실입니다.

치열하고 처절한 현장에서 복음 때문에 거절을 당하고 심지어는 위협을 당하기도 합니다. 그런데도 선교하는 것입니다. 고난을 감수해야 선교할 수 있습니다.

그런데 우리가 꼭 알아야 할 사실이 있습니다. 좁은 길, 고난을 길을 걷다 보면 하나님께서 주시는 놀라운 기쁨이 있다는 것입니다. 하나님 말씀에 순종하여 한 걸음씩 옮기다 보면 하나님을 더 알게 되고, 복음이 얼마나 귀한 것인지 깨닫게 됩니다.

예수께서 말씀하셨습니다.

"의를 위하여 박해를 받은 자는 복이 있나니 천국이 그들의 것임이라. 나로 말미암아 너희를 욕하고 박해하고 거짓으로 너희를 거슬러 모든 악한 말을 할 때에는 너희에게 복이 있나니 기뻐하고 즐거워하라. 하늘에서 너희의 상이 큼이라. 너희 전에 있던 선지자들도 이같이 박해하였느니라(마태복음 5장 10~12절)."

3. 성경 말씀 나누기

1) 고난 세례

Q. 사도행전 14장 22절을 적어 보십시오.

_____
_____
_____

사도 바울은 제자들이 굳건해지도록 믿음을 격려하면서, 하나님 나라에 들어가려면 많은 환난을 겪어야 할 것이라고 말했습니다. '아멘!'으로 응답하기에 부담스러운 말씀이지만, 이런 말씀은 성경 곳곳에서 찾아볼 수 있습니다.

Q. 빌립보서 1장 29절을 적어 보십시오.

Q. 골로새서 1장 24절을 적어 보십시오.

하나님 나라에 들어가려면, 세 가지 세례를 받아야 한다는 말씀을 들어보신 적이 있습니까? 그 세 가지 세례란 물세례, 성령 세례, 고난 세례입니다. 고난 세례가 있다는 사실을 들어보셨습니까? 기겁할 일이 아닐 수 없습니다. 정리하자면, 하나님은 고난을 선물로 주신다는 것입니다. 사도 바울이 농담하고 있는 것이 아닌가 싶을 지경입니다.

사도 요한이 기록한 요한계시록을 보면, 보좌 앞과 어린 양 앞에서 흰옷을 입고, 손에 종려 가지를 들고, 큰소리로 찬양하는 무리가 나옵니다. 장로 중 하나가 사도 요한에게 묻습니다.

"이 흰 옷 입은 자들이 누구며 또 어디서 왔느냐(요한계시록 7장 13절)?"

사도 요한이 대답합니다. "내 주여 당신이 아시나이다." 그때 장로가 대답합니다.

"이는 큰 환난에서 나오는 자들인데 어린 양의 피에 그 옷을 씻어 희게 하였느니라(요한계시록 7장 14절)."

천국에서 찬양하는 무리들은 바로 '큰 환난에서 나온 자들'이라는 것입니다.
사도 베드로는 고난 겪는 것을 이상하게 여기지 말고 즐거워하라고 말씀합니다.

"사랑하는 자들아 너희를 연단하려고 오는 불 시험을 이상한 일 당하는 것 같이 이상히 여기지 말고 오히려 너희가 그리스도의 고난에 참여하는 것으로 즐거워하라. 이는 그의 영광을 나타내실 때에 너희로 즐거워하고 기뻐하게 하려 함이라(베드로전서 4장 12~13절)."

성경은 이처럼 곳곳에서 성도로서 감당해야 할 고난이 있다고 말씀합니다.

Q. 왜 하나님은 사랑하는 자녀가 하나님의 일을 할 때 고난을 겪게 하실까요? 그리고 왜 고난 겪을 때 기뻐하라고 하실까요?

_____
_____
_____

2) 바울이 겪었던 고난

구체적으로 바울이 겪은 고난을 보겠습니다.

① 육체적인 고난

바울은 복음 때문에 육체적으로 감당하기 어려운 고난을 겪었습니다. 매도 맞고, 잠도 못 자고, 추위에 떨고, 헐벗고, 쫓기게 되었습니다.

"내가 수고를 넘치도록 하고 옥에 갇히기도 더 많이 하고 매도 수없이 맞고 여러 번 죽을 뻔하였으니 유대인들에게 사십에서 하나 감한 매를 다섯 번 맞았으며 세 번 태장으로 맞고 한 번 돌로 맞고 세 번 파선하고 일 주야를 깊은 바다에서 지냈으며 여러 번 여행하면서 강의 위험과 강도의 위험과 동족의 위험과 이방인의 위험과 시내의 위험과 광야의 위험과 바다의 위험과 거짓 형제 중의 위험을 당하고 또 수고하며 애쓰고 여러 번 자지 못하고 주리며 목마르고 여러 번 굶고 춥고 헐벗었노라(고린도후서 11장 23~27절)."

② 정신적인 고통

바울은 '교회를 위한 염려'로 그 마음에 '눌림'이 있었다고 고백했습니다.

Q. 고린도후서 11장 28~29절을 적어 보십시오.

_____
_____
_____

Q. 바울의 마음을 눌렀던 교회에 대한 염려는 무엇이었을까요?

3) 고난이 주는 유익

① 고난을 받아야 강하게 됩니다.

주방에서 쓰는 칼 중에 독일산 '쌍둥이 칼'이 유명합니다. 독일을 방문했을 때 쌍둥이 칼이 유명한 이유를 물어보았습니다. 그때 들은 대답은 담금질을 더 많이 한다는 것이었습니다. 즉 쇠를 풀무불에 넣어 달구었다가 두드리고 찬물에 넣어 식히는 일을 수없이 반복한다는 것입니다.

인생도 마찬가지입니다. 고난 없이 평탄한 길만 걸어온 사람은 위기를 만날 때 쉽게 좌절하는 경향이 있습니다. 온실 속의 화초와 같습니다. 반면에 거친 비바람 속에서 자란 야생초 같은 사람도 있습니다. 숱한 고난을 통해 강인해진 사람을 일컫는 말입니다.

Q. 야고보서 1장 3~4절을 적어 보십시오.

Q. 믿음의 시련이 영적 성장에 도움이 된 경험이 있습니까?

② 고난을 받아야 순금같이 고귀하게 됩니다.

'환난'이란 말은 '틀립시스(θλίψις, thlipsis)'라는 희랍어인데, 이것은 알곡과 겨를 분리하는 고대의 탈곡기에서 나온 단어입니다. 즉 환난은 알곡을 골라내는 수단이라는 것입니다. 산더미처럼 쌓인 철광석이라 할지라도 용광로에 들어가지 않으면 쓸모 있는 강철이 될 수 없습니다. 용광로에 들어갔다가 나와야 쓸모 있게 됩니다. 용광로에서 불순물이 제거되듯이, 고난을 통해서 인간의 내면이 새롭게 됩니다.

욥은 다음과 같이 고백했습니다.

> "그러나 내가 가는 길을 그가 아시나니 그가 나를 단련하신 후에는 내가 순금 같이 되어 나오리라(욥기 23장 10절)."

고난 가운데 있는 자들은 다른 생각을 할 겨를이 없습니다. 그만큼 죄를 지을 가능성이 줄어듭니다. 더욱이 그들은 하나님께 매달리기에 성령으로 충만해집니다.

③ 고난을 통해 진짜 믿음이 드러납니다.

평안하고 아무런 문제가 없을 때는 누가 진정으로 신뢰할 만한 사람인지 분별하기 어렵습니다. 마찬가지로 믿음은 고난 가운데 진가가 드러납니다. 시련이 없다면 그 믿음이 강한지 약한지, 진짜인지 허울 뿐인지 알 수가 없습니다. 그러나 다니엘과 세 친구와 같이 죽음 앞에서 믿음을 지켰다면 그 믿음은 진짜며 강한 것입니다.

우리는 스스로 믿음이 있다고 착각하기 쉽습니다. 마치 십자가를 지시기 전, 주님을 따르겠다고 호언장담한 베드로처럼 말입니다. 그러나 예수께서 십자가에 못 박혀 죽는 그 순간에 주를 위해 당당하게 나서지 못했습니다. 닭이 울기 전 예수님을 세 번 부인한 것은 그의 인생에서 가장 지우고 싶은 순간이었겠지만, 베드로는 그 시간을 통해 자기 믿음의 진정성을 알게 되었습니다. 우리도 마찬가지입니다. 시련 앞에서 우리의 믿음의 진정성이 여실히 드러납니다.

하나님은 우리의 믿음을 보기를 원하십니다. 가난할 때나 부할 때나, 건강할 때나 병들었을 때나, 평안할 때나 고난 중에 있을 때 그 어느 때라도 변하지 않는 믿음을 보시기 원하십니다.

4) 고난을 감수하는 목적

이제 가장 중요한 주제를 다루려고 합니다. 우리가 애써 고난을 감수하면서까지 이루어야 할 목적은 무엇일까요? 그것은 선교(복음 증거)입니다. 바울은 사도행전 고별 설교 중에서 다음과 같은 고백을 합니다.

> "오직 성령이 각 성에서 내게 증언하여 결박과 환난이 나를 기다린다 하시나 내가 달려갈 길과 주 예수께 받은 사명 곧 하나님의 은혜의 복음을 증언하는 일을 마치려 함에는 나의 생명조차 조금도 귀한 것

으로 여기지 아니하노라(사도행전 20장 23~24절)."

사도 바울은 하나님의 은혜의 복음을 증언하는 사명을 마치려 함에는 자신의 생명조차 조금도 귀한 것으로 여기지 않는다고 고백했습니다. 바울은 그의 고백처럼 생명을 걸고 예수께서 주신 사명을 감당했습니다. 그런데 어떻게 자기 생명을 조금도 귀하게 여기지 않고 복음 사역에 헌신할 수 있었을까요? 그것은 선교 사역이 생명보다 훨씬 귀하다는 사실을 제대로 깨달았기 때문입니다. 만일 우리에게 선교의 열정이 없거나 식어간다면 그것은 선교 사역이 얼마나 값진 것인지 판단하는 영적인 안목을 상실했기 때문입니다.

"천국은 마치 밭에 감추인 보화와 같으니 사람이 이를 발견한 후 숨겨 두고 기뻐하며 돌아가서 자기의 소유를 다 팔아 그 밭을 사느니라 (마태복음 13장 44절)."

Q. 당신은 주 예수께 받은 사명과 자신의 생명 중 무엇을 더 소중하게 여기며 삽니까?

---

4. 삶의 적용

다미엔(Damien, 1840-1889)은 벨기에 출신으로서 파리 근처에 있는 예수 마리아 성심 수도원에서 공부하였습니다. 그의 소원은 하와이 군도에서 선교 활동을 하는 것이었습니다. 그리하여 하와이의 호놀룰루 주교 '마이그레트'에게 요청하여 나병 환자 200여 명이 사는 '몰로카이'로 가게 되었습니다.

다미엔은 그곳에서 버림받고 상처받은 영혼들에게 하나님의 사랑을 전하였지만 별로 반응이 없었습니다. 고민에 빠졌습니다. 선교를 포기하고 돌아갈까도 생각했습니다. 그러던 중 한 사람이 찾아와서 이런 이야기를 했습니다. "우리는 나병 환자이고, 당신은 건강한 사람이니까 서로 생각하는 바가 통하지 않습니다." 이러한 말을 들은 다미엔은 큰 결심을 하고 기도하기 시작했습니다. "하나님, 저에게도 나병을 허락하옵소서."

시간이 흐른 어느 날, 그는 자신의 손등이 짓무르는 것을 발견했습니다. 그는 자신의 손에서 나병을 발견한 순간 하나님 앞에 무릎을 꿇고 감사의 기도를 올렸습니다. 그제야 그는 나병 환자들과 함께 같은 아픔을 가지고 살면서 그들을 진심으로 사랑할 수가 있게 되었습니다. 그는 '살아 있는 무덤'이라고 불리는 '몰로카이'에서 49세의 나이로 죽으면서 이런 말을 남겼습니다. "모든 것을 전부 다 바친 나는 참으로 행복한 사람입니다." 1966년 하와이 주정부는 이 다미엔을 하와이의 영웅으로 결정하고 미국 국회 의사당에 자료들을 전시하게 되었습니다. 다미엔은 선교를 위하여 고난을 자원했으며, 기쁨으로 감수했습니다.

Q. 이번 과를 공부하면서 느낀 점을 적어 보십시오.

CHAPTER 30

교회의 선교 동원화

1. 주제의 글

선교 동원은 그리스도인들이 선교에 헌신할 수 있도록 동기를 부여하고 도전하는 일입니다. 교회의 선교 동원화는 교우들에게 선교의 비전을 갖게 하고 실제로 선교에 참여하도록 이끕니다. 모든 그리스도인은 선교사입니다. 선교는 해외에 나가야만 하는 것이 아닙니다. 직장에서 선교사로 살아갈 수 있고, 학교나 사회 각 분야에서 선교할 수 있습니다. 지금까지 선교 단체 중심으로 이루어져 왔던 전형적인 선교 동원을 넘어, 이제는 지역교회가 온 성도를 어떤 모양으로든지 선교사로 사역할 수 있도록 동원해야 할 때입니다.

2. 들어가는 말

21세기에 들어와 과거 그 어느 때보다도 주님은 지상교회가 지닌 잠재력을 선교에 쏟아붓기를 기대하고 계십니다. 특별히 복음의 추수

기인 이 시대에 지정학적으로나 문화 인류학적으로 주님께서는 한국 교회를 향해 미완성 과업에 동참할 기회의 문을 활짝 열어 놓고 계십니다. 굳이 비행기를 타고 멀리 가지 않더라도 중국, 중앙아시아, 동남아시아 등지에서 우리나라에 들어와 있는 외국인 노동자, 유학생, 다문화 가족, 난민을 얼마든지 접할 수 있는 선교의 황금 시대를 맞이하고 있습니다.[64] 이때야말로 한국교회가 선교에 동원되어야 할 때입니다.[65]

개인적인 경험을 나누자면 필자는 이집트에서 선교사로 사역하다가 국내 교회의 담임자로 부임했을 때 하나님께 진지하게 질문했습니다. 그리고 지금도 조용한 시간에 주님께 묻곤 합니다. "주님, 왜 이집트에서 선교 사역을 열심히 하고 있던 저를 부르셨습니까? 주님은 저를 통하여 무엇을 이루시길 원하십니까?" 그때마다 주님께서 저에게 하시는 말씀은 "교회를 선교 지향적인 교회로 만들어라. 선교를 몸으로 체험하여 선교 야성을 가진 네가 교회를 선교를 지향하는 교회로 만들지 않으면 누가 그 일을 하겠느냐?"였습니다. 선교 지향적인 교회를 만들려면 교회를 선교 동원화해야 합니다.

3. 성경 말씀 나누기

1) 예수의 선교 명령

예수님은 생애의 중요한 순간마다 선교 명령을 하셨습니다. 예수께서 부활하셔서 첫 번째 하신 말씀이 선교 명령이었습니다.

Q. 요한복음 20장 21절을 적어 보십시오.

_____
_____

또한 예수님이 부활하신 후 이 땅에 사십 일 동안 계실 때 행하신 사역을 요약한 말씀도 선교 명령이었습니다.

Q. 마태복음 28장 19~20절을 적어 보십시오.

_____
_____
_____
_____

그리고 예수님이 승천하실 때 제자들에게 마지막 부탁하신 말씀도 선교 명령이었습니다.

Q. 사도행전 1장 8~9절을 적어 보십시오.

_____
_____
_____

2) 왜 교회의 선교 동원화가 중요합니까?

예수 그리스도께서 우리에게 주신 최고의 명령이기 때문입니다. 선교는 그리스도인과 교회의 선택 사항이 아니라 필수 사항입니다. 선교는 그리스도인의 삶과 교회 사역의 중심에 있어야 합니다. 교회는 '보냄을 받은 공동체'라는 정체성을 잃지 말아야 합니다. 선교가 교회의 사명이고 본질입니다.

교회의 사명과 본질이 이러함에도 불구하고 그렇지 못한 것이 한국교회의 현실입니다. 개교회주의에 매몰되어 자기 교회 확장에만 매달리는 교회가 적지 않습니다. 또한 선교한다고 하지만 구색 맞추기에 불과한 예도 있습니다. 이런 한국교회의 모습은 교회의 본질적인 사명과 영광을 놓치는 것이라 안타깝습니다.

지상에 많은 교회가 있지만, 하나님은 선교하는 교회를 주목하십니다. 그리고 하나님은 선교하는 교회를 사용하시고, 영광스러운 교회로 세우십니다. 선교하면 나라가 삽니다. 선교하면 교회가 삽니다. 선교하면 성도가 삽니다.

포항에 가면 선린병원이 있습니다. 이 병원은 순수한 복음 병원입니다. 이 병원의 원장이 이건오 장로님이셨습니다. 이 장로님이 수년 전에 망해가는 선린병원을 맡았습니다. 위중한 환자들은 부산으로, 서울로 가고, 선린병원에 오는 환자들은 고작 감기 환자들뿐이었습니다. 어떻게 병원 운영이 되겠습니까? 이 문제를 가지고 장로님이 기도했습니다. "예수님의 이름으로 개원한 병원이 문을 닫게 생겼습니다. 어떻게 해야 합니까?" 하나님의 음성이 들려왔습니다. "이 병원을 포항 시민만을 위한 병원으로 만들지 말고, 선교하는 병원으로 만들어라." 그래서 단기 의료 선교를 다니기 시작했습니다. 캄보디아, 베트남, 중국, 케냐, 탄자니아, 한국의 낙도들⋯⋯. 그랬더니 비전을 가진 젊은 의사들이 모였습니다. 한국교회가 지원했습니다. 그렇게 선교하는 병원으로 나아갔을 때 어떤 병원이 된 줄 아십니까? 300병상에 불과했던 병원이 지금은 800병상의 종합병원이 되었다고 합니다.

이야기를 들으면서, '하나님이 기뻐하시는 선교를 하면 하나님은 우리의 직장과 사업을 번창시키는구나.'라는 생각이 들었습니다.

3) 교회의 선교 동원화를 위하여 실천해야 할 일은 무엇입니까?[66]

① 목회자의 선교 의식화

선교가 교회의 본질적 사명이므로 교회 사역의 중심에 선교가 위치해야 합니다. 그렇게 되려면 무엇보다 목회자부터 선교에 대해 상당한 식견과 안목을 갖춰야 합니다. 꾸준히 선교 서적이나 자료 등을 열람하고 선교 세미나에 참가하는 것도 좋은 방법입니다. 특히 선교지 탐방 혹은 선교 여행 등에 참여함으로써 선교 현장을 이해하는 것은 대단히 중요합니다.

② 목회 구조의 선교 지향적 갱신

목회자가 선교 마인드로 무장할지라도 목회 구조가 새롭게 갱신되지 않으면 지속적인 선교가 이뤄지기 어렵습니다. 실제로 목회자 이동이 있을 때 그동안 해오던 선교 사역이 일시에 시드는 경우가 생깁니다. 지역교회의 목회 구조 자체가 선교 지향적 구조(Mission-Oriented Structure)로 갱신될 때, 비로소 선교가 전 교회에 잦아들고 명실상부한 선교 지향적 교회(Mission-Oriented Church)로 도약할 수 있습니다. 대개의 교회는 내향적 구조(In-coming Structure)로 되어 있습니다. 이럴 때 개교회주의에 빠져 교회의 건강성을 해칠 수 있습니다. 교회 성장은 지역교회의 성장에 머물러서는 안 됩니다. 궁극적으로 하나님 나라의 성장(Kingdom growth)을 추구해야 합니다. 이를 위해서 지역교회는 내부 역량을 키워나가는 동시에 그 역량을 외부의 선교 사역으로 분출시킬 수 있는 이른바 외향적인 구조(Out-going Structure)로 갱신되어야 합니다. 특히 교회의 리더인 장로들의 의식을 선교 지향적으로 바꾸는 것이 중요합니다. 이를 위하여 담임 목사는 선교 관련 교재로 장로들과 함께 성경 공부를 함으로써 선교 비전을 공유하는 것이 필요합니다. 그 외에 해외 선교위원회를 조직하고, 해외 선교사 관리 규정을 제정하는 것도 필요합니다.

③ 전 교인의 선교 의식화

2018년 11월 13일에 열린 제17회 한국선교지도자포럼에서 "한국교회 해외 선교 역량에 관한 기초 조사 보고"가 있었습니다. 평신도들이 선교에 참여하기 어려운 이유로 '경제적 여유가 없어서'(33%), '선교에 관한 관심 부족'(32.1%), '선교에 대한 지식이나 정보 부족'(23.3%)을 꼽았습니다.[67] 선교에 대한 지식과 정보를 전달하고, 선교에 관심 가질 수 있게만 해도 선교 동참을 끌어낼 수 있을 것입니다.

예를 들어, '동안교회'에서는 선교 의식화를 위하여 아래와 같은 프로그램을 운영합니다.[68] 단기 선교를 다녀온 후가 더 중요하다고 생각해서 만든 '단기 선교 수료교육', 평신도 선교사 파송을 위한 '마일리지 선교 파송 시스템', 어린이들이 있어서 환영받지 못하는 가족들을 위한 '부부 선교팀', 가는 것에만 집중하는 것이 아니라 현지 팀을 초청해서 교류하는 '역단기 선교 사역' 등입니다.

필자의 교회에서는 교우들의 선교 의식화를 위하여 선교회별로 지원교회를 방문하는 프로그램을 운영합니다. 이제까지 남·여선교회는 누구에게 보내는지, 어느 교회에 보내는지도 모르고, 선교부에서 지정해주는 대로 미자립교회 지원금을 보냈습니다. '지원교회 방문' 프로그램을 통하여 각 선교회가 문자 그대로 '선교적 선교회'로 변화되는 것을 느낄 수가 있습니다. 선교 회원들은 지원교회를 방문함으로써 교회의 사정을 파악할 수 있을 뿐만 아니라 실제로 중보 기도를 드림으로써 선교 의식화의 기회를 얻게 됩니다. 또한 외롭고 힘들게 교회를 섬기는 목회자들은 선교 회원들의 방문을 통하여 위로와 연대감을 느끼게 됩니다. 그 외에 전 교인의 선교 의식화를 위하여 선교 세미나, 선교 학교, 비전트립[69], 남·여선교회와 선교사 자매결연 맺기 등을 지속해서 수행하는 것이 필요합니다.

④ 선교 자원 동원

지역교회는 그 자체로도 상당한 선교 자원을 보유하고 있습니다. 인적 자원(선교 일꾼-People), 영적 자원(선교 기도-Prayer), 그리고 물적 자원(선교 재정-Property) 등입니다. 이런 자원을 헛되이 낭비하지 않고 선교 사역에 동원할 때 지역교회는 더욱 강력한 선교 사역을 감당할 수 있습니다.[70]

㉠ 인적 동원

선교사 지원자가 나오면 소정의 훈련을 시킨 후 선교사로 파송할 수 있도록 체계적인 관리를 해야 합니다. 청년뿐만 아니라 아동이나 청소년층을 겨냥한 선교 꿈나무도 육성해야 합니다. 그리고 은퇴자들을 선교사로 동원하는 Silver Mission에도 관심을 기울일 필요가 있습니다.

ⓒ 선교 기도 동원

선교는 영적 전쟁의 최일선에서 이뤄지는 사역입니다. 따라서 선교 사역에서 기도가 차지하는 비중을 아무리 강조해도 지나치지 않습니다. 지역교회는 선교사는 물론이고, 세계 선교 상황이나 선교 단체 등을 위해서 구체적인 기도의 지원을 아끼지 말아야 합니다. 18세기 위대한 선교의 시대를 열었던 모라비안 성도들은 '땅끝까지 복음을 전하는 것'을 목표로, 성도 10명당 1명을 선교사로 보내는 것을 목표로 24시간 기도 운동을 펼쳤습니다.[71]

ⓒ 선교 재정 동원

물론 선교는 돈으로 하는 것은 아닙니다. 그런데도 효과적인 선교를 위해 필요한 재정 지원은 지역교회가 감당할 또 하나의 중요한 책임입니다. 재정 확보를 위해 교인들이 정기적인 선교헌금을 하도록 격려해야 합니다. 필자가 섬겼던 교회에서는 '해외 선교헌금'이라는 봉투를 비치하여 매달 해외 선교에 헌신하도록 권면했습니다.

⑤ 선교사의 파송과 후원

지역교회는 선교사 파송의 주체(Missionary Body)입니다. 전 교인의 선교 의식화, 선교 자원 동원 등이 결국은 선교사 파송으로 꽃을 피워야 합니다.

㉠ 선발

다양한 계기로 선교 일꾼이 발굴되면 그 가운데에 선교지로 나갈 선교사 지원자도 생깁니다. '해외 선교위원회'의 천거와 '기획위원회'

의 의결로 선교사 후보자를 선발합니다.

ⓒ 훈련

선교사 후보자는 교단이나 선교 단체의 훈련프로그램을 통해 체계적으로 훈련을 받아야 합니다. 그 과정에서 선교사의 은사와 소명을 재확인할 필요가 있습니다.

ⓒ 파송

선교사의 서약과 지역교회의 후원 약속의 절차를 끝낸 후 교단 '선교사 인준위원회'의 인준을 거쳐 파송합니다.

ⓔ 후원

선교사가 파송되면 지역교회는 책임 의식을 가지고 후원해야 합니다(실버 선교사일 경우는 자비량). 기도 후원과 재정 후원은 물론 서신이나 e-메일의 교환, 방문 등을 통해 지속적으로 격려해 주어야 합니다.

⑥ 선교단체와의 협력

지역교회는 선교 사역을 효과적으로 감당하기 위해 반드시 교단 선교국이나 선교단체와 협력해야 합니다. 지역교회는 재정이나 기도 등 선교 자원이 풍부하더라도 선교의 전문성에서는 선교단체와 비교하면 뒤질 수밖에 없습니다. 선교정책이나 선교전략을 수립하는 데 선교단체의 자문과 지도를 받을 필요가 있습니다. 계속 업데이트되는 선교자료나 정보를 받음으로써 선교 의식을 계속 심화시킬 수 있고, 선교의 방향 감각을 유지할 수 있습니다.

4. 삶의 적용

지역교회는 선교의 주체이신 하나님께서 현실적으로 사용하시는 선교의 도구입니다. 주의 재림이 가까운 이 마지막 시대에 과연 어떤 교회가 위대한 교회입니까? 교회의 모든 자원을 선교에 집중하는 선교 지향적 교회라고 확신합니다. 과연 어떤 인생이 위대한 인생입니까? 위대한 선교 사명에 인생을 투자하는 세계를 품은 그리스도인(World Christian)이라고 확신합니다. 그러므로 모든 그리스도인은 가든지 보내든지 선교 사명에 헌신해야 합니다. 그리고 모든 교회는 선교의 전진 기지가 되어야 마땅합니다. 세계 선교 완성은 주님께서 주신 지상 명령의 완수이고, 예수 그리스도 재림의 영광을 보는 최고의 사역입니다.

"이 천국 복음이 모든 민족에게 증언되기 위하여 온 세상에 전파되리니 그제야 끝이 오리라(마태복음 24장 14절)!"

Q. 우리 교회의 선교 동원화를 위해 당신이 할 수 있는 일은 무엇입니까?

CHAPTER 31

비전트립

(단기 선교)

1. 주제 글

"우리는 하나님의 말씀을 통해서 타락한 세상을 향하신 하나님의 거룩한 비전을 확인할 수 있습니다. 하지만 하나님의 백성들은 하나님께서 품고 있는 비전을 성경적·교회사적으로 확인할 뿐만 아니라, 실제 왕국의 확장이 일어나고 있는 선교 현장으로 나가서 눈으로 목격하고 몸으로 체득하는 것이 필요합니다. 비전트립은 바로 세상에서 일하시는 하나님의 선교 사역을 경험할 좋은 기회가 됩니다."72

2. 들어가는 말

비전트립이란 '선교사들의 사역 현장이란 배움터에서, 스승 되신 성령의 가르침으로, 헌신 된 그리스도인의 삶을 경험하고, 배우는 것'을 말합니다. 비전트립을 경험한 한 팀원은 다음과 같이 '선교'를 새롭게 정의하기도 했습니다.

- 선교는 동정(sympathy)이 아니라 공감(empathy)이다.
- 선교는 하나님을 만나는 일이다. 그래서 선교는 사람을 변화시킨다.
- 선교는 주는 것보다 받는 것이 더 많다.
- 선교는 비우는 것이며 비울 때 하나님의 채워주시는 기쁨을 맛보게 된다.
- 선교는 고생하는 것이다. 고생한 선교가 기억에 남는다.
- 선교는 웃음을 찾아주는 일이다. 따라서 선교하는 교회는 행복하다.
- 선교는 내가 사는 길이다.

3. 비전트립의 목적

비전트립의 목적은 다음과 같습니다.

- 비전트립을 통하여 오늘도 일하시는 하나님의 역사를 체험하게 됩니다.
- 비전트립을 통하여 하나님의 나라를 일구는 하나님의 백성들(오이코스)과 연대하는 훈련을 하게 됩니다.
- 비전트립을 통하여 자기 자신의 삶을 향한 하나님의 부르심과 사명에 대하여 통찰할 기회를 얻게 됩니다.
- 비전트립을 통하여 선교 현장에서 고독한 영적 전투를 수행하고 있는 선교사들을 격려하고, 중보 기도 하는 기회를 얻게 됩니다.

Q. 비전트립의 경험이 있습니까? 혹은 비전트립은 무엇이라고 생각합니까?

_____
_____
_____
_____

4. 비전트립의 준비와 훈련

비전트립은 위와 같은 좋은 목적을 가졌지만, 언제나 좋은 결과만 낳는 것은 아닙니다. 낯설고 열악한 환경에서 진행되는 비전트립은 다음과 같은 위험에 빠질 수 있습니다. 팀원 중에서 감정의 홍수에 빠져 분노하게 될 경우, 말로 인해 팀원 간의 갈등을 유발하고, 팀을 분열시킬 수 있습니다.

실례로 어느 선교지에서는 비전트립 팀이 떠나자 골칫거리가 없어졌다는 안도의 한숨을 내쉬기도 했습니다.

비전트립의 성공 여부는 준비와 훈련에서 결정됩니다. 한 주 정도 되는 비전트립보다는 3개월 이상 되는 준비와 훈련이 성패를 좌우합니다. 훈련 기간에 팀원들의 믿음이 자라나고, 성숙합니다.

그렇다면 비전트립을 어떻게 준비해야 할까요?

1) 기도로 준비해야 합니다.

비전트립은 심각한 영적 전쟁이기 때문에 준비 과정에서 강력한 기도 집중이 필요합니다. 비전트립을 해외 여행, 문화 체험 정도로 가볍게 생각하고 떠나면 영적인 어려움을 겪게 됩니다.

2) 현지 선교사와 원활한 소통이 필요합니다.

현지 선교사의 기대와 비전트립 팀의 기대, 현지 선교사의 역량과 비전트립 팀의 역량을 사전에 솔직하게 이야기해야 합니다. 막상 현장에서 서로의 기대와 역량이 다를 때 오는 충격과 실망감은 전체 일정을 허물어뜨릴 수 있습니다.

3) 철저한 사전 준비와 훈련이 필요합니다.

준비 단계에서부터 말씀 묵상, 중보 기도, 사역 준비를 철저하게 하여야 현장에서의 진행이 원활하게 됩니다. 특히 준비 기간에 바쁘다는 핑계로 말씀 묵상, 중보 기도 등 영성 훈련을 하지 않고, 현장에서 실시할 수 있으리라는 것은 허망한 기대일 뿐입니다.

그뿐만 아니라 워십 댄스, 융판 동화, 풍선 아트, 인형극, 풍물놀이, 태권도 시범, 난타, 드라마, 무언극, 영화 상영, 노력 봉사 활동, 성경학교, 노방 전도 등 현지에서 수행할 사역을 철저히 준비해야 합니다.

4) 행정적인 준비를 해야 합니다.

개인적인 헌신의 내용을 담은 서약서, 비전트립을 위한 중보 기도와 재정적인 후원을 부탁하는 기도 편지, 선교지에서 휴대할 핸드북 작성, 여행자 보험 들기, 항공권 구매 등 행정적인 준비를 해야 합니다.

5. 비전트립의 진행

1) 현지 선교사의 지도력을 인정하고 절대적으로 순종해야 합니다.

뭔가 못마땅하다고 해서 선교사의 지도력을 인정하지 않으면 심각한 지도력 혼란에 빠지게 됩니다. 따라서 팀리더의 중재, 설득, 순종 등의 역할이 필요합니다.

2) 현지인 또는 팀원들과 동역하기 위하여 다음 사항을 주의하십시오.

① 비판하는데 신중하라.

우리가 방문하고 있는 나라의 정부나, 경제 정책, 사회 정책, 생활 수준, 관습 또는 종교적 신념에 대하여 비판하는 것을 신중히 해야 합니다. 하나님은 우리를 비판자로 그곳에 보내시지 않으셨습니다.

② 모국 교회의 대사로서 사역하라.

모국에 있는 교회와 후원자들은 그들을 대신하여 우리를 보냈습니다. 현지인들은 우리를 보고 우리 교회와 후원자들을 파악하고, 이해하게 될 것입니다.

③ 우리가 말하고 쓴 것을 언젠가 현지인들이 읽고 듣게 된다는 사실을 알라.

'현지인들은 우리의 글을 통해 자신들이 존중받고, 인정받고 있다고 느낄 것인가?' '우리가 쓴 글을 현지인들도 동의할 것인가?' '현지인들이 우리의 글을 자신들의 삶과 문화와 나라를 공정하게 평가하고 있다고 여길 것인가?'를 생각하십시오.

④ 일기장에 풀어 놓아라.

우리의 불만을 풀어놓기에 가장 좋은 곳은 일기장입니다. 일기는 사실적이며 또한 비밀스럽습니다. 일기를 통해 성령님이 우리의 위로자가 되게 하십시오.

3) 직분과 역할을 숙지하고, 다른 사람의 직분에 간섭하지 말아야 합니다.

4) 효율적인 섬김을 위하여 대체로 다음과 같은 직분[73]을 둘 필요가 있습니다.
① 책임 간사(목회자)
- 비전트립의 전반적인 일(선교사와의 관계 등)을 총괄하며, 대외 관계 시에 팀을 대표한다.
- 팀의 재정을 담당하며 지도한다.
- 팀원들의 훈련 정도를 수시로 점검하여, 후에 교회에 보고한다.

② Leader
- 팀원을 대표하며, 책임 간사와 의논하여 모든 일정을 집행한다.
- 팀의 모임을 매일 인도한다.
- 예배 인도자로 섬기는 이와 찬양 인도자와 함께 상의하여 모든 예배를 인도한다.

③ Helper Leader
- Leader를 보좌하며, 서기의 역할을 감당하며, 출발 전 소식지를 만든다.
- 팀 모습을 있는 그대로 기록하며, 교회 보고용 일지(실습, 중보 기도)를 작성하고, 현장 실습을 마친 후에 팀 보고서를 만든다.
- 자료를 모은다: 실습지의 사진, 찬양 테이프, 지도-학교 보관용.

④ 회계
- 팀의 재정을 관리한다(재정출납부, 통장).

- 계획된 재정은 Leader와 특별비(선교비, 구제비)는 책임 간사와 의논하여 집행한다.
- 매일의 재정 상황을 리더에게 보고한다.

⑤ 찬양 인도
- 매일 예배 찬양을 준비하며, 예배 인도자와 상의하여 찬양을 인도한다.
- 사역(교회 사역, 중보 기도 등)에 필요할 때, 찬양을 인도한다.

⑥ 주방
- 주식을 전담하며, 각 숙소에 비치된 주방을 관리(사용 후 청소)한다.
- 일정 기간의 식사 메뉴와 식사 당번 선정(Leader와 협의)
- 물품 구입 & 보관의 책임이 있으며, 주방 관련 재정출납 장부를 기록한다.

⑦ 율동[SUM&Drama]
- 매일 주어진 연습 시간을 인도하며, 사역 중에는 항상 기도로 중보한다.
- 결정한 사역에 맞춰 율동 & 드라마를 준비하고 지도한다.

⑧ 시간 관리[Time Keeper]
- 결정된 시간에 팀이 하나로 움직이도록 도움을 준다.
- 취침, 기상은 20분 전에, 매 순서(예배, 묵상 등)는 10분 전에 종을 친다.

⑨ 장식[Deco]
- 도착 장소에 팀을 소개하는 장식(하루 일과표, 당번 게시판)을 한다.
- 감사 카드[약 20매]와 팀원 칭찬카드를 미리 준비하여 나눠준다.
- 생일, 애찬식 등을 장식할 물품을 미리 준비하여 장식을 담당한다.

⑩ 물품 관리
- 이동 시 팀원 가방 & 공동 물품의 숫자를 파악하고 관리한다.
- 필수품의 관리 & 분배를 책임진다.
- 팀이 머무르는 곳의 제반 물품을 관리한다.

⑪ 작업
- 팀이 머무는 장소의 청소 & 관리하는 일을 책임진다.
- 작업 장소를 세분화하여 팀원을 수시로 돌아가도록 배치한다.
- 항상 주변 환경의 청결을 유지하도록 배려한다.

⑫ 건강 관리
- 약품의 구입 & 관리에 최선을 다한다.
- 팀원들의 건강을 위한 기도가 우선임을 명심하여 기도하는 일에 우선한다.

⑬ 체조
- 아침 기상 시 체조를 인도한다.

⑭ 간식
- 효과적인 간식[꼭 필요할 때와 필요한 양]을 운용한다.
- 팀의 Peace Maker임을 명심하라.

⑮ 영상(사진 & 비디오)
- 하나님께서 팀 내에서 행하신 일들을 영상으로 기록한다.
- 꼭 필요한 만큼의 사진을 찍고, 비디오 작업을 한다.

5) 다음과 같은 감정의 홍수에 빠지지 않도록 조심하여야 합니다.
① 문화적 고립: '이곳의 삶은 너무 달라.'
② 개인적 불평: '마음에 드는 게 하나도 없어.'
③ 활동에 따른 좌절감: '잘 되는 일이 하나도 없어.'
④ 관계에서 오는 오해: '나는 팀 안에서도 외톨이야.'
⑤ 지적 혼란: '뭘 어떻게 대처해야 할지 모르겠어. 나는 정말 가망이 없어.'
⑥ 감정적 긴장: '밖에 나가고 싶지 않아. 바보 같은 기분이 드는 것에 지쳤어.'

6) 편견과 선입견에 빠지지 마십시오.
편견과 선입견은 타 문화를 이해하는데 있어서 가장 큰 장애물입니다. 이 장애물은 두 가지 측면이 있습니다. 우리가 다른 사람에게 가지는 편견과 그들이 우리에게 가지는 편견입니다. 예를 들어, 한국인이 2/3 세계(Two-Thirds World) 사람들에 가지는 일반적인 편견이 있습니다. 즉 그들은 '게으르고, 비능률적이고, 감정적이고, 느리고, 동기부여가 안 되어 있고, 전통에 얽매여 있고, 지도자들이 부패해 있으며, 상호 의존성이 강하다, 등의 편견입니다. 반면 2/3 세계 사람들이 한국인에 대해 가진 일반적인 선입견도 있습니다. 즉 한국인은 '공격적이다, 일에 몰두한다, 긴장되어 있으며 압박을 느끼고 있다, 불만족하며 외롭다, 교육을 받았다, 매우 개인주의적이다. 매우 물질주의적이다.' 등입니다. 이런 편견과 선입견은 서로에 대한 이해와 성령의 사역을 방해합니다.

7) 힘들고 어렵더라도 매일 말씀 묵상, 중보 기도, 평가 기도회를 반드시 가져야 합니다.

사역하기 전엔 말씀 묵상, 사역을 마친 다음엔 중보 기도를 하면 좋습니다.

8) 선교지의 마지막 밤에는 특별한 순서를 가지십시오.

선교사와 가족을 위한 감사, 팀원들 서로를 위한 격려의 시간을 가지면서 미리 준비해 간 한국 식자재로 음식을 만들어 교제하면 특별한 의미의 시간이 될 것입니다.

6. 비전트립의 평가와 후속 조치

1) 아래와 같은 내용으로 평가하십시오.
① 잘한 것
② 잘하려고 노력했지만 안 된 것
③ 못한 것
④ 서로에게 주시는 예수 그리스도의 평안, 위로, 격려를 마음껏 누리기.

하나님이 주도하시는 선교에 동참할 뿐 우리가 주도적으로 선교를 수행하는 것이 아닙니다. 따라서 일이 잘되었을 때 교만하지 말고, 일이 잘못되었을 때 의기소침하지 말아야 합니다. 성실하게 감당하고 주님이 주시는 축복을 마음껏 누리십시오.

2) 보고 예배를 드리십시오.

비전트립 보고 예배를 잘 드리면 팀원들은 비전트립을 다시 한 번 정리하는 시간이 되며, 기도와 재정으로 후원한 교회 공동체는 동일한 은혜를 나누며 감사하는 축제가 됩니다. 사진전, 영상 보고, 팀원들의 간증, 퍼포먼스 등의 내용으로 보고 예배를 준비해보십시오.

3) 단순히 보는 단계(vision)에서 사역하는 단계(mission)로 발전시키십시오.

선교 사역을 확장하기 위하여 다음 사항을 고려하십시오.

① 만남의 단계, 사귐의 단계, 나눔의 단계로 선교 현지에서 실질적으로 필요한 사역을 파악하십시오.

② 한 선교지에서 3, 4년 동안 지속해서 필요한 사역을 진행하십시오.

③ 현지 선교사의 사역을 실질적으로 돕는 사업을 수행하십시오.

④ 사역의 열매 또는 결과에 대해 교회 공동체 전체가 보람과 기쁨을 얻도록 하십시오.

7. 삶의 적용

Q. 이번 과를 공부하면서 느낀 점은 무엇입니까? 비전트립에 참여할 의향이 있습니까?

CHAPTER 32

실버 선교

1. 주제의 글

실버 선교란 '은퇴 후 인생의 후반기를 선교를 위해 헌신하는 것'을 말합니다. 요즘 많은 사람의 기대 수명이 늘어나면서 노후를 어떻게 보낼지 고민합니다. 인생의 황혼기를 하나님께 온전히 드려 하나님 나라를 위하여 쓰임 받기 원한다면, 실버 선교에 주목하십시오.

Q. 여호수아 14장 10~12절을 적어 보십시오.

Q. 갈렙은 어떻게 85세라는 노년에 위와 같은 고백을 할 수 있었을까요?

2. 들어가는 말

의학이 발달하고 생활이 개선되면서 1950년대에 48세이던 평균 수명이 현재는 82세로 늘어났고, 2040년이 되면 90세에 이를 것으로 추정됩니다.[74] 더불어 한국 사회는 2000년 7월을 기준으로 '고령화 사회'에 진입한 후, 17년 만에 고령 사회로 들어섰습니다. 기대 수명이 늘어나고 고령 사회가 되면서, 사람들은 은퇴한 후 어떻게 살아야 할지 고민하게 되었습니다. 은퇴하고도 30~40년의 삶이 주어지기 때문입니다. 고령화 사회와 연관된 많은 책은 인생의 후반전을 신중하게 준비해야 한다고 조언하고 있습니다. 첫 번째 40년을 가족을 부양하면서 후반전을 위해 준비하는 시기로 삼았다면, 두 번째 인생은 기쁘고 의미 있는 일을 통해 자신을 실현하면서 살아야 한다고 말입니다.[75]

실버 선교는 이러한 시대적 변화와 함께 나타난 개념입니다. 실버 선교사란 인생의 전반기를 성공적으로 마무리하고 후반기 인생을 선교를 위해 헌신하고자 결단한 그리스도인을 지칭합니다.[76] 그들은 첫 번째 직업에서 은퇴한 사람일 수도 있고, 개인 사업을 접거나 전환하여 선교에 나선 사람일 수도 있습니다. 또한 자신의 전문 직업을 살려서 인생 후반전에 전문인 선교사로서의 새로운 인생에 도전하는 사람일 수도 있습니다. 목회자 중에도 은퇴 후 선교를 위해 선교 현장에 나서는 분들도 많습니다. 이들은 비교적 재정적으로 여유롭고, 열심히 활동할 수 있을 만큼 건강하며, 충분한 사회 경험과 지식을 바탕으로 효과적으로 선교 사역할 수 있는 사람들입니다.[77]

3. 실버 선교의 유익한 점[78]

첫째, 실버 선교는 창의적 접근 지역에 선교의 영역을 확장할 수 있는 선교입니다. 창의적 접근 지역(Creative-access Nations)이란 기독교 선교사의 입국이 직·간접적으로 제한되어 선교사가 그 나라에 들어가기 위해서는 창의적인 접근을 해야 하는 곳이라는 의미입니다. 20세기 중반에 접어들면서 전통적 선교사가 들어갈 수 없는 '접근 제한 국가'가 늘어나기 시작했고, 그 결과 목사 선교사가 아닌 교사, 사회 사업가, 학생, NGO 단체, 여행객 등 다양한 자격으로 선교를 하는 창의적 모델들이 생겨났습니다. 실버 선교는 창의적 접근 지역에 선교 영역을 확장할 수 있는 좋은 예가 될 수 있습니다.

둘째, 실버 선교는 '자비량 선교'(Tent-making Mission)로서 선교사 파송 능력의 한계에 달한 한국교회의 선교 대안이 될 수 있습니다. 한국 교회는 2,000년대에 들어서면서 성장이 둔화하고, 현재 2만 5천여 명의 선교사를 파송함으로 파송 능력의 한계에 부딪혔다는 평가가 대두되고 있습니다. 이러한 상황에서 '자비량 선교'인 실버 선교는 하나의 선교 대안이 될 수 있습니다. 그들은 재정이나 시간에 있어서 비교적 여유롭고, 자녀 양육에서 벗어나 있어 자비량 선교가 가능합니다.

셋째, 실버 선교는 고령화 사회의 대안이 될 수 있습니다. 실버 선교는 그리스도인들이 후반의 삶에 대하여 진지하게 고민하도록 도와주는 주제가 됩니다. 은퇴한 그리스도인은 100세 시대를 맞이하여 은퇴 후 여생을 의미 있게 보내려고 합니다. 삶에서 체득한 지혜와 전문성을 하나님의 나라 확장을 위하여 선용하면, 은퇴 후의 무기력한 삶을 극복할 수 있는 고령화 사회의 대안이 될 수 있습니다. 그동안의 직업의 전문성과 삶의 지혜를 선용하기에 선교를 위하여 특별히 추가적인 전문 교육이 필요 없다는 장점이 있습니다.

넷째, 실버 선교는 교회의 선교 동원화에 도전과 영향을 줄 수 있습니다. 교회가 선교적 사명을 고양하고, 교우들을 동원하여 선교적 사명을 감당하도록 훈련하는 것이야말로 교회의 중요한 책무입니다. 이에 실버들이 선교 현장에서 헌신하는 모습은 청장년, 청년, 청소년들에게 엄청난 영향을 줄 수 있습니다. 실버 선교는 선교 지향적인 교회를 위한 촉매가 될 수 있습니다.

Q. 실버 선교의 유익한 점을 통해 새롭게 알게 된 것이나 느낀 점이 있습니까?

4. 실버 선교의 주의할 점

첫째, 교회에 영향력 있는 은퇴자가 실버 선교를 한답시고 선교비를 요구할 경우 교회를 곤란에 빠뜨릴 수 있습니다. 선교 때문에 오히려 목회를 어렵게 만들 수 있습니다. 따라서 실버 선교는 기본적으로 자비량 선교를 하도록 권면하고, 교회는 이를 위하여 '해외 선교사 관리 규정'을 제정하여 불필요한 부담을 덜도록 해야 합니다. '실버 선교는 반드시 자비량을 원칙으로 한다.'라는 인식을 교회 공동체가 공유해야 합니다.

둘째, 실버 선교사가 과거의 화려한 사회적인 경력, 지위, 전문성을 내세워 선교지에서 의도적으로 특별한 대우를 요구한다면 선교지의 젊은 사역자들과 현지인들과의 갈등을 빚을 수 있습니다. 따라서 실버 선교사는 공동체 훈련과 개인 영성 훈련을 통하여 모든 것을 내려놓고, 동료 선교사와 현지인을 섬기는 종의 영성을 갖추어야 합니다.

셋째, 선교사로서의 부르심과 사명이 분명하지 않고, 선교를 타문화권 관광이나 노후 생활의 방편 정도로 인식하고 처신한다면 선교에 대한 부정적인 이미지를 조성하여 선교 지향적인 교회의 분위기를 심각하게 훼손할 수 있습니다. 이를 방지하기 위하여 실버 선교사는 서두르지 말고, 철저한 선교 훈련을 통하여 하나님의 부르심과 사명을 확실히 다져야 할 것입니다.

넷째, 실버 선교사 자신의 건강에 대한 고려 없이 의욕만으로 선교 현장에 뛰어들면 선교지와 파송교회에 부담을 줄 수 있습니다. 필자의 경우, 선교지에서 70세 된 노인 선교사를 맞이한 적이 있습니다. 그는 공항 입국장에 한 손엔 지구본을, 다른 한 손엔 녹음기를 들고 들어왔습니다. 지구본을 든 것은 세계를 품으려는 뜻이었고, 녹음기를 든 것은 아랍어를 배우려는 뜻이었습니다. 그런데 그는 도착한 지 일 년 만에, 언어 공부를 시작하기도 전에 사망하고 말았습니다. 대사관의 영사와 함께 조촐한 장례를 치른 적이 있습니다. 그는 자신의 건강 상태는 고려하지 않고 의욕만 넘쳤던 것입니다.

5. 실버 선교의 세 가지 모델[79]

실버 선교는 '장기 선교사 모델'과 '단기 선교사 모델,' 그리고 '국내 선교사 모델'로 나눠볼 수 있습니다. 이는 자신의 건강이나 여러 가지 상황을 고려하면서 결정할 문제입니다.

첫째, 장기 선교사 모델이라면 장기 실버 선교사로 파송되어 현지에서 거주하거나, 해외 창업, 또는 이민 형태로 선교지에 나가 현지 선교에 동참하는 형태를 말합니다.

둘째, 단기 선교사 모델은 선교의 주요 대상이 해외에 있고, 그들을 섬기기 위해 단기적으로 왕래하는 선교사를 말합니다. 즉 비거주 선교사의 형태로, 혹은 파트타임 선교사로 활동하면서 짧게는 1~2주, 1~2달, 6개월, 길게는 2년 정도 선교 현지와 관계하면서 여러 가지 선교 동역과 지원 활동을 할 수 있습니다.

셋째, 국내 선교사 모델은 두 가지로 나눠질 수 있습니다. 국내에 거주하지만, 주목적이 해외 선교를 후원하는 '보내는 선교사'와 국내의 선교 대상을 향해 선교하는 '국내 사역 선교사'가 바로 그것입니다. '국내 사역 선교사'의 선교 대상은 국내에 거주하는 외국인 근로자, 외국인 유학생, 다문화 가족, 새터민 등이 될 수 있습니다.

Q. 실버 선교의 세 가지 모델 중 도전하고 싶은 모델이 있습니까? 그 이유는 무엇입니까?

_____

_____

_____

6. 실버 선교를 어떻게 준비할 것인가?

첫째, 비전트립, 선교 세미나 등에 참석함으로 선교에 대한 자신의 내적 열망을 일깨우고, 자신을 향한 성령의 부르심에 민감해질 필요가 있습니다. 선교 세미나에 참석함으로 선교 비전을 품은 장로가 있었습니다. 그는 공무원 은퇴 전부터 야간 학습을 통하여 한국어 교사 자격증을 취득하였고, 은퇴 후 코이카(KOIKA)를 통하여 우즈베키스탄에 파송 받아 선교 사역을 감당하고 있습니다.

둘째, 자신이 가진 은사나 전문성을 점검해보십시오. 한국에서 간호조무사로 일하던 자매는 교단 평신도 선교사로 필리핀에 파송 받아 목사 선교사를 도와 간단한 의료 사역을 했습니다. 그 후 그는 현지 간호대학에 입학하여 더 큰 의료 사역을 꿈꾸고 있습니다. 이처럼 자신의 직업, 은사, 전문성을 계발하여 선교 사역을 준비하면 유익이 많습니다.

셋째, 교단, 선교 단체에서 시행하는 평신도 선교사 훈련에 참석하십시오. 실버 선교를 원한다면 먼저 선교 훈련을 받으십시오. 감리교에는 야간 또는 월요일에 실시하는 훈련원이 있습니다. 선교 훈련을 받으면서 선교사로서 자신의 부족함을 깨달을 뿐만 아니라 선교사의 소명도 점검할 수 있습니다.

넷째, 선교지에 대한 정보 취합과 현지 선교사와의 지속적인 소통으로 파송될 선교지를 마음에 품으십시오. 과거와는 다르게 인터넷이 발달하여 선교지의 소식을 빠르고 정확하게 들을 수가 있습니다. 또한 세계 도처에 이미 한국 선교사가 파송되었기 때문에 관심만 있으면 현지 선교사와 소통할 수 있습니다. 가능하다면 비전트립을 다녀오십시오. 선교지를 마음에 품으면 그만큼 선교사가 될 가능성이 큽니다.

다섯째, 교회, 교단의 평신도 선교사 파송 규정을 숙지하여 파송 요건을 충족시키십시오. 감리교에서 평신도 선교사의 자격을 취득하려면 선교훈련원 교육(2학기), 선교국 주관 선교사 집중 훈련, 비전트립, 담임 목사와 감리사의 동의, 교단 선교사 인준위원회의 인준 절차가 있습니다. 그뿐만 아니라 절차마다 필요한 서류가 있습니다. 이런 파송 요건을 충족시킬 필요가 있습니다.

여섯째, 자신의 재정적인 형편을 점검하고, 부족하다면 가족 친지들의 협조를 구하십시오. 은퇴자에겐 노후 생활 자금이나 연금이 있을 수 있습니다. 그리고 대부분 선교지의 생활비는 한국의 그것보다 적게 듭니다. 따라서 한국에서 생활이 가능한 실버들은 큰 부담 없이도 선교지에서 생활할 수 있습니다. 그러나 혹시 부족하다고 생각되면 우선 가족과 친지들의 협조를 구하십시오. 가족과 친지들의 협조는 물질과 더불어 기도와 관심을 불러일으키기에 큰 힘이 됩니다.

일곱째, 규칙적이고 지속적인 영성 훈련을 하십시오. 선교지에서는 여러 가지 영적인 형편상 한국보다 영성을 관리하기 어렵습니다. 따라서 한국에서 영성 훈련과 습관이 안 되면 선교지에서 영적으로 무너지기 쉽습니다. 그 무엇보다도 영성 훈련과 관리에 힘쓰십시오.

7. 삶의 적용
Q. 이번 과를 공부하면서 새롭게 알게 되거나 느낀 점을 적어 보십시오.

_____
_____
_____
_____

CHAPTER 33

대문 밖에 서성거리는 이주민
(이주민 선교)

1. 주제 글

　세계화가 진전됨에 따라 우리나라도 다문화화 되고 있습니다. 이전에는 외국인들에게 복음을 전하기 위해서 해외로 나가야 했지만, 지금은 많은 이주민이 이미 우리 곁에 와 있습니다. 낯선 땅에 온 이들은 대문 밖에 서성거리면서 그리스도의 사랑과 복음을 기다리고 있는지도 모릅니다. 이들에게 다가가서 말과 행동으로 복음을 전하면 어떨까요?

2. 들어가는 말

　'두레마을'의 김진홍 목사는 그의 인터넷 칼럼 '아침 묵상'에서 '나그네를 대접하라'라는 제목으로 다음과 같은 내용을 나눴습니다.

　2차 대전 이후로 독립한 신생 독립 국가 120여 나라 중에서 도움을 받던 나라가 도움을 주는 나라로 바뀐 경우는 한국이 유일하다는 것입니다. 수년 전 소천한 예수원의 대천덕 신부는 우리나라가 나그네를 대접하라는 하나님의 말씀에 순종했기 때문에 이런 축복을 받았다고 말했다는 것입니다. 즉 해방 후 6·25를 거치는 사이에 수백만 명에 이르는 북한 피난민을 받아들여 그들과 함께 산 것이 나그네를 대접한 일이었던 것입니다. 이렇게 좁은 땅에서, 그렇게 많은 피난민을, 짧은 기간에 받아들여 함께 지낸 경우는 세계사에 드문 일이라고 합니다. 하기야 유럽과 미국에서 난민을 받지 않겠다고 서로 미루고 있는 작금의 현실을 생각할 때 대단한 일임에는 틀림이 없습니다. 대천덕 신부는 나그네를 대접한 일이 우리나라가 번영의 길로 들어서게 된 중요한 신앙적인 이유라고 본 것입니다.

"고아와 과부를 위하여 정의를 행하시며 나그네를 사랑하여 그에게 떡과 옷을 주시나니 너희는 나그네를 사랑하라. 전에 너희도 애굽 땅에서 나그네 되었음이니라(신명기 10장 18~19절)."

Q. 하나님께서 나그네를 사랑하라고 말씀하신 이유는 무엇일까요?

---

3. 말씀 나누기

1) 이주민이란
'이주민'이란 여러 가지 상황으로 인해 타국에서 살아가는 사람들로서 난민, 외국 유학생, 이주 노동자, 다문화 가족, 탈북민 등을 통칭하는 말입니다. 낯익은 고향과 고국의 문화를 떠나 낯설은 타국에서 살아간다는 점에서 같지만, 난민, 외국 유학생, 이주 노동자, 다문화 가족, 탈북민은 고국을 떠난 동기와 처지에 따라 많은 차이가 있습니다. 그런 차이점을 이해하고 이주민을 대하여야 할 것입니다.

1980년대 후반부터 이주 노동자의 고용에 의존하는 제조 공장이 점차 많아지게 되었습니다. 이주 노동자들은 주로 노동 조건이 열악하고, 임금이 상대적으로 낮아 내국인들이 외면하는 공장에 고용되고 있습니다. 이민자들의 유입이 계속되어 이주민은 200만 명이 넘게 되었습니다. 이 수치는 총인구의 약 4%에 해당합니다.[80] 문자 그대로 200만 명의 이주민이 우리 그리스도인의 대문 밖에서 서성거리고 있습니다. 이주민에 대한 인식이 나아지고 있다고는 하나 한국인은 교차문화의 공존에 대한 이해가 부족하여 이주민을 달갑게 여기지 않거나 편견에 사로잡히기도 합니다. 이런 문화적인 외부자를 배척하는 현상은 현재로서는 불가피한 측면이 있습니다. 왜냐하면 우리는 문화적인 동질성을 유난히 강조하는 사회적인 분위기 속에서 외국인과 함께 살아본 경험이 태부족인 환경에서 살아왔기 때문입니다.

한국교회와 선교 단체에서는 한국 생활에 어려움을 겪는 이주민들을 지원하고, 돌보기 위해 나서고 있습니다. 1990년대 이래 이주민 사역을 하는 교회와 선교 단체는 줄잡아 500개 정도 됩니다.[81] 그러나 아직도 대부분 교회는 이주민 사역의 필요성을 알지 못하고, 그들을 대상으로 선교하는 방법도 잘 모르는 것이 현실입니다.

2) 이주민 선교가 필요한 이유

① 하나님께서 '나그네를 대접하라.'라고 명령하셨기 때문입니다.

우리가 이주민에 관심을 두는 첫 번째 이유는 무엇보다 그것이 하나님의 뜻이기 때문입니다. 요셉과 마리아는 헤롯 왕의 위협으로부터 아기 예수님을 보호하기 위하여 이집트로 가야 했습니다.[82] 예수님은 이주민이셨던 것입니다. 하나님은 이스라엘 백성을 향하여 '너희도 애굽 땅에서 나그네의 설움을 많이 받았으니까 나그네를 사랑하라.'라고 말씀하셨습니다. 예수님도 '네 이웃을 네 몸과 같이 사랑하라.'라고 가르치셨는데 그 이웃이 바로 우리의 돌봄이 절실히 필요한 '강도 만난 사람'임을 '선한 사마리아 이야기'로 말씀해주셨습니다. 바울 사도도 디모데에게 나그네를 섬기는 것이 목회의 주요한 과제임을 가르쳤습니다.

아랍인들은 나그네에 대하여 각별합니다. 그 이유는 성경적인 배경과 유목민의 전통 때문입니다. 필자가 선교사로 이집트에 도착한 지 얼마 되지 않아 길을 잃어버린 적이 있었습니다. 한밤중에 동서남북을 구분하지 못하고 배회할 때였습니다. 이집트인 청년을 만나 사정을 말하고 도움을 요청했습니다. 청년은 가던 길을 돌이켜, 내 차를 타고 30여 분 이상 안내해주었습니다. 고마워서 택시비로 쓰라고 사례를 했는데 청년은 극구 사양하고 어둠 속으로 사라졌습니다. 아마 청년은 어렸을 때부터 나그네를 대접하라는 교훈을 어른들로부터 받았을 것입니다. 나그네를 대접하는 일만큼은 아랍인들에게 배워야 할 부분입니다.

"둘째도 그와 같으니 네 이웃을 네 자신 같이 사랑하라 하셨으니 이

두 계명이 온 율법과 선지자의 강령이니라(마태복음 22장 39~40절)."

"……나그네를 대접하며 혹은 성도들의 발을 씻으며 혹은 환난 당한 자들을 구제하며 혹은 모든 선한 일을 행한 자라야 할 것이요(디모데전서 5장 10절)."

② **복음을 전할 기회가 되기 때문입니다.**

이주민은 고국에서 받았던 문화적 종교적인 제약에서 벗어나 비교적 자유스러운 처지가 되었기에 자기 삶의 자리를 살필 수 있습니다. 그리고 이주민은 새롭게 만나는 문화와 종교를 자신의 것과 비교하면서 자신의 존재에 대하여 성찰할 기회를 얻습니다. 그뿐만 아니라 이주민은 고향을 떠난 외로움, 문화적인 이질감, 생활의 불안정 등으로 지푸라기라도 잡고 싶은 심정입니다. 따라서 그들이 외국에서 생활한다는 것은 복음을 만날 기회입니다. 바야흐로 지금은 국내에서 해외 선교를 할 수 있는 시대가 된 것입니다. 이것은 하나님이 우리에게 열방을 구원할 선교의 기회를 주신 것입니다. 이주민 선교 사역은 전통적인 선교의 패러다임을 바꿀 수 있는 획기적인 사역이 될 수 있습니다.

③ **역파송 이주민 사역이 가능하기 때문입니다.**

그리스도의 제자로 훈련받은 이주민들은 그들의 고국으로 귀국하거나 방문하여 선교사로서 자기 민족을 섬길 수 있습니다. 그들이야말로 자국 문화를 잘 알고 있을 뿐만 아니라 자유스럽게 현지어를 구사할 수 있기에 그 땅에 복음을 전할 수 있는 최적의 선교사입니다.

그래서 이주민 선교 사역을 하는 교회와 단체는 '역파송 이주민 사역'을 염두에 두고 있습니다. '온누리교회'의 이주민 선교를 담당하는 '온누리 M센터'의 비전 선언문은 다음과 같습니다.[83]

㉠ 전하라: 우리는 한국 내 모든 이주민 종족에게 복음이 전파될 때까지 다가간다.
㉡ 훈련하라: 우리는 제자들의 삶 속에서 그리스도다움을 볼 때까지 QT와 일대일 제자 양육과 셀 사역에 헌신할 것이다.
㉢ 파송하라: 우리는 땅끝이 예수 그리스도의 복음을 들을 때까지, 이주민들을 각자의 고국에 선교사로 파송할 것이다.

이주민 선교 사역은 역파송에 이르기까지 나아갑니다. 역파송 이주민 사례로, '온누리 M센터'의 간증을 소개합니다.[84]

"2002년 12월, 31세의 몽골인 남성 갈트(Galt)가 서울 길거리에 누워 있다가 발견되어 병원으로 급히 실려 갔다. 만성신부전증을 앓던 그는 겨우 살아남긴 했지만, 입원해야 했다. 온누리교회의 이경희 목사와 M미션의 몽골인 그리스도인들이 입원한 갈트를 방문하여 복음을 전했다. 그날 밤, 갈트는 꿈에서 예수님을 만났고, 그로 인해 그리스도께 신앙을 고백하고 성경을 공부하기 시작했다. 몽골로 돌아간 그는 몇 년 뒤에 죽었다. 갈트의 회심과 간증을 통해 그의 부모와 가족도 그리스도를 믿게 되었다. 그의 남동생 아치트(Achit)는 '서울성경신학대학원대학교'에서 신학석사 학위를 받고 서울 근교의 몽골인 교회를 섬겼다. 아치트와 그의 아내 투마에(Tumae)는 온누리교회 단기 선교 프로그램을 수료했고, 2016년 4월,

두란노 해외선교회에서 몽골 선교사로 임명받았다. 아치트와 투마에는 먼저 러시아 주재 한인 선교사와 함께 단기 선교 사역을 했다. 2016년 7월 현재, 아치트는 하나님이 인도하시는 곳은 어디라도 가서 섬기겠다는 자세로 교회 개척을 준비하고 있다."

3) 이주민 사역에서 주의해야 할 점

① 이주민 선교 사역은 전인적인 구원 사역이 되도록 해야 합니다.

이주민 사역은 대체로 두 갈래로 진행됐습니다. 하나는 이주민들의 (특히 이주 노동자) 인권 신장에 관심을 두는 사역입니다. 고용주의 착취(임금 체불, 불안전한 작업 환경, 신분증 압수), 의사소통의 장애(폭언, 폭행), 문화적인 편견(종교, 문화) 등 인권 문제를 해결하기 위하여 법적 변호와 고용 변호를 돕습니다. 이주민의 인권은 생존에 관한 것입니다. 따라서 이주민의 인권을 위하여 법적인 보호와 더불어 법 제정에 이르기까지 집요하면서도 줄기찬 노력을 해야 할 것입니다.

다른 하나는 복음주의 계통의 교회와 선교 단체에서 하는 사역으로서 이주민의 영혼 구원에 초점을 맞춘 사역입니다. 이주민에게 복음을 전하고, 그리스도의 제자로 양육하는 일에 주안점을 둡니다.

그러나 바람직한 이주민 사역의 방향은 두 갈래를 통합한 전인 구원에 있다고 믿습니다. 즉 이주민들의 육체적인 필요(인권 상황)에 호응할 뿐만 아니라 영적인 필요(영혼 구원)를 충족시키는 데에 그 목표를 두어야 합니다. 우리의 사역은 가장 큰 계명(마태복음 22장 34~40절)과 대위임 명령(마태복음 28장 18~20절)의 균형을 이루어 전인적인 구원 사역이 되도록 해야 합니다.

② 이주민 선교 사역이 단순히 도움을 주고받는 구조로 굳어져서는 안 됩니다.

이주민 선교 사역이 '도움을 받는 사람, 도움을 주는 사람'이라는 구조로 굳어지면 은전을 베푸는 방자함과 도움을 받는 비열함이 충돌하게 됩니다. 이런 구조는 열방을 복음화하고, 하나님 나라를 일궈가는 선교 사역에 심대한 장애가 됩니다. 시혜자와 수혜자의 관계를 뛰어넘어 서로 사이에 형제애를 느끼며 하나님의 나라를 세워가는 친구가 되어야 합니다. 그럴려면 의도적으로 '차이'보다는 '같음'을 보려는 시선이 필요합니다.

③ 감정의 홍수에 빠지지 않도록 해야 합니다.

때에 따라 이주민의 처지를 동정하는 것은 필요합니다. 그러나 감정의 홍수에 빠져 현행법의 테두리를 벗어나게 되면 법적인 문제를 일으킬 수 있습니다. 우리는 이주민을 차별하는 법에 대항하여 싸워야 하겠지만, 동정이 지나쳐 위법한 사실을 숨기려고 해서는 안 됩니다. 법과 정부의 규정을 준수하면서 이주민에게 어려움을 주는 불합리한 정부의 정책, 규정, 법을 개혁하려고 노력해야 합니다. 냉정함과 분별력을 갖고 옳고 그름을 판단하여 이주민 사역을 해야 합니다. 합법적인 이주민 사역을 위하여 사역 단체가 정부 기관에 등록되는 것도 중요합니다.

Q. 이주민 사역에서 주의할 점을 보면서 든 생각과 느낌은 무엇입니까?

---

4) 이주민 선교 사역의 예

필자의 교회에서는 모슬렘 특화의 이주민 사역을 하려고 계획하고 기도하고 있습니다. 모슬렘에게 집중하는 이유는 필자가 이집트 선교사로 사역했고, 사역을 돕는 이집트인 바하(BAHAA ELDIN ABDEL KHALEK AHMED, 교회에서는 '매튜'라고 호명한다.) 목사가 있기 때문입니다. 바하 목사는 한국에 온 이집트 종교 난민 1호로 횃불트리니티신학대학원대학교에서 신학을 공부하였고, 독립 교단에서 목사 안수를 받았습니다. 그는 주일 설교에 아랍어 자막을 달아 방영하고 있고, 아랍인들에게 한국어를 가르치면서 사역을 준비하고 있습니다. 아랍어 자막 설교 방영은 국내의 아랍어 이주자뿐만 아니라 이슬람권에서 사역하는 선교사들에게도 유익한 프로그램이라는 평가를 받고 있습니다. 그는 이슬람과 아랍어 전문가가 귀한 한국에서 아랍권 선교 사역을 위한 소중한 인재입니다. 필자의 교회에 '이슬람 선교위원회'가 있습니다. 이 이슬람 선교위원회를 중심으로 아래와 같은 사역을 하려고 준비 중입니다.

① 아랍어 예배 공동체 설립
② 아랍인들의 인권 보호를 위한 법적인 변호 사역
③ 역파송을 위한 제자 양육 사역

또한 필자가 사역하는 교회의 한 권사는 몽골 출신의 미망인에게 한글을 가르쳐주는 일을 하고 있습니다. 다음은 그 권사의 간증입니다.

"몽골 아줌마는 공부를 시작한 후 한국어 실력은 많이 늘었다. 그러나 그녀는 주님을 영접하기는커녕 교회 출석 한 번 하지 않았다. 그녀가 나를 만나는 목적은 한국어를 배우는 것이지만 나는 그녀에게 복음을 전하는 것이 목적이다. 안타깝게도 나는 예수님의 존재나 부활의 의미를 한 번도 제대로 설명하지 못했다. 어떤 때는 수업하러 가기 싫을 때도 있지만 너무 열심히 공부해 그만하자는 말도 못 하고 어영부영 시간만 지났다.

복음도 못 전하는데 무슨 의미가 있나 회의가 들지만, 터키에서 사역하는 어느 선교사님의 간증을 항상 마음에 두고 주님의 오묘한 섭리 가운데 언젠가는 반드시 그 열매를 얻을 것이라는 믿음이 있다. 그 선교사님은 동네 청년에게 지나가는 말로 교회에 한번 나오라고 했다고 한다. 그런데 바로 그 주에 출석하고 또 교회에서 청년회장으로 믿음 생활을 열심히 하는 청년이 되었다고 했다. 그러던 중에 선교사님이 영국에 간다고 하니 그 청년이 런던에 있는 전화번호를 주면서 이 번호로 전화해서 혹시 나를 안다고 하면 자신의 안부 좀 전해 달라고 했다. 10년 전에 영국에서 하숙하던 집이라고 말이다. 10년이라는 세월도 지났고 수많은 하숙생이 거쳐 갔으니 그 청년의 이름을 기억할지 전화번호가 바뀌었을지 확실치 않았지만, 그 선교사님은 떠나기 전날 밤 혹시나 하는 마음으로 전화를 걸었다. 전화를 받은 사람은 영국인 하숙집 할머니였다. 그 청년의 이름을 대면서 아시느냐고 물었더니 우리 부부가 10년 동안 하루도 빠지지 않고 그가 예수님을 만나게 해 달라고 기도했는데 이름을 모를 리 있겠냐고 하더란다. 선교사님은 자신이 전도했다고 생각했지만 10년 동안 밤마다 기도한 영국 하숙집 할머니의 기도 열매였다.

나는 그 할머니처럼 기도는 열심히 하지 못하지만 한 알의 밀알을 뿌리는 심정으로 몽골 아줌마를 매주 만나고 있다."

4. 삶의 적용

Q. 이주민 선교를 한다면 당신의 자리에서 어떤 방식으로 할 수 있을지 고민해 보십시오.

CHAPTER 34

이웃이 된 모슬렘

1. 주제의 글

대부분 한국인에게 이슬람은 먼 나라 이야기였습니다. 극단적 이슬람 분파가 미국에서 9.11 테러를 시작으로 유럽 곳곳에 테러를 일으켰을 때도 우리나라와는 관계가 없다고 생각했습니다. 근래에 제주도 예멘 난민 수용 문제로 사회적으로 찬반 의견이 극렬하게 나뉘면서야 한국은 이슬람에 관심을 두게 되었습니다. 우리가 인식하든 못하든 모슬렘은 이미 우리 곁에 있습니다. 우리의 이웃이 된 모슬렘을 잘 알아야 합니다.

2. 들어가는 말

필자는 이집트에서 선교사로서 15년 정도 사역했습니다. 구체적으로 그 기간은 1989년 4월 26일 부활절부터 2003년 11월 3일까지였는데, 그동안 매일 파즈르(새벽 기도)의 아잔(기도 시간을 알리는 소리)을 들으며 잠자리에서 일어났고, 이사하(잠자기 전 기도)의 아잔을 들으며 잠자리에 들었습니다. 이것은 이집트 선교사이기 때문에 경험할 수 있는 특별한 일이었습니다.

그런데 지금 모슬렘이 지구의 동쪽 끝자락에 사는 한국의 이웃이 되고 있습니다. 현재 한국에 거주하는 모슬렘에 대한 정확한 통계 자료는 없습니다. 2019년 6월 필자가 이슬람교 서울중앙성원에 문의한 결과 한국인 모슬렘은 2만 5천 명에서 4만 명으로 추정하며, 외국인 모슬렘까지 포함하면 전체는 20만 명에서 25만 명이라고 합니다. 지금은 적은 숫자라 간과하기 쉽지만, 외국인 유입뿐 아니라 내국인 개종률이 상당하다는 것을 인식하고, 이슬람과 모슬렘에 더욱 큰 관심을 기울여야 합니다.

Q. 당신은 이슬람에 대해 얼마나 알고 있습니까? 이슬람에 관한 생각을 써 보십시오.

3. 이슬람이란?[85]

알라가 보낸 예언자 무함마드를 통해서 이 세상에 전해진 종교를 '이슬람'이라고 부릅니다. 이슬람(islam)이란 단어는 아슬라마(aslama)라는 동사에서 파생한 명사로 '복종하다' 또는 '스스로 항복하다'라는 의미입니다. 주지할 사항은 '평화'에 해당하는 아랍어 쌀람(salam)이 이슬람(islam)이란 단어와 어근이 같지만, 이슬람이란 단어가 평화를 의미하는 것은 아니라는 점입니다. 모슬렘이란 알라의 계시에 자기 자신을 복종시키는 이슬람을 믿는 종교인을 말합니다.

1) 이슬람의 6가지 기본 신앙(iman-6   )

모슬렘이 되는 한 가지 조건은 자신의 믿음을 선서(shahadah)하는 것입니다. 선서하는 문구는 간단합니다. "아쉬하두 안 라 일라하 일랄라, 와 아슈하두 안 나 무함마단 라술룰라: 알라 한 분 외에는 어떠한 신도 존재하지 않고, 무함마드는 알라의 사도라는 것을 선서합니다." 이렇게 선서하면 그는 모슬렘이 되는 것입니다.

다음은 이슬람의 여섯 개의 기본 신앙입니다.

① 알라에 대한 믿음

이슬람에서 알라에 대한 믿음은 일위일체의 창조주에 대한 믿음입니다. 일위일체의 알라를 아랍어로 타우히드(tawhid)라고 합니다. 타우히드의 주제는 세 영역으로 분류됩니다.

- 타우히드 루부비아(tawhid al-rububiyah): '알라 한 분만이 창조자이며, 주권자이시다.'
- 타우히드 울루히아(tawhid al-uluhiyah): '경배를 받을 분은 알라 한 분밖에 없다.'
- 타우히드 시파트(tawhd al sifat): '명칭과 속성에 있어서 알라는 일위 일체이시다.'

② 천사에 대한 믿음

천사도 알라가 창조한 피조물의 일종입니다. 천사에 대한 믿음은 다음 네 가지입니다.

첫째, 천사의 존재를 믿는 것입니다.

둘째, 꾸란과 순나에 언급된 천사의 명칭들을 믿는 것입니다.

셋째, 꾸란과 순나에 언급된 천사의 속성들을 믿는 것입니다.

넷째, 꾸란과 순나에 언급된 대로 천사가 하는 일들을 믿는 것입니다.

예를 들어, 가브리엘(진리의 천사), 미카일(생명의 천사), 이스라펠(마지막 심판 때 나팔 부는 천사) 등입니다.

이슬람은 천사는 알라를 숭배하고, 알라에게 복종하기 때문에 천사를 사랑해야 한다고 가르칩니다.

③ 경전에 대한 믿음

꾸란은 마지막 계시라고 말합니다. 경전에 대한 믿음은 다음 네 가지 사항이 필요합니다.

첫 번째, 경전들은 모두 알라가 계시한 것으로 믿는 것입니다.

두 번째, 꾸란과 순나에 언급된 경전들을 믿는 것인데, 거기에는 예언자 모함마드에게 계시된 꾸란, 예언자 모세에게 계시된 타우라(taurah), 예언자 예수에게 계시된 인질(injil), 예언자 다윗에게 계시된 자부르(zabur)가 있습니다. 그런데 꾸란 외의 경전은 일부 원계시를 담고 있기는 하지만 많은 부분이 왜곡되어 있다고 봅니다.

세 번째, 꾸란에서 언급되고 있는 것은 일점일획이라도 부정하지 말고, 다 믿어야 한다는 것입니다.

네 번째, 꾸란의 내용과 일치된 행동을 해야 한다는 것입니다.

④ 예언자들과 사도들에 대한 믿음

알라가 보낸 모든 예언자와 사도(rasul)들을 믿는 것입니다. 사도는 알라의 선택을 받아 그의 메시지를 인류에게 전달하는 임무를 받은 인간입니다. 첫 번째 사도는 노아였고, 마지막 사도이자 마지막 예언자는 무함마드입니다.

⑤ 마지막 날에 대한 믿음

마지막 날은 모든 인간이 거쳐야 할 가장 위대한 날로서, 가장 중요하고, 가장 두려운 날이 될 것이라고 말합니다. 마지막 날에 대한 구체적인 믿음은 다음의 세 가지입니다.

첫째, 꾸란과 예언자가 그날의 사건과 그 이후에 일어날 사건에 관해 설명한 모든 것을 믿는 것입니다. 즉 부활, 심판, 보상, 천국과 지옥을 믿는 것입니다.

둘째, 업적의 계산과 그 결과에 따른 보상과 징벌을 믿는 것입니다. 인간의 선행과 악행을 저울에 달아 선행이 무거우면 낙원에 가고, 악행이 무거우면 지옥에 갑니다(행위 종교).

셋째, 천국과 지옥에 대한 믿음입니다. 무덤에서의 시험은 하디스 문헌에 의하면, 문카르(munkar)와 나키르(nakir)라는 두 천사가 시체에게 가서 다음의 3가지 질문을 한다고 합니다; "당신의 주님은 누구입니까? 당신의 종교는 무엇입니까? 당신의 예언자는 누구입니까?"

⑥ 운명(al-quda)과 예정(al-qadar)에 대한 믿음

모든 것이 알라의 뜻대로 정해져 있고 그대로 행해진다는 믿음입니다. 그래서 모든 일에 "알라의 뜻(인샬라!)이라면"이라고 말합니다. 예정에 대한 믿음에는 네 가지 요소가 있습니다.

첫 번째는 모든 것에 대한 알라의 지식을 믿는 것입니다.

두 번째는 하늘과 지구를 창조하기 전에 알라께서는 모든 것들에 관하여 기록하셨다는 것을 믿는 것입니다.

세 번째는 알라께서 존재하고 있는 모든 것의 운명을 결정한다는 것을 믿는 것입니다.

네 번째는 알라께서 모든 것을 창조하신다는 것, 존재하고 있는 모든 것에 생명을 불어넣는다는 것, 무에서 유를 창조하신다는 것을 믿는 것입니다.

2) 이슬람의 5行(arkan al- islam Khamsa)

① 신앙 고백(shahada)

"알라 외에 다른 신은 없으며 무함마드는 알라의 메신저이다."라는 구절을 아랍어로 외워 고백해야 모슬렘입니다.

② 기도(iqmat al-salah)

매일 시간에 맞추어서 메카를 향해 5번 정해진 동작을 따라 기도해야 합니다. 기도 시간마다 최소한 17번 알라를 부릅니다. 기도 시간은 새벽 기도(fazr), 정오 기도(zuhr), 오후 기도(asr), 일몰 기도(magrib), 자기 전 기도(isah)입니다.

③ 금식(ssaum)

이슬람력으로 9월(라마단) 한 달 동안 일출 시각부터 일몰 시각까지 먹지 않고, 마시지 않고, 성생활을 하지 않는 것입니다. 이 기간에 무함마드가 계시를 받았다고 믿음으로 모슬렘은 꾸란을 독경하고 묵상합니다.

④ 이슬람 세(zakah)

이슬람법이 정의하고 있는 자카트는 매년 자선을 위해 소득의 일부, 곧 40분의 1을 알라에게 바치는 것을 말합니다. 자카트는 이슬람 오행 중에 기도 다음으로 중요한 의미가 있습니다. 자카트는 꾸란 82곳에서 언급되고 있습니다. 자카트 납부가 내세에 가서 알라의 자비를 받을 수 있는 열쇠 가운데 하나라는 것을 꾸란을 통해서 알 수 있습니다.

⑤ 순례(hajj)

이슬람법 시각에서의 하지는 알라를 경배할 목적으로 특정한 시간에 특정한 장소로 특정한 여행을 떠나는 것을 말합니다. 하지 수행은 하지를 수행할 능력이 있는 모든 모슬렘의 의무 사항입니다. 그러나 하지를 행할 만큼 경제적인 여유가 없는 사람은 면제됩니다.

⑥ 성전(jihad)

다섯 가지 행해야 할 의무보다 더욱 강조되는 것이 지하드입니다. 지하드를 명령한 꾸란의 예를 들어봅니다. "견고하게 무장한 건물처럼 대열을 짜서 알라의 길을 위해 싸우는 자를 알라는 진실로 사랑하신다(꾸란 61:4)."[186] 알라는 그의 명분을 위하여 대열에 서서 견고한 건물처럼 자리를 지키며 성전(지하드)에 임하는 자들을 사랑한다는 것입니다. "소동이 없어질 때까지, 그리고 종교가 모두 알라께로 귀일할 때까지 그들과 싸움을 계속하라. 만일 저쪽이 그만둔다면 알라께서 그들의 행동을 다 보고 계시다(꾸란 8:39)." 박해가 다 사라지고 종교가 모두 알라만의 것이 될 때까지 성전(지하드)하라는 것입니다. "믿는 사람들아. 너희들 가까이에 있는 배신자와 싸워라. 그들에게 너희들의 완강함을 알려주어라. 알라께서는 늘 두려워하고 공경하는 사람들과 함께 계시다는 것을 알라(꾸란 9:123)." '너희가 얼마나 잔인한지를 알 수 있도록 가까이에 있는 불신자들과 싸우라'는 것입니다.

따라서 성전(jihad)이란 일부 모슬렘들에게만 요구하는 예외적인 계시가 아니라 모든 모슬렘이 실천해야 할 일반 계시임을 알 수 있습니다. 꾸란에 나오는 167가지 폭력을 정당화하는 구절들을 그대로 받아들이는 모슬렘들은 이슬람 근본주의자들만이 아니란 사실을 기억해야 합니다. 따라서 온건한 모슬렘이란 존재하지 않고, 다만 신앙적으로 열등한 모슬렘만 존재할 뿐입니다.

Q. 이슬람의 5가지 의무를 보면서 느낀 점은 무엇입니까?

4. 이슬람의 확장

2017년 4월 5일, 미국의 Pew Research Center가 발표한 보고서 따르면, 2075년이 되면 이슬람이 세계 최대 종교가 될 것이라고 합니다.[87] 2015년 기준 세계 73억 인구 중 기독교인이 31%로 가장 컸고, 모슬렘이 24%로 그 뒤를 잇고 있지만, 모슬렘이 다른 종교인보다 상대적으로 젊고, 출산율이 높은 만큼 시간이 지남에 따라 모슬렘 비중은 더 늘어날 전망이라고 밝혔습니다.

미래에 세계 최대 종교가 될 이슬람은 무서운 기세로 확장하고 있습니다. 한 선교 단체[88]에 따르면 지난 10년간 한국 내 이슬람 인구수는 3배 정도 성장했다고 합니다. 기독교인으로서 이슬람에 대해 막연한 불안감을 가질 필요는 없지만, 관심을 두고 지켜볼 필요가 있습니다. 특히 이슬람이 근본주의적 흐름으로 여러 갈등을 일으킬 수 있다는 사실을 염두에 두어야 합니다.

1) 이슬람의 한국 진출 현황

그동안 한국 모슬렘은, 중동에 진출한 건설노동자 일부, 이슬람권에 유학한 유학생 일부, 현지에서 사업하는 사업가들의 일부가 대부분이었습니다. 그러나 현재는 상황이 달라졌습니다. 한국 기독교인이 모슬렘으로 개종하는 예도 있습니다. 그 이유로 '이슬람교가 이성적이고, 합리적이기 때문에', '한국 기독교의 공격적인 선교 행태가 싫어서', '모슬렘들의 신앙과 삶의 일치를 보고' 등입니다. 기독교인들이 한 번쯤 고민해보아야 할 이야기입니다. 비신자들의 모슬렘 개종 현상도 점차 뚜렷해지고 있습니다. 과거에는 자신이 모슬렘임을 밝히기를 꺼렸으나 이제는 자신의 종교를 떳떳하게 밝히고 있습니다. 실제로 '전주 사원'의 경우 4달에 40명을 개종시킨 예도 있다고 합니다.

2) 왜 이슬람의 다가옴이 문제인가?

이슬람의 세계관에 따르면, 세계는 크게 두 부분으로 구분되는데, 첫 부분은 '이슬람의 집(dar al- Islam)'으로 불리며, 둘째 부분은 '전쟁의 집(dar al- Harb)'으로 불립니다. '이슬람의 집'은 지리적 인종적 개념을 초월한 보편적인 성격을 띤 이슬람 공동체를 일컬으며, 이 공동체에 들어오지 못하는 다른 사람들은 '전쟁의 집'에 속하게 됩니다. 그러므로 이슬람은 이분법적인 세계관을 가집니다. 이슬람 교리의 핵심 중의 하나는 '이슬람의 집'을 확장하는 것인데, 그 방법이 바로 지하드(Jihad)입니다.

이슬람을 전파하기 위한 모슬렘들의 지하드를 나타내는 세 가지 상징이 있습니다. 펜(pen), 저울(scale), 그리고 칼(sword)입니다.

첫째, 펜(pen)의 전략은 가장 기본적이며 상식적인 전파 방법으로 문서나 문헌, 영상이나 자료 등을 통해 이슬람을 알리는 지하드 전략입니다.

둘째, 저울(scale)의 전략은 법(law)을 전파의 수단으로 삼는 것입니다. 종교의 자유를 허용하는 민주주의 법 체제를 가지고 있는 국가에서 법에 호소함으로 이슬람의 합법적인 권리를 획득해나가는 방법입니다.

셋째, 칼(sword)의 전략은 Third Jihad라 하고, 대개 지하드라 할 때 이것을 통칭합니다. 테러나 분쟁, 그리고 전쟁 등을 통해 이슬람을 전파하는 것으로 빠르고 신속한 효과가 있습니다.

3) 한국은 지하드로부터 안전한가?

국가정보원장을 역임한 김승규 장로는 이런 고백을 하였습니다. "재임 중 저의 가장 큰 걱정은 북한 문제와 우리 곁에 다가온 이슬람이었습니다." 국정원장으로서 북한 문제를 걱정하는 것이야 이해가 되지만, 왜 이슬람이 걱정된다고 하였을까요? 우리 한국이 이슬람 테러로부터 안전하지 않다는 사실입니다.

2008년 9월 22일 MBC는 '뉴스투데이'라는 프로에서 다음과 같이 보도했습니다. "국정원은 한국 주재 외국 공관에 대한 테러를 모의하던 '제마 이슬라미야'(알카에다의 동남아 조직체) 조직원 8명을 적발해 강제 출국 조치했습니다. 올해 들어 '탈레반'과 연계해 마약을 밀거래 하던 중동 국가 출신 4명과 서남아 국가 출신 2명을 구속했습니다. 국정원은 이처럼 지난 2003년부터 최근까지 모두 19차례에 걸쳐 국내에서 신분을 속이고 활동해온 해외 테러 세력 74명을 적발해 출국 조치했다는 보고를 국회 정보위 소속 민주당 원혜영 의원이 밝혔습니다."

2012년 5월 4일에 일본 교도통신은 아래와 같은 사실을 '2010년 5월 부하에게 보낸 편지서 의견 물어'라는 제목으로 보도했습니다. 미 육군사관학교 테러 방지센터(CTC)의 인터넷 홈페이지에 미군 특수부대가 파키스탄 아보타바드의 은신처를 덮쳐 오사마 빈 라덴을 사살했을 때 확보한 문서 중 17건을 공개했습니다. 이 문서는 빈 라덴이 2006년 9월부터 2011년 4월까지 측근에게 보낸 아랍어 편지 원문과 영어 번역본입니다. 빈 라덴은 이 중 2010년 5월 아티야 아브드 알 라흐만이라는 간부에게 보낸 편지에서 "우선 한국 등 비(非)이슬람 국가에 있는 미국 시설을 공격하는 데 대한 의견을 묻고 싶다"라고 적었습니다. 빈 라덴은 구체적인 표적을 거론하지는 않았지만, 주한미군 시설을 염두에 둔 것으로 보인다고 교도통신은 전했습니다.

우리나라도 극단 이슬람 단체의 테러의 위협이 있었다는 것을 알 수 있습니다. 그리고 우리가 주의를 기울여야 할 것은 근래에 이슬람 테러에 나타나는 '외로운 늑대(Lone wolf)' 현상입니다. 외로운 늑대란 전문 테러 단체 조직원이 아닌 자생적인 테러리스트를 말합니다. 이들은 외부의 명령이나 지원을 받지 않은 채 자기 신념에 의하여 홀로 테러를 합니다. 외로운 늑대에 의한 테러는 테러 감행 시점이나 방식에 대한 정보 수집이 쉽지 않아 예방이 거의 불가능하다는 점에서 조직에 의한 테러보다 더 심각한 위협으로 받아들이고 있습니다. 이런 현실에서 한국에 모슬렘이 유입되는 상황을 예의 주시할 필요가 있습니다.

5. 삶의 적용

이제 이런 이슬람의 도전에 대하여 그리스도인들은 어떻게 대응해야 할 것인지 몇 가지 기본적인 사항을 나누어보고자 합니다.

1) 모슬렘을 위하여 기도합시다.

놀라운 사실은 기독교로 개종한 모슬렘의 70%는 기독교 진리에 대한 어떤 신학적인 깨달음을 얻었기 때문이 아니었다고 증언합니다. 그들은 환상, 꿈, 치유 등 하나님의 직접적인 임재와 역사하심을 통하여 기독교를 받아들였습니다. 알제리, 이란, 파키스탄, 이라크 등지에서 이런 과정을 통해서 주님을 만났다는 간증이 많습니다. 하나님은 지금도 여전히 일하십니다. 그 때문에 교회는 모슬렘을 위해 기도해야 합니다.

2) 이슬람교를 경계하되 모슬렘은 사랑합시다.

이슬람교는 우리가 이제까지 경험한 종교인 불교나 유교와는 다른 종교입니다. 이슬람교는 매우 공세적으로 포교하는 종교입니다. 그들은 포교를 위하여 지하드를 수단으로 합니다. 따라서 이슬람 문화의 유입을 신중하게 검토해야 합니다. 프랑스가 이민자와 이슬람에 대해서 과감한 수용 정책을 펼쳤다가 지금 이슬람 문제로 가장 심각한 몸살을 앓고 있는 나라가 되었습니다. 수쿠크(이슬람 국가들이 발행하는 채권) 도입, 할랄 푸드(이슬람 정결 음식) 도입도 재검토돼야 합니다. 반면 우리의 이웃으로 살아가고 있는 모슬렘을 사랑해야 합니다. 이 땅에 온 나그네로서, 타 문화권에서 힘들게 살아가고 있는 약자로서 받아들이고 돌보고 사랑해야 합니다.

3) 이슬람교와 모슬렘을 알아갑시다.

이슬람교를 극복하고, 모슬렘을 사랑하기 위하여 알아야 합니다. 이슬람을 모르면 극복할 수 없고, 모슬렘을 모르면 사랑할 수 없습니다. 따라서 가능한 방법을 총동원하여 이슬람 선교의 중요성과 심각성을 목회 현장에 알려야 합니다.

4) 죽이는 자들을 구원하기 위해 순교의 영성으로 죽는 자의 자리에 섭시다.

모슬렘 테러리스트들은 그들의 신앙을 위하여 지하드란 이름으로 기독교인들을 비롯한 비모슬렘들을 죽입니다. 그리스도인들은 그들의 테러 행위에 두려워하거나 움츠러들지 말아야 합니다. 두려움에 떠는 것이야말로 테러리스트들이 노리는 것이기 때문입니다. 그리스도인은 모슬렘을 비롯한 비기독교인들을 살리고 사랑하기 위하여 죽음의 자리에 기꺼이 나서는 자들입니다. 사랑은 자기 초월의 능력입니다. 자기를 희생해 남을 살리는 것이 사랑입니다.

Q. 이번 과를 공부하면서 알게 된 것이나 느낀 점이 있다면 적어 보십시오.

CHAPTER 35

미리 다가온 통일

(탈북민 선교)

1. 주제의 글

통일되면 우리 삶에 어떤 변화가 일어날까요? 예견되었든 갑작스럽든 통일은 이 나라에 극심한 변화와 혼란을 가져올 것입니다. 통일만 되면, 북한에 들어가 복음을 전하고 교회를 세우겠다는 비전을 둔 교회들이 있습니다. 그러나 제대로 준비하지 않는다면, 통일되었을 때 복음을 전하기는커녕 혼란만 일으킬지도 모릅니다. 통일은 다각도에서 준비되어야 하는데, 그중 하나는 이 땅에 온 탈북민들을 그리스도의 사랑과 복음으로 섬기면서 북한 주민들을 이해하고 알아가는 것입니다.

2. 들어가는 말

현재 한국에 거주하고 있는 탈북민 수는 32,000명이라고 합니다.

우리 곁에 있는 탈북민을 잘 섬기지 못하면서 '통일 선교' 또는 '복음 통일'을 운운한다는 것은 위선이며 허망한 일입니다. 탈북민은 미리 다가온 통일이며, 하나님께서는 탈북민을 통해 남한 그리스도인들의 통일 의지를 시험해보신다고 믿습니다.

오늘 한국에서 북한 선교는 두 방향으로 전개되어야 합니다. 하나는 공식적인 방향(official)으로 북한의 '조선그리스도연맹'과 협조하여 진행하는 사역입니다. 다른 하나는 비공식적인 방향(underground)으로 탈북민, 북한 내의 지하교회를 대상으로 하는 사역입니다. 공식적으로 '조선그리스도연맹'과 연계하여 북한 내 예배당 건축(봉수교회, 칠골교회), 지원 활동 등이 필요합니다. 가짜니 진짜니 신앙의 진위에 대한 선교적 논쟁도 있지만, 하나님께서 어떤 방법으로 역사하실지 우리가 예단할 수 없습니다. 그리고 동시에 탈북민 사역 및 북한 내 지하교회 협력 사역도 필요합니다. 한국교회가 이들을 외면하면 "한국교회는 우리가 어려울 때 정부 눈치를 보다가 우리를 위해 아무것도 하지 않았다."라는 말을 듣게 될 것입니다.

본과는 탈북민 사역을 중심으로 한국교회가 무엇을 할 것인가를 생각해보고자 합니다.

Q. 당신은 탈북민에 관해 어떻게 생각합니까?

3. 탈북민 이해

1) 당신은 탈북민을 누구라고 생각합니까?

'탈북민'은 '정치, 경제 등의 이유로 북한을 탈출한 우리 동족'을 일컫는 말입니다. 탈북민에 대한 반응은 각자의 정치적인 입장에 따라 다를 수 있습니다. 어떤 사람들은 탈북민을 자유를 찾아 목숨을 걸고 북한을 탈출한 자유인으로 여깁니다. 반면에 다른 어떤 사람들은 탈북민을 고국을 버린 배신자로 여깁니다.

2) 한국교회는 탈북민을 어떻게 대했는가?

일부 교회는 탈북민을 정체된 교회 성장의 새로운 돌파구로 보고 접근한 적이 있었습니다. 그래서 탈북민이 그 교회 예배에 출석하면 얼마씩 돈을 주면서 탈북민을 섭외하는 데 혈안이 되었습니다. 심지어 탈북민들 사이에 '어느 교회에 가면 얼마를 준다.'라고 서로 정보를 교환하여 더 많이 주는 교회로 교적을 옮기곤 했습니다. 생활의 어려움을 겪고 있는 탈북민들에게 일정 부분 도움이 되었겠지만, 그 방식은 결코 탈북민들을 제대로 섬기는 방법이 아니었다고 생각합니다.

비슷하게 일부 교회는 목회 성공의 자랑거리로 탈북민 선교를 오용한 적이 있었습니다. '탈북민 목회에 성공한 교회'라는 칭찬을 듣고, 한국교회의 주목을 받기 위하여 탈북민을 이용한 것입니다. 선교의 목적과 수단을 왜곡한 것입니다. 이러한 방식으로 탈북민의 처지와 상황을 깊이 이해하지 못하여 그들을 진정으로 돕지 못했습니다.

그러나 탈북민 선교가 모두 잘못된 것만은 아닙니다. 탈북민들을 깊이 이해하고, 장기적인 관점으로 그들을 돕고자 애쓴 교회나 단체들도 여럿 있습니다. 다만 필자가 볼 때, 많은 교회가 탈북민에 대해 전혀 관심이 없거나 실제적인 도움을 주지 못하고 있다는 것입니다. 또한 탈북민을 섬긴다는 교회들도 너무 피상적으로만 접근한 경우가 많습니다. 이제 한국교회는 이 문제에 대해 깊이 생각해보아야 합니다.

3) 한국교회는 탈북민을 어떻게 보아야 하는가?

그렇다면 우리는 그리스도인으로서 탈북민을 어떻게 바라보아야 할까요?

첫째, 탈북민은 통일 한국을 함께 준비할 동역자입니다. 우리는 탈북민과 함께 다가올 통일을 미리 훈련해야 합니다. 진정한 통일이 이루어지려면 제도적인 통일을 넘어 사람의 통일을 이루어야 합니다. '통일은 북한 주민이 원할 때만 가능하다.'라는 말을 명심해야 합니다. 만일 사람의 통일을 이루지 못하고 서로 원수로 여기고 반목하는 상태로 제도적인 통일이 이뤄진다면 그것은 우리에게 재앙이 될 수 있습니다. 지금도 지역, 노사, 세대 등 분열과 갈등의 요소가 산적해 있는데 남, 북한 주민의 사상까지 갈등을 일으킨다면 이 사회가 얼마나 혼란스럽겠습니까?

하나님께서 사람의 통일을 준비시키려고 이 땅에 3만 2천여 명의 탈북민을 미리 보내주셨습니다. 한국교회가 해야 할 가장 시급한 일 중의 하나는 이 땅에 온 3만 2천여 명의 탈북민들과 통일을 이루는 것입니다.

이러한 측면에서 한국교회는 탈북민을 새롭게 인식할 필요가 있습니다. 탈북민을 단지 살 길을 찾아 남한 땅까지 들어 온 사람들이라고 생각하지 마십시오. 그들은 다가올 통일을 준비하기 위해 하나님께서 먼저 보내신 사람들입니다. 이제 한국교회는 탈북민들과 함께 이곳에서 작은 통일을 연습해야 하고, 그들을 통해 북한과 그 땅에 사는 우리 동포들을 이해하는 폭을 넓혀야 합니다.

둘째, 탈북민을 복음 통일의 기수로 세워가야 합니다. 하나님이 원하시는 통일은 '복음 통일'이라고 확신합니다. 복음 통일이란 한반도에 하나님의 나라가 이뤄지는 것입니다. 하나님의 주권이 회복되고, 하나님의 말씀으로 말미암아 공의와 정의가 실현되는 것입니다. 휴전선을 가로질러 십자가가 세워지고, 방방곡곡에 교회와 예배자들이 세워지고, 남과 북의 사람들이 그리스도 안에서 하나가 되는 그날을 꿈꿉니다. 그런 의미에서 탈북민은 복음 통일을 이루기 위한 한국교회의 동역자입니다. 동역자로 여겨 함께 손을 잡고 복음 통일을 준비해가야 합니다.

탈북민은 그리스도 안에서 새롭게 변화되어, 떠나온 고향 땅을 복음으로 회복하기 위한 선교사로 세워질 수 있습니다. 통일되면 남한의 그리스도인들이 북한 주민을 위해 마음껏 선교하고, 선교의 열매를 맛볼 것 같지만 그렇지 않습니다. 그들은 이미 70년 동안 김일성 주체사상으로 사상무장을 했습니다. 그러므로 북한 주민을 선교하는 것은 어려울지 모릅니다. 그들을 선교할 수 있는 가장 적합한 선교사는 탈북민들입니다. "나도 김일성 주체사상으로 무장한 사람이었지만 내가 만난 하나님은 이런 분입니다."라는 간증을 그들의 형제자매가 들었을 때 비로소 70년 동안 굳게 닫았던 마음의 문을 열게 될 것입니다. 한국교회가 이러한 관점으로 탈북민을 새롭게 바라본다면 분명 복음 통일의 시기는 그만큼 더 앞당겨질 것입니다.

4. 탈북민 선교[89]

1) 물질이 아닌 사랑으로

처음 한국교회가 탈북민 사역을 시작할 때 대부분 교회가 탈북민들에게 돈을 주었다는 것은 이미 알려진 사실입니다. 어렵고 힘든 삶을 살아가는 그들에 대한 긍휼의 마음이었을 것입니다. 어렵고 힘든 사람들을 돕는 것은 교회의 마땅한 책무입니다. 그러나 탈북민이기 때문에 일률적으로, 그것도 교회의 출석에 따라 일당 주듯이 주는 것은 결과적으로 그들에게 해악이었습니다. 우선, 그들의 자립 능력을 떨어뜨렸습니다. 또한 탈북민들을 하나님의 사명자로 세우는 데 방해가 되었습니다. 돈으로 조종되는 마음에 온전한 믿음의 씨앗이 뿌리내리기 어려웠습니다. 그래서 교회가 돈을 끊으면 그들은 이단이라 할지라도 상관하지 않고 돈을 따라 옮겨가는 폐단도 생겼던 것입니다. 이제 탈북민을 물질이 아닌 사랑으로 대하여야 할 것입니다.

Q. 사도행전 3장 6절을 적어 보십시오.

....

....

....

2) 세상의 기준이 아닌 하나님의 관점으로

한국교회는 사람을 평가할 때 세속적인 가치 기준을 들이댈 때가 많습니다. 탈북민을 평가할 때도 마찬가지입니다. 그가 북한에서 어떤 일을 하였고, 어떤 대학을 나왔고, 어떤 가문에서 태어났는지가 중요한 기준이 되었습니다. 따라서 탈북민이 한국교회로부터 인정을 받기 위해서는 신앙보다는 우선 북한에서 좋은 대학을 나와야 했고, 높은 지위에 있어야 했고, 좋은 가문에서 태어났어야 했습니다. 실례로 강단에 탈북민 간증자를 세움에 있어서 한국교회가 중요하게 생각하는 것은 간증자의 신앙보다도 간증자의 프로필이었습니다. 그래서 탈북민들 가운데 학력이나 이력을 속이거나 부풀리어 한국교회의 강단을 거짓으로 물들이는 사람들이 있었습니다. 일부 탈북민들 가운데에는 북한에서 다니지도 않은 김일성종합대학을 나왔다고 학력을 위조하거나 북한에서 특별한 지위를 누렸다고 거짓말을 하였습니다. 이렇게 된 것에 대해 한국교회가 일단의 책임이 있다고 생각합니다. 세상의 기준이 아닌 하나님의 기준으로 탈북민을 평가하는 것이 필요합니다.

3) 복음 통일의 동역자로

한국교회는 탈북민들을 복음 통일의 대상이 아닌, 그 사명을 이룰 동역자로 받아들여야 합니다. 이제 탈북민들을 단지 긍휼의 대상이나 특수 사역의 대상이 아닌 복음 통일의 사명을 감당할 하나님의 소중한 일꾼으로 바라봐야 합니다. 한국교회가 이 땅에 먼저 온 3만 2천여 명의 탈북민들을 온전히 품고 세울 수만 있다면 하나님께서 북한의 문을 여실 때 그곳에 있는 2천 5백만의 북한 동포들을 복음화하는 것도 그리 큰 문제가 아닐 것입니다.

4) 상처와 아픔을 보듬음으로

남한의 탈북민들은 북한에 있는 동포보다 훨씬 더 큰 상처와 아픔을 안고 살아갈 수 있습니다. 왜냐하면 탈북민들은 탈북하는 과정에서 받은 아픔과 상처들이 있기 때문입니다. 많은 탈북민은 어쩔 수 없이 가족의 해체와 이별을 경험해야 했고, 중국에 거주하고 있는 동안에 북송의 위험 때문에 끊임없이 불안에 떨어야 했습니다. 특별히 여성들은 인신매매와 원치 않은 결혼으로 인한 수치심과 구타, 협박 등으로 인해 지울 수 없는 깊은 상처를 받은 예도 있습니다. 이와 같은 이유로 탈북민들에게는 한국교회가 이해할 수 없는 큰 아픔과 상처들이 있을 수 있습니다. 그러므로 탈북민들을 대할 때 이 사실을 기억하고, 그들을 이해하려고 노력해야 합니다. 탈북민들이 쉽게 마음을 열지 않는 데에는 그만한 이유가 있습니다.

Q. 상처받고 마음이 닫힌 영혼들을 사랑으로 섬겨본 경험이 있습니까?

_____
_____
_____
_____

5) 전문사역자를 세움으로

복음 통일 사역 현장에서 느낀 점은 전문사역자가 필요하다는 것입니다. 북한 선교의 사명을 부여받고, 탈북민들의 상황을 잘 알고 이해하고, 그들과 공감할 수 있는 사역자들이 준비되어야 합니다. 그런 사역자들이 한국교회 내에 없는 것은 아니지만 절대적으로 부족한 형편입니다. 따라서 전문사역자를 키우고 세우는 일을 위해 한국교회가 관심을 가지고 준비해야 합니다.

6) 탈북민 선교의 실제

필자의 교회에서는 매주 수요일에 '복음 통일을 위한 기도회'를 갖습니다. 지난 주 수요일에 제 72차 복음 통일을 위한 기도회를 가졌습니다.(2019년 6월 12일) '복음 통일을 위한 기도회'를 시작한 동기는 분단의 땅에서 살아가고 있는 성도들의 마땅한 책무라는 마음의 부담 때문이었습니다. 복음 통일을 위한 수요기도회의 기도 제목은 구체적입니다. 예를 들어, '중국 공안에 붙잡혀 북송 위기에 있는 7명의 탈북민을 위하여', '북한에 있는 500여 가정교회를 위하여' 등입니다. 통일의 그날까지 '복음 통일을 위한 기도회'를 쉬지 않을 작정입니다.

필자의 교회는 '다음학교'를 지원합니다.[90] 다음학교는 만 14세에서 만 30세에 이르는 탈북 청소년들에게 성경적 세계관을 기반으로 인재를 양성하고 있는 교육 시설입니다. 현재 교사는 12명, 학생 수는 52명입니다. 다음학교의 교육 목적 중에는 '통일을 준비하는 다음 세대'라는 내용이 있습니다.

또한 '해솔 직업사관학교'[91]를 지원합니다. 해솔 직업사관학교는 탈북 청소년들이 직업을 가질 수 있도록 산업 설비나 전기 기술 등 실제적인 직업교육을 통해 우리나라에 안착할 수 있도록 돕는 기숙형 직업 대안학교입니다. 현재 교사 9명, 학생 수는 32명입니다. 해솔 직업사관학교는 그 사명을 이렇게 적고 있습니다. "해솔 직업사관학교는 북한 이탈 청소년들이 가지고 있는 심신의 상처를 치유하고 건강한 자아정체성을 형성하며 일자리를 얻는데 필요한 자질을 함양하며 …… 북한 이탈 청년들의 안정적인 자립, 실질적인 사회 정착을 실현함으로써 남북 사회 통합의 밀알이 되는 학교가 되는 것을 사명으로 합니다."

그 외에 필자가 사역하는 교회에서는 '북한 선교위원회'를 조직하여 사역의 방향성과 실천을 의논하고 있습니다.

5. 삶의 적용
기회가 닿는다면 탈북민들을 사랑으로 섬기시기 바랍니다.

Q. 탈북민 선교를 보면서 새롭게 알게 된 것이나, 느낀 점이 있습니까?

CHAPTER 36

선교사가 되려는 이들에게

1. 주제의 글

성도 중에는 실제로 해외나 국내 오지에 선교사로 나갈 비전을 갖고 계신 분들이 있습니다. 이번 과는 선교사로 파송되었을 때의 생활과 사역에 대해 나누고자 합니다. 특히 파송되었을 때 초기에 적응하고, 선교의 기틀을 잘 닦는 것이 중요하기 때문에 선교 초기 때 어떻게 해야 하는지 집중해서 다루겠습니다.

2. 들어가는 말

필자의 선교 사역 15년의 경험을 중심으로 현장의 이야기를 솔직하게 하려고 합니다. 선교에서 가장 큰 문제가 되는 것은 선교비 지원 문제나 선교사의 건강 문제 혹은 모슬렘 사회와 같은 선교지 환경 문제가 아닙니다. 가장 중요한 문제는 바로 선교사의 영성 관리입니다. 영성 관리에 실패하게 되면 선교사의 삶은 실패로 끝나게 됩니다.

3. 파송 전 선교사의 준비 사항

선교에 영향을 미치는 세 가지 요소는 선교사 개인이 가진 믿음의 성숙도와 선교 사역 처리 능력, 기도와 재정을 지원하는 선교 후원자들의 지원 능력과 요구 사항, 정책을 제시하는 파송 단체 또는 선교부의 선교 입안 능력과 방향성입니다. 이런 요소들을 파송 전에 준비하고 점검하는 것이 중요합니다. 구체적으로 살펴보아야 할 사항은 다음과 같습니다.

1) 선교 소명을 확인해야 합니다.

선교사 파송을 목사 안수를 받는 기회로, 선교지를 국내 목회지 대신의 생활 방편으로 악용한다면 본인은 물론, 선교지, 그리고 후원자에게 큰 낭패가 됩니다. 실제로 이런저런 이유로 파송을 받았지만, 사역에 별로 관심이 없고, 선교지를 탈출할 기회만 엿보는 선교사들이 있습니다. 선교사는 파송 전에 반드시 자신의 선교 소명을 확인해야 합니다.

2) 현지어 습득을 위한 노력을 해야 합니다.

사역에 필요한 현지어를 배울 재능과 의욕이 없으면, 문제를 일으키거나 동료 선교사들에게 짐이 됩니다. 후원교회는 선교사에게 현지어를 습득할 수 있는 충분한 시간(보통 3년)과 재정 지원을 해야 합니다. 그리고 현지어를 습득할 동안 선교사에게 사역 보고에 대한 부담을 주지 않도록 배려해야 합니다. 현지어 습득과 선교 사역의 깊이는 비례합니다. 영어보다 현지어 습득에 주력하십시오. 왜냐하면 영어를 잘하면 영어권 선교사에게 종속되기 쉬우나 현지어를 잘하면 주체적으로 사역할 수 있기 때문입니다. 영어로 어느 정도 소통할 수 있다고 어설프게 사역을 시작했다가는 나중에 한계에 부딪힐 수 있습니다.[92]

3) 선교비를 확실히 확보하십시오.

"파송되면 어떻게 되겠지. 굶어 죽기야 하겠나······."라는 안이한 생각을 하면 안 됩니다. 확실한 후원 대책을 수립해야 합니다. 과거에는 무계획을 믿음이라고 강변한 적도 있었습니다. 생활비를 충당하기 위하여, 계획에 없었던 '텐트 메이커'란 명목으로 여행 가이드 등 아르바이트에 전념하는 예도 있습니다. 이렇게 되면 선교사는 선교 사역에 집중하지 못할뿐더러 선교사의 정체성이 흔들리게 됩니다.

또한 선교사가 개인적으로 교회의 담임 목사만을 알아 지원받는 '안면 지원'에서 벗어나 전 교회 차원에서 관심을 두도록 해야 합니다. 안면 지원에 부정적인 면이 있습니다.

첫째, 선교사가 사역보다는 안면을 넓히는 데에 관심을 기울일 수 있습니다.

둘째, 선교사가 사역의 질보다는 보이는 프로젝트를 만들어 후원금 모금(fund-raising)에 관심을 가질 수 있습니다.

셋째, 담임 목사가 이동할 시 지원이 단절되는 어려움을 겪을 수 있습니다.

이런 안면 지원을 피하고, 교회의 재정 형편과 관계없이 지속해서 지원받을 수 있도록 교회 차원의 관심을 얻도록 하십시오.

4) 장기 사역에 대한 방향을 설정하십시오.

선교사 파송을 준비하면서 앞으로 무엇을, 어떻게 사역할 것인가에 대한 방향을 설정하면 시간 낭비를 줄이고, 사역의 집중도를 높일 수 있습니다. 예를 들어, '제자 양육 사역'에 방향이 맞춰지면, 제자 양육 교재 준비, 제자 양육 훈련 방법, 제자 양육 성공 교회 방문 등으로 파송 전에 사역 준비를 할 수 있습니다. 자신의 사역 경험, 은사, 전문성 등을 고려하여 장기 사역에 대한 방향을 설정하십시오.

5) 주도면밀하게 사역지를 선정하십시오.

선교사가 없는 나라와 지역을 선택하십시오. 개척자로서 누릴 수 있는 덤이 분명히 있습니다. 여건이 좋은 선교지에는 이미 무섭고 까다로운 선교사 선배들이 자리 잡고 있습니다.

4. 사역 중의 선교사 자기 점검

1) 최우선 순위에 자신의 영성 관리를 놓으십시오.

선교 현장에서 겪는 선교사의 위기 요인은 다양합니다. 예를 들어, 후원 재정의 위기, 자녀 교육의 위기, 정치 사회적인 위기 등이 있을 수 있습니다. 그러나 가장 심각한 위기는 선교사의 영성 관리에 기인합니다. 선교지에서 선교사가 스스로 영성 관리를 한다는 것은 쉽지 않습니다. 선교지에 같은 선교 단체 소속 선교사가 다수일 경우에 비교적 쉬우나, 단독 파송일 경우, 비상한 노력을 하지 않으면 영성 관리에 실패하기 쉽습니다. 장기 선교사일 경우에 문제는 더 심각해질 수 있습니다. 그래서 선교사가 현지인과의 이성 교제 문제, 카지노 출입 등의 문제를 초래하여 추문을 만들어 선교지를 떠나야 하거나 주변의 빈축을 사기도 합니다.

2) 재정 관리를 투명하게 하십시오.

재정 관리를 투명하게 하지 않으면 후원교회나 후원단체로부터 신임을 얻기가 어렵습니다. 금전출납부를 만들어 생활비 외의 선교 재정을 투명하게 관리해야 합니다. 선교에 관한 설문 조사 결과, 선교사에 대한 부정적인 인상을 받게 된 요인 가운데 가장 크게 작용한 것이 바로 재정 관리입니다.

선교비 사용 시 주의할 사항은 다음과 같습니다.

첫째, 졸부 선교의 양태를 지양하십시오.

예를 들어, 과거에 아프리카나 러시아 등 후진국에서 선교랍시고 원주민들을 돈으로 매수한 예도 있었습니다. 후원교회나 후원단체의 방문이 있을 시 선물 공세, 교통비 지급 등으로 원주민을 모아 선교 업적을 자랑했습니다. 이런 졸부 선교 양태를 지양해야 합니다.

둘째, 다른 선교사와 협력을 모색하여 선교비의 오투자, 중복 투자를 막아야 합니다.

선교비를 잘못 사용하면 후원자는 그 소식을 금방 듣게 됩니다. 사회관계망(SNS)이 발달한 지금 선교지와 후원 지역은 그렇게 멀리 떨어져 있지 않습니다.

셋째, 지속적으로 큰 투자가 필요한 사역은 될 수 있으면 피하십시오.

매월 운영비가 거액이 드는 병원 사역과 같은 프로젝트를 하게 되면 사역을 지속시키기가 쉽지 않습니다. 무언가 보여주어야 한다는 부담감을 떨쳐버리십시오.

넷째, 초기 선교사는 사역 관계의 큰돈을 요구하지 마십시오.

현지에 정착하고, 현지어를 습득하는 초기 사역 때에 큰 사역비가 필요하지 않습니다.

다섯째, 선교지에서 돈 많은 선교사로 오인되면 오히려 사역에 지장을 받게 됩니다.

선교사들을 다뤄본 경험이 많은 현지인 선교 브로커들이 돈을 보고 달려듭니다.

여섯째, 초기 선교사가 돈 얘기를 많이 하면 후원교회나 후원 선교단체로부터 돈에만 관심이 많은 선교사라는 오해를 받기가 십상입니다.

일곱째, 구호 사역이나 시설을 위한 부동산 구매 등 영혼 구원과 직접 관련이 없는 사업성 사역은 초기에 자제하십시오.

본말이 전도될 가능성이 있고, 선교사의 정체성에 혼란을 가져올 수 있습니다.

3) 출장, 여행을 자제하십시오.

5년 이상의 경력을 가진 선교사들에게 갖가지 회의, 세미나, 콘퍼런스 참석의 명목으로 선교지를 비울 기회가 많아집니다. 이런 모임을 핑계로 선교지를 자주 비우게 되면, 선교에 집중력을 상실하는 것은 물론 현지인, 파송 단체로부터 불성실한 선교사라는 평가를 받게 됩니다. 그렇게 되면 선교사의 위치가 불안하게 되고, 말만 무성한 선교사로 전락할 수 있기 때문에 조심해야 합니다.

4) 사역 보고를 철저히 하십시오.

선교 사역을 스스로 평가하고 반성하기 위하여, 후원자들의 관심과 협조를 구하기 위하여 정기적으로 후원교회나 후원단체에게 선교 보고서를 제출하십시오. 필요하다면 선교 상황을 공유하고, 중보 기도를 부탁하기 위하여 후원단체에게 선교지를 방문하도록 적극적으로 요청하십시오. 사역 보고서는 사진을 포함하여 두 페이지를 넘지 않도록 하십시오. 분량이 많으면 아무도 안 읽습니다. 선교 보고서를 수월하게 작성하려면 항상 노트를 소지하여 생각나는 것을 기록하는 습관을 지녀야 합니다.

5) 자녀 교육에 대한 계획을 미리 세우십시오.

선교사의 자녀이기 때문에 무조건 현지인 학교에 보내야 한다는 강박 관념에 사로잡힐 필요가 없습니다. 선교지의 사정에 따라 타국인의 입학이 불허된 곳도 있고, 현저한 교육의 질적인 차이로 인하여 현지인 학교에 보낼 수 없는 경우도 있습니다. 선교사의 자녀 교육은 선교지 상황을 고려하되 다음 제안을 참고하길 바랍니다.

첫째, 가능하다면 현지인 학교에 보내십시오. 현지 전문가를 만들 좋은 기회입니다. 현지 한인 선교사들이 공동으로 한국어 교육을 비롯한 필요한 교육을 보충해주면 훌륭한 인재로 양육될 수 있습니다.

둘째, 대학 교육은 한국에서 받는 것을 우선으로 생각하십시오. 구미 계통의 유학은 교육비 과다부담으로 파송교회가 선교사의 차기 파송을 꺼리게 만듭니다.

6) 현지인 파트너 선정에 주의하십시오.

선교지에서 선교사 혼자 선교하기가 쉽지 않습니다. 따라서 현지인 동역자를 선정하는 것이 필요합니다. 단언하건대 현지인 동역자 선정은 사역의 성패를 결정하는 중요한 요소입니다. 기도하고, 점검하고, 시험해서 충성된 사람을 선택해야 합니다. 선교사의 돈에만 관심이 있어 달려드는 사람들이 적지 않습니다.

7) 육체, 정신의 건강 관리에 유념하십시오.

신토불이라는 말이 있듯이 낯설고, 물 설고, 기후 설고, 맛 설은 곳에 가면 섭생의 변화와 문화 충격으로 인한 스트레스로 육체와 정신 건강에 적신호가 올 수 있습니다. 규칙적인 운동 등으로 건강 관리에 유념해야 합니다. 말라리아와 같은 풍토병, 석회질 물로 인한 치아 손상 등 선교사의 건강을 위협하는 요소가 많습니다. 최소한 2년에 한 번씩 고국을 방문하여 자신의 건강을 점검하고, 유지하는데 힘써야 합니다.

선교사가 현지인 수준의 언어 습득을 욕심낸다거나, 파송 단체가 선교사를 현지인과 똑같이 살기를 바란다면 오히려 사역에 지장을 받을 수 있습니다. 조선 선교사 맥켄지는 정동 외국인 거주지를 떠나 조선 민중 속으로 들어가 살아야 한다는 교과서적인 소신 때문에 황해도 소래에 가서 살았습니다. 결국, 거주 환경과 음식 등의 변화에 적응하지 못하고 1년 6개월 만에 사망하고 말았습니다(1893년 도착, 1895년 6월 말 사망).[93]

8) 동료 선교사와의 원만한 인간관계를 갖도록 애쓰십시오.

선교사가 장기 사역을 포기하게 되는 중요한 원인 중의 하나가 바로 동료 선교사와의 인간관계로 인한 상처 때문이라는 사실을 염두에 두어야 합니다. 선교사는 성격적으로 독립심과 개척 정신이 강한 사람이 선출되게 마련입니다. 따라서 선교지에 인간관계로 인한 상처가 의외로 많이 일어납니다. 다른 선교사들과의 인간관계를 늘 유념하십시오. 먼저 자신이 깨어지고, 부서지고, 가루가 되는, '순교의 영성'을 함양하여야 합니다.

9) 고국에 방문할 시 선교 보고를 철저히 준비하십시오.

후원자는 선교사의 선교 보고를 듣고 선교 지원에 대한 보람과 계속 지원을 결단하게 됩니다. 후원교회를 방문할 때 초청교회가 설교를 원하는지 아니면 선교 보고를 원하는지를 확인하여 철저히 준비하십시오. 이제 2만 5천여 명을 선교사로 파송한 한국 교인들은 고만고만한 선교 보고에 진저리를 칩니다. 허위, 과장 보고를 피하십시오. 돈 얘기를 많이 하면 장사꾼 같은 인상을 줍니다. 너무 능변이면 사역은 안 하고 말만 잘하는 사기꾼 같은 인상을 줍니다. 고국 방문도 사역의 연장선이라고 생각하고 기도로 준비하십시오.

Q. 선교사의 자기 점검을 보면서 새롭게 알게 되거나 느낀 점이 있다면 적어 보십시오.

---

10) 선교사 안식년 준비 사항

① 영적, 지적 재충전을 위한 기회로 삼으십시오. 가능하다면 그동안의 사역 경험을 반성하고, 체계화하는 공부할 기회를 얻으십시오.

② 선교 동원 사역을 하십시오. 대부분 교인은 선교사의 선교 비전에 대하여 아는 바가 없습니다. 따라서 선교사가 차기에 선교 후원을 지속해서 안정적으로 받으려면 안식년 기간을 이용하여 파송교회의 교인들과 선교 비전을 반드시 공유해야 합니다.

③ 반드시 건강 검진을 하십시오. 교단의 도움이나 후원교회의 도움으로 선교사 본인과 가족의 건강을 반드시 검진하십시오.

5. 삶의 적용

이미 찬양곡으로 만들어진 어느 선교사의 기도 편지입니다.

"아버지, 당신의 마음이 있는 곳에 나의 마음이 있기를 원해요. 아버지, 당신의 눈물이 고인 곳에 나의 눈물이 고이길 원해요. 아버지, 당신이 바라보는 영혼에게 나의 두 눈이 향하길 원해요. 아버지, 당신이 울고 있는 어두운 땅에 나의 두 발이 향하길 원해요. 나의 마음이 아버지의 마음을 알아 내 모든 뜻 아버지의 뜻이 될 수 있기를. 나의 온몸이 아버지의 마음 알아 내 모든 삶 당신의 삶 되기를……."

Q. 마태복음 28장 18~20절을 적어 보십시오.

_____
_____
_____
_____
_____
_____

Q. 하나님께서 당신에게 원하시는 선교는 어떤 것입니까?

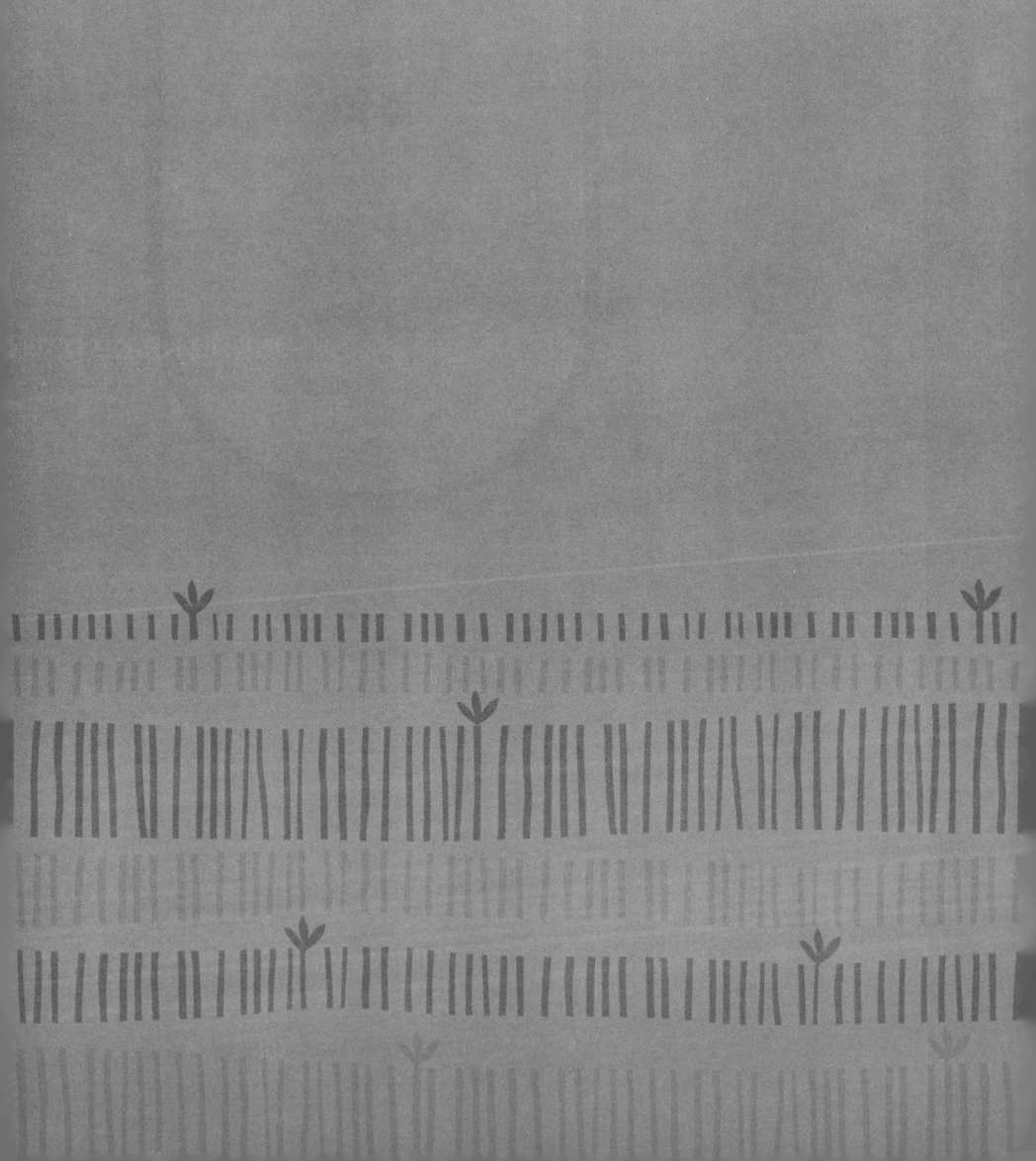

미주

1　레프 톨스토이, 『톨스토이 고백록』 박문재 역 (파주: 현대지성, 2018), 32-33.

2　위의 책, 33-34.

3　한국웨슬리학회 편 조종남 외 공역, 『웨슬리 설교전집 1』(서울: 대한기독교서회, 2006), 49.

4　위의 책, 54.

5　위의 책, 55.

6　한국웨슬리학회 편 조종남 외 공역, 『웨슬리 설교전집 1』(서울: 대한기독교서회, 2006), 140.

7　김영수 편저, 『21세기 새찬송가 해설집 1』(서울: 기쁜날, 2009), 440.

8　한국웨슬리학회 편 조종남 외 공역, 『웨슬리 설교전집 3』(서울: 대한기독교서회, 2006), 168.

9　에리히 프롬, 『소유냐 존재냐』 차경아 역 (서울: 까치글방, 1996[Erich Fromm, *To Have or To Be?*, 1976])

10　폴 틸리히, 『존재의 용기』 원성삼 역 (서울: 예영커뮤니케이션, 2004[Paul Tillich, *The Courage to Be*, Boston: Yale University Press, 1952]), 201.

11　Paul Tillich, *The Courage to Be* (Boston: Yale University Press, 1952), 151.

12　드와이트 에드워드, 『내면의 혁명』 이승진 역 (서울: 좋은씨앗, 2005[Dwight Edwards, *Revolution Within*, the United States: WaterBrook Press, 2001]), 106-107.

13　한국웨슬리학회 편 조종남 외 공역, 『웨슬리 설교전집 1』(서울: 대한기독교서회, 2006), 101.

14　위의 책, 94.

15　존 웨슬리는 '의인'을 '성화'라는 개념과 비교하여 설명합니다. "'의롭다 함'이 무엇입니까? 의롭다 함은 실제로 올바르고 의로운 존재가 되었다는 것이 아닙니다. 그것은 성화입니다…. 즉 의롭다 함은 하나님께서 우리를 위해(for us) 그 독생자를 통하여 행해 주신 것을 의미하며, 성화는 하나님께서 그 영으로써 우리 속에(in us) 해 주시는 것을 의미합니다." 위의 책, 99.

16　존 웨슬리는 그의 설교 '신생의 표적'에서 "하나님의 영으로 거듭난 사람은 믿음, 소망, 사랑이라는 표적을 갖게 되는데, 믿음은 단순한 지적인 동의가 아니라 예수 그리스도의 대속을 통하여 나타나신 하나님의 자비에 대한 확신이며, 소망은 하나님의 영이 우리 영과 더불어 우리가 하나님의 자녀라고 증거하는 철저한 확신을 말하고, 사랑은 새로운 생에 대한 동기로서 하나님이 먼저 우리를 사랑하심에서 일어나는 것으로, 더 나아가서 이웃을 사랑하는 것이다."라고 설명했다. 한국웨슬리학회 편 조종남 외 공역, 『웨슬리 설교전집 2』(서울: 대한기독교서회, 2006), 15.

17　한국웨슬리학회 편 조종남 외 공역, 『웨슬리 설교전집 2』(서울: 대한기독교서회, 2006), 18-9.

18　위의 책, 21.

19　위의 책, 28.

20　한국웨슬리학회 편 조종남 외 공역, 『웨슬리 설교전집 1』(서울: 대한기독교서회, 2006), 253.

21　위의 책에서 재인용, 252-253.

22　위의 책, 256.

23　위의 책, 290.

24　위의 책, 275.

25 이만재, 『교회 가기 싫은 77가지 이유』 (서울: 규장, 1997).
26 로이드 존스, 『로이드 존스 교리강좌 시리즈 2 성령 하나님과 놀라운 구원』, 328.
27 존 웨슬리, 『존 웨슬리의 일기』 김영운 역 (고양: 크리스챤다이제스트, 2010[John Wesley, *Journal of John Wesley*]), 75.
28 Works XI, 444. 조종남, 『요한 웨슬레의 신학』 (서울: 대한기독교출판사, 1984) 188-189에서 재인용.
29 조종남, 216에서 재인용.
30 김진두, 『웨슬리와 우리의 교리』 (서울: 도서출판 KMC, 2010), 215.
31 한국웨슬리학회 편 조종남 외 공역, 『웨슬리 설교전집 5』 (서울: 대한기독교서회, 2006), 211.
32 존 버니언, 『천로역정』 최종훈 역 (서울: 포이에마, 2011[C. J. Lovik, *The Pilgrim's Progress*, 2009]), 306.
33 리 스트로벨, 『리 스트로벨의 불변의 소망』 정성묵 역 (서울: 두란노서원, 2016[Lee Strobel, *The Case for Hope*, MI, U.S.A. 2015]), 132-134.
34 위의 책, 134-136.
35 위의 책, 136-142.
36 이성희, 『영으로 걸으라』 (서울: 한국장로교출판사, 2009), 240-241.
37 https://www.chick-fil-a.com/About/Who-We-Are 칙필에이 홈페이지에서 회사를 소개하는 글에는 트루엣 케시가 가게를 연 1946년부터 주일에는 쉬기로 했다는 글과 영상이 자세히 소개되어 있습니다.
38 이용규, 『내려놓음』 (서울: 규장, 2006), 17-18.
39 존 도우슨, 『하나님을 위하여 도시를 점령하라』 유재국 역 (서울: 도서출판 예수전도단, 1992[John Dawson, *Taking Our Cities For God*, Milton Keynes: Word(UK) Ltd, 1989]).
40 위의 책, 169.
41 위의 책, 177-188.
42 위의 책, 211-228.
43 로렌 커닝햄, 제니스 로저스, 『네 신을 벗으라』 예수전도단 역 (서울: 도서출판 예수전도단, 1993[Loren Cunningham, *Making Jesus Lord*, Seattle: YWAM Publishing, 1988]).
44 국민일보 2016년 8월 11일자
45 J. 오스왈드 샌더스, 『하나님과 친밀함 누리기』 김주성 역 (서울: 토기장이, 2011), 14.
46 위의 책, 15-23.
47 위의 책, 61-75.
48 위의 책, 127-138.
49 위의 책, 130에서 재인용.
50 위의 책, 205-216.
51 고명진, 『예수님을 닮아가는 삶 20일』 (서울: 두란노서원, 2011), 278-82.
52 한국웨슬리학회, 『존 웨슬리 논문집 I』 (서울: 한국웨슬리학회, 2009), 393.

53 웨슬리는 '돈의 사용'이라는 설교에서 부의 위험성에 대하여 엄한 경고를 했습니다. 한국 웨슬리학회 편 조종남 외 공역, 『웨슬리 설교전집 3』 (서울: 대한기독교서회, 2006), 281.

54 크래그힐 · 얼피츠, 「그리스도인의 재정 원칙」 허령 역 (서울: 예수전도단, 2004[Craig S. Hill/Earl Pitts, Wealth, Riches & Money, Colorado: Family Foundations International, 2001]), 213.

55 마태복음 7장 7~8절. "구하라 그리하면 너희에게 주실 것이요 찾으라 그리하면 찾아낼 것이요 문을 두 드리라 그리하면 너희에게 열릴 것이니 구하는 이마다 받을 것이요 찾는 이는 찾아낼 것이요 두드리는 이에게는 열릴 것이니라."

56 전명구, 『기독교대한감리회 교리와 장정(2017년)』 (서울: KMC, 2018), 95.

57 박정헌, 『끈』 (서울: 황금시간, 2005)

58 릭 워렌, 『목적이 이끄는 교회』 김현회 · 박경범 역 (서울: 디모데, 1996[Rick Warren, The Purpose Driven Church, Michigan: Zondervan, 1995]), 363.

59 도종환, 『그때 그 도마뱀은 무슨 표정을 지었을까』 (서울: 사계절, 1998), 71-4.

60 "그리스도 예수의 종 바울과 디모데는 그리스도 예수 안에서 빌립보에 사는 모든 성도와 또한 감독들과 집사들에게 편지하노니"(빌립보서 1장 1절)

61 국민일보 2013년 5월 23일

62 존 스토트, 『온전한 그리스도인이 되려면』 편집부 역 (서울: IVP, 1986[John R. W. Stott, The Whole Christian, London: International Conference of Christian Medical Students, 1980]), 22-26.

63 (Ruby Rachel Kendrick,1883.1.28.~1908.6.19.)

64 2007 한국교회 대부흥 선교분야 위원회 엮음, 『선교전략 포럼 논총』 (서울: 대양미디어, 2007), 737.

65 한국교회는 2030년까지 10만 명의 선교사를 파송하겠다는 목표를 세웠습니다. 이 목표가 실현되려면 1,000만 성도의 한국교회가 성도 100명당 1명의 선교사를 보내야만 합니다.

66 아래 내용은 신반포교회 '선교자료집'을 참고했습니다.

67 크리스천투데이, 2018년 11월 13일, 이지희 기자

68 『선교전략 포럼 논총』 771.

69 비전트립도 선교 동원으로서 고등학교까지는 선교 교육이 중심이 되어야 하고, 청년 대학생들은 선교사 동원이 중심이 되어야 하고, 장년층은 선교 자원 동원이 중심이 되어야 합니다.

70 영국 익투스(ICHTHUS)공동체의 로저 포스터(Roger Forster) 목사는 "세계 선교 운동은 한 세대 안에 완성하는 것을 목표로 해야 합니다. 한 세대 안에 하지 못하면 새로운 세대가 태어나면서 선교 운동의 불이 점차 사라지게 된 것이 교회사의 교훈입니다."라고 하였습니다. 한 세대 안에 완성하는 방법은 모든 가능 자원을 다 선교 사역에 쏟아붓는 올인 사역이 되어야 함을 의미합니다. 『선교전략 포럼 논총』 761.

71 위의 책, 760.

72 백신종, 『한 권으로 끝내는 단기선교 퍼스펙티브』 (서울: 두날개, 2008), 315-316.

73 필자는 예수전도단의 P.D.T.S. 과정 중 비전트립을 다녀온 경험을 바탕으로 15개의 직분을 소개하였습니다. 선교 단체나 지역 교회에 따라서 직분(역할)은 다양하게 정하고 있습니다.

74 통계청, 생명표 2018, http://www.index.go.kr/unify/idx-info.do?idxCd=4035

2017년 기준 대한민국 전체 기대 수명은 82.69세임. 고령화 사회란 65세 이상 노인 인구의 비율이 전체 인구의 7% 이상을 차지하는 사회를 말하고, 노인 인구의 비율이 14%를 넘으면 '고령 사회'로 분류됩니다.

75 장성배, 『예수님처럼 사역하라』 (서울: 기독교문서선교회, 2018), 208.

76 이현모, 『인생의 후반전은 시니어 선교사로』 (서울: 죠이선교회, 2007).

77 장성배, 208-209.

78 위의 책, 212-215.

79 장성배, 『예수님처럼 사역하라』 (서울: 기독교문서선교회, 2018), 230-233.

80 김진봉 외 4인 『난민, 이주민, 탈북민에 대한 선교 책무』 (서울: 두란노, 2018), 121.

81 위의 책 125.

82 마태복음 2장 13~15절

83 김진봉, 256.

84 위의 책 250.

85 자말루딘 M. 자라부즈, 『초보 무슬림을 위한 길잡이』 최영길 역 (서울: 사우디아라비아 킹사우드 대학교 통번역센타, 2013), 17, 149-206, 209-239.

86 본 글에서 인용하는 꾸란은 김용선 역주, '코란' (서울: 명문당, 2006)입니다.

87 "The Changing Global Religious Landscape"

   https://www.pewforum.org/2017/04/05/the-changing-global-religious-landscape

88 FIM 국제선교회, 필자가 2019년 6월 문의한 결과 외국인 이주와 더불어 내국인 포교까지 국내 이슬람 종교인 수는 3배 정도 늘었다고 합니다. 2009년 8만에서 2019년 24만 명, 통계에 들어가지 않는 불법체류자까지 추산하면 2009년 10만에서 2019년 30만 명으로 늘어난 것으로 추산한다고 합니다.

89 마요한, "통일 목회를 어떻게 할 것인가?", 2018년도 통일아카데미 (온누리, 2018), 214-218.

90 '다음학교'는 서울특별시 서초구 마방로 6길 37에 있는 탈북민 청소년 대안학교입니다.

91 '해솔직업사관학교'는 강원도 춘천시 춘천순환로 38번길 37에 있습니다.

92 윤희원, 『한 현장 선교사의 직설적 조언』 (서울: 예영커뮤니케이션, 1999), 35.

93 위의 책, 40.